U0061611

好雨知時節，當春乃發生。
隨風潛入夜，潤物細無聲。

———

〔唐〕杜甫：《春夜喜雨》

冷暖哪可休，

回頭多少個秋。

―――

《一生何求》，潘偉源作詞，1989 年

當春乃發生

中國「八二憲制」的誕生與構造

1979～1992

田雷 著

田雷教授的這本書豐富了中國憲法研究的理路，開啟了中國憲法知識社會學研究的新局面，甫一出版，即成為一本不可或缺的憲法學和法理學的重要著作。

——於興中（澳門大學法學院）

"八二憲法"開啟了我國"改革開放"的年代，香港基本法是"一國兩制"政策的體現，兩者都是"鄧小平理論"的產物。本書既介紹了"八二憲法"的起草和制定的來龍去脈，闡析了其背後的思路和概念，又探討了基本法規定的香港"五十年不變"的制度邏輯。作者提出的觀點新穎，充滿創見和睿智，對於有意深入瞭解當代中國和香港特別行政區的憲制、政治和法理的香港讀者，誠為不可多得的佳作。

——陳弘毅（香港大學法律學院）

本書以現行憲法誕生的歷史為背景，以犀利的學術眼光勾勒"八二憲制"的元點與價值構造，是一部將歷史、文本、價值與生活融為一體的作品。作者基於學術文獻而尋找學術命題，基於歷史事實推導學理，力求詮釋中國憲法不僅是一個表達主體性立場的空間概念，也是一個跨越文明史的時間概念。"八二憲法"起草過程勾畫出了歷史中的憲法形象，構成了中國作為國家、文明之內在屬性，塑造了中國憲法有別於他國的獨特品格。要瞭解變革中的當代中國社會，我們必須瞭解憲法的中國元素，而憲法元素則沉澱在看起來枯燥乏味的文獻，但作者秉持著整體主義歷史觀，堅信文獻是真實的歷史記載，"憲法生生不息，歷史就是活的，沒有終結"。今年是"八二憲法"公佈施行四十週年，在這特殊的歷史年份，人們自然關注這部憲法是如何寫出來的。這部凝聚國人共識與期待的憲法，構築了中國人民的憲法生活秩序，包括"一國兩制"的憲法文明。本書讓我們在歷史場域中感受"立足當代，返回歷史，不只是知識考古，法制的開端"的意義，有助於我們感悟中國憲法所固有的歷史品格與精神，是我們瞭解當代中國憲制的一部難得的學術作品。

——韓大元（中國人民大學法學院）

本書從羅爾斯的"交疊共識"和桑斯坦的"未完全理論化合意"之辯證綜合視角，對中國"八二憲制"的源起與展開進行了系統梳理和分析。詹姆斯和杜威的"實踐—實用主義"哲學的核心隱喻是"在海上改建正在航行的船"，既不能翻船，也不能不改革。田雷教授這本新著，對於我們理解中國這艘正在航行中的巨輪的改建，極具啟發性。

——崔之元（清華大學公共管理學院）

田雷教授從制憲角度為讀者勾勒出一個"歷史性偉大轉變"的"誕生與構造"，並在此基礎上提供了激發人思考的理論闡釋。通過重新梳理"十一屆三中全會決議"（"解放思想"、"實事求是"、"把全黨工作重心從階級鬥爭轉移到經濟建設上"）和"十一屆六中全會決議"（以徹底否定文革為核心的"關於建國以來黨的若干歷史問題的決議"）同"八二憲法"之間深刻的內在關聯，它重申了後者所依託的社會基礎、思想基礎和價值基礎。通過分析"八二憲法"的修訂過程、原則、方法和特徵，本書彰顯了體現於法條文字中的歷史經驗和政治智慧。作者表明，作為"改革開放"歷史道路內在指針和終極框架之法理表述的"八二憲法"具有"恆紀元"的性質，其跨時代的"制憲時刻"意義和效能在於它能夠以變突破不變，同時以不變為變劃定邊界、預留空間。這個"制憲時刻"同"新時期"在認知、道德及審美範疇裏"康德時刻"同時出現，但不同於後者曲折隱晦的個人化學術性表達，它以凝聚"全黨全軍全國各族人民"共識的政治行動以及共和國根本法的外在形式出場，因此以其具體性、現實性和包容性而與更高的普遍性相通。

—— 張旭東（紐約大學比較文學系、東亞研究系）

重構"八二憲法"的奠基，也是為中國憲法理論奠基。

—— 強世功（北京大學法學院）

本憲法以法律的形式確認了中國各族人民奮鬥的成果，規定了國家的根本制度和根本任務，是國家的根本法，具有最高的法律效力。

——摘自《中華人民共和國憲法》序言

1982 年 12 月 4 日

目錄

序言

宇宙滄桑自飛馳，
道是可知似難知。
輕風微波震山裂，
去腐更新無盡時。

彭真：《隨筆》，1981 年 2 月 5 日

　　疫情在上半年突如其來，讓我不得不擱置原本的一個計劃——去一次山西侯馬，到彭真故居紀念館看一看。今年是一個特殊的年份，10 月，是彭真同志誕辰的一百二十週年，而由他主持起草的"八二憲法"，也將在歲末迎來實施四十週年的歷史時刻——"八二憲法"誕生時，彭真已是八十歲高齡。

　　"八二憲法"之起草，法定程序始於 1980 年 9 月 10 日。這一日，五屆全國人大三次會議在閉幕當天作出全面修憲的決議，[1] 直至修改草案於 1982 年 12 月 4 日由五屆人大五次會議通過，"新憲法"的誕生，歷時近兩年半。彭真在對修改草案進行系統說明的報告中就指出，"這次憲法的修改、討論工作前後進行了兩年之久，是做得相當認真、慎重

1　《中華人民共和國第五屆全國人民代表大會第三次會議關於修改憲法和成立憲法修改委員會的決議》（1980 年 9 月 10 日通過）。

和周到的。"[1]

回到修憲之初，當時的中國正處在共和國歷史上一次大轉折的過程之中——此時距離毛澤東主席逝世以及"文化大革命"結束不過四年，十一屆三中全會以及由此次會議所開啟的撥亂反正，對於修憲者來説仍歷歷在目，歷史的一頁已經掀開，但尚未落下。所謂轉折，所謂撥亂反正，就是在對歷史作結論的基礎上告別過去，"團結一致向前看"，找到萬眾一心的新路，堅持而不動搖。這期間又有兩件里程碑式的大事，一件是 1981 年 6 月中國共產黨十一屆六中全會通過《關於建國以來黨的若干歷史問題的決議》，按會議公報，決議之通過標誌著中國共產黨在指導思想上完成了撥亂反正的歷史任務；另一件則是 1982 年 9 月召開的中共十二大，大會結束一週後，鄧小平就説，"從十一屆三中全會到十二大，我們打開了一條一心一意搞建設的新路。"[2] 由此可見，"歷史性的偉大轉變"從不可能一蹴而就，從"解放思想"到對"建國以來黨的歷史經驗"作出正確結論，再到新局面的"全面開創"，具體到共和國的歷史行程中，對應著"從十一屆三中全會到十二大"這接近四年的時間。"八二憲法"作為一部"新憲法"的誕生，也就脱胎於這段新路打開的歷史過程。關於修憲，鄧小平作為當時最高領導人所留下

1　彭真：《關於中華人民共和國憲法修改草案的報告》（1982 年 11 月 26 日），載彭真：《彭真文選》，人民出版社 1991 年版，第 436 頁。

2　鄧小平：《一心一意搞建設》（1982 年 9 月 18 日），載鄧小平：《鄧小平文選》第三卷，人民出版社 1993 年版，第 11 頁。

的具體指示並不多，但有一句話既概括了修憲的根據，也點明了時代的宏旨："新的憲法要給人面貌一新的感覺。"[1]

"新憲法"在當時之必要，關鍵在於立新。如果把成文憲法比作國家政治這個身體所要穿上的外衣，那麼身體變了，就必須重新量體以裁衣。1980 年啟動全面修憲時，憲法政治可以說是"五年之間，號令三嬗"，共和國憲制處在一個急劇變動的"亂紀元"。從"七五憲法"到"七八憲法"，再到要將現行之七八憲法取而代之的新憲法，憲法文件更迭之迅猛，遠非生活在憲制"恆紀元"之歷史階段的我們所能理解。在本科生的憲法課上，我就這樣提示班上的"零零後"，這就相當於從你在法學院從大一讀到研三，這期間國家的憲法竟更換了三部！

處在這個歷史背景之下，對於"新憲法"的文本起草者來說，如何讓一部破舊立新的憲法能夠歷時久遠，打破此前七五、七八、乃至"五四憲法"的歷史週期律，就是彭真主持修憲時的心頭大計。從原理和邏輯上講，憲法當然要穩定，既然有了"八二憲法"，接下來就不要再有八五、八八或九二憲法。按《彭真年譜》記載，"八二憲法"通過前夕，彭真在同宣傳口領導談新憲法宣傳時，就說過："十億人民的中國，如果沒有一個穩定的憲法，國家一定不安定。"[2] 談

1　中共中央文獻研究室編：《鄧小平年譜》（一九七五—一九九七），中央文獻出版社 2004 年版，第 799 頁。
2　見《彭真傳》編寫組編：《彭真年譜》第五卷，1982 年 11 月 22 日記載，中央文獻出版社 2012 年版，第 163 頁。

的是"穩定",擔心的還是不穩定,審慎的文本起草過程就此而言是要"盡人事"。彭真在 1982 年年初的憲法修改委員會全體會議上有過一段表述,至今讀來,一位八十歲的政治家的歷史責任感仍溢於言表。他是這麼講的:"憲法是大家制定,大家修改,大家遵守,不能主觀,不能疏忽,不能粗心大意,不能自以為是。這是中國人民的大事。"[1]

| 二 |

現在梳理彭真留下的各種文獻,從文選到年譜,聚焦於他領導起草憲法修改草案時期的所述、所思和所為,在如何形成一部穩定的根本法這個問題上,我們可以整理出三條與理論有關的線索:

其一,"憲法是根本法,在綱不在目,在要不在繁。"[2]也就是說,憲法文本是作為綱要的存在,其條款"規定根本的東西","不寫枝節的問題"。[3] 自彭真在十一屆六中全會後主抓修憲,相關的論述在其年譜中多處可見。這一思路同中國立法中常說的"宜粗不宜細"較為接近。事無巨細都寫入憲法,就等於為政治設定下大大小小的條條框框,一旦發

1 《彭真年譜》第五卷,1982 年 3 月 16 日記載,第 131 頁。
2 《彭真年譜》第五卷,1981 年 7 月 18 日記載,第 106-107 頁。
3 《彭真年譜》第五卷,1981 年 7 月 21 日記載,第 107 頁。

生變化，憲法文本也不得不隨之而變。數年後，鄧小平在談到香港基本法起草的方略時也有過異曲同工的論述，如他所言，"搞得那麼細，規定得那麼死，情況發生變化後，哪能不變？"[1]

其二，"只寫那些成熟的、定下來的東西；還在實驗中的東西，最必要的，看得準的，行得通的可以寫，看不準的不寫。"[2] 借用刑法上疑罪從無的原則，我們可以把這一思路概括為"疑事不寫"。換言之，寫入憲法就意味著"定型化"，這就首先要求這個問題在立憲時就是成熟的，是可以定下來的，黨內對此是沒有爭議的——按《彭真傳》的記載，在草案經四個月的全民討論後，彭真自己也說過："到了這個時候，修改憲法採取什麼態度？一句話：定。"[3] "定"字作為憲法文本形成的標準，與之相關聯的是彭真多次強調的憲法"不搞不必要的創新"，"注意不要引起不必要的爭論"。[4] "疑事不寫"的思路，又同"八二憲法"歷次修改中一貫強調的"可改可不改的不改"是一脈相承的。追根溯源，1981 年 7 月 15 日，此時中共十一屆六中全會剛結束，彭真剛接手憲法修改工作，他就說過："可以大改，但可改可不改的，不改；改了可能會引起問題的，不改。"[5]

1　《鄧小平年譜》（一九七五——一九九七），第 1020 頁。
2　《彭真年譜》第五卷，1981 年 9 月 18 日記載，第 113 頁。
3　《彭真傳》編寫組：《彭真傳》第四卷（1979-1997），中央文獻出版社 2012 年版，第 1475 頁。
4　《彭真年譜》第五卷，1981 年 7 月 18 日記載，第 107 頁。
5　《彭真年譜》第五卷，1981 年 7 月 15 日記載，第 106 頁。

其三，憲法是"在綱不在目"，"只解決根本問題"，同時只寫"定下來的東西"，"不搞不必要的創新"，意味著"八二憲法"就其文本形成而言是極其節制的，"可改可不改的，不改"，也就意味著這部新憲法在文本上是以絕對必需為限的。就此而言，彭真一方面認定"一九七八年憲法失之過簡"，在中國憲法譜系中，"八二憲法"以 138 條的篇幅而位列體量第一，但另一方面，它的起草過程卻始終保持高度自覺的節制——可寫可不寫的，那就不寫，故而也就沒有寫。至於到底哪些是因為"也可以不寫"而最終沒有寫的，哪些是全面修憲階段曾出現在議程上的問題，而最終卻以至少暫時不寫入憲法而得到解決的，簡言之，八二憲法可規定卻沒有規定什麼，彭真在主持修憲時做過什麼減法，[1] 本身就是很值得去考證的憲制問題。[2]

正是因為修憲過程自覺堅持了上述三個"只寫"，最終形成的"八二憲法"在文本上有一個鮮明特徵，也是可見於

1　按彭真對憲法修改草案所作的權威報告，"全民討論中也提出了大量的各種類型的意見和建議……還有一些意見，雖然是好的，但實施的條件不具備、經驗不夠成熟，或者宜於寫在其他法律和文件中，不需要寫進國家的根本大法，因而沒有寫上"，參見《彭真文選》，第 437 頁。

2　按王漢斌的回憶，"憲法的內容涉及國家政治、經濟、文化、社會生活的一系列根本問題。在起草修改草案中，這些問題都提出來了。彭真同志在向中央報告中就列舉了十六個問題，對這些問題，反覆作了研究，有的作了規定，有的研究後未作規定。"參見王漢斌：《王漢斌訪談錄：親歷新時期社會主義民主法制建設》，中國民主法制出版社 2012 年版，第 64-65 頁。到底是哪些問題在研究後卻"未作規定"？它們之所以最終未寫入憲法，是因為"可不寫"，但它們作為根本問題，同時也屬於"可寫"，在問題的答案成熟時，至少並不排斥寫入憲法文本或者成為憲法性法律的規範事項。

其諸多條款的表述方式：簡單統計，"依照法律規定"，在憲法文本中出現了二十七次；而相似的表述，"由法律規定"，出現十二次，此外還多次出現"法律規定的範圍內"、"以法律規定"、"依照法律"、"根據法律"這樣的文本規範。舉個例子，在憲法第三章"國家機構"第三節"國務院"部分，第八十六條有一款規定：

　　國務院的組織由法律規定。

　　回到歷史的行程，就在五屆人大五次會議上，12 月 4日"新憲法"通過；6 日，由時任副委員長兼法制委員會主任的習仲勳作《關於四個法律案的說明》；10 日，包括《國務院組織法》在內的四部法律在此次大會的閉幕會上獲得通過，根據習仲勳所作說明，這四部法律均屬於"同憲法相配合的有關國家機構的"法律。[1]在此沒有必要進行更多的梳理，由"新憲法"的一條一款，到一週內即通過的《國務院組織法》，後者如習仲勳所言，就是"同憲法相配合的"。由此可以設想，在八二憲法所奠定的政法秩序內，法律，也即由全國人大以及常委會所制定的法律，在很多問題上所構成的是新憲法的"實施細則"。正是因為憲法"在綱不在目"，

1　參見習仲勳：《關於四個法律案的說明》，載全國人大常委會辦公廳、中共中央文獻研究室：《人民代表大會制度重要文獻選編》（二），中國民主法制出版社、中央文獻出版社 2015 年版，第 595 頁。

"只寫那些成熟的"，以及"宜於寫在其他法律和文件中的……沒有寫上"，後續的立法，至少在憲法文本上有明文規定"由法律規定"的事項或問題上，都是我們常說的"配套立法"——它們構成了對"新憲法"的立法實施，故而稱其為"配套"。

說到這裏，我想起在網上看到的彭真故居紀念館的一個展廳，進入展廳，迎面所見是一堵法律牆，九部法律以法典的形狀排列，書脊部位燙印著法律的名稱，它們都是彭真在五屆、六屆人大期間領導制定的"基本的重要的法律"。[1] 這九部法律排成一排，看上去略有弧度。其中居中且最靠近參觀者的，就是《憲法》；兩旁分列的是《刑法》、《刑事訴訟法》、《中外合資經營企業法》、《土地管理法》、以及四部"國家機構組織法"，如同兩個側翼，它們代表著彭真在當年立法奠基時期所制定的一系列法律，拱衛居於中心的《憲法》。在這個結構中，《憲法》如同領頭雁，它是效力最高的根本法，不過同時也是法律中的一種，所以從未脫離法律的矩陣，只是以半個身位的優勢統領整個法律系統。這種格局以及關係，也許可以借用美國最高法院首席大法官的角色定位來類比，在九位大法官中，首席大法官只是"chief among equals"。也是在這種格局中，《憲法》以及根據憲法而制定

1　"1979年以來，他領導制定了一系列關於國家機構、民事、刑事、訴訟程序、經濟、涉外等方面的基本的重要的法律，為我國的社會主義法制奠定了堅實的基礎"，見《彭真同志光輝戰鬥的一生》，載《彭真生平大事年表》，中央文獻出版社2005年版，第85-86頁。

的法律，其實並沒有呈現出憲法學理論所偏好的對抗關係。如果說美國的憲法實施模式首先是基於對立法、立法者以及立法政治的不信任，[1] 那麼在中國立憲者的思考中，雖然不能說沒有意識到法律有違憲之可能（無論如何，《憲法》第五條規定，"一切法律、行政法規和地方性法規都不得同憲法相抵觸"），但基調仍是對全國人大以及立法的信任，進而言之，是沒有理由不信任，不信任於當時的立憲者而言反而是一種不可理解的態度和文化。

也是在這個邏輯中，我們才能在八二憲制的秩序中理解中共權威法學家張友漁的一個判斷："憲法沒有規定的，法律可以規定。不是違憲。"[2]

| 三 |

正是通過這種有所為、有所不為的文本策略，"八二憲法"實現了它的穩定。所謂"有所為"，就是要把那些不可變的制度白紙黑字地寫進"新憲法"，它們屬於大事，是應由憲法規範的根本問題，同時它們也符合成熟標準，在立憲

1　1980年，就在中國啟動全面修憲那一年，時任哈佛法學院教授的約翰·伊利出版了《民主與不信任》，這本書此後不久就登上美國法學著作引證率之榜首，並霸榜至今，其基本思路就是對立法過程以及多元主義政治的"不信任"，參見 John Hart Ely, *Democracy and Distrust: A Theory of Judicial Review*, Harvard University Press, 1980。

2　張友漁：《憲政論叢》下冊，群眾出版社1986年版，第83頁。

時就能看得準；但還有更多的問題或議程，立憲者的態度是在文本上有所不為，憲法不去寫，為改革、搞活和開放留下了充分的試驗空間，把檢驗真理的標準留給實踐，而不是凡事不決問道憲法。

"新憲法"誕生於五屆人大的最後一次會議，不到半年，彭真在六屆人大一次會議上當選為委員長。連續起來，"八二憲法"之為"新"的階段，恰恰是彭真主政全國人大的五年。也正是這五年，從 1983 年到 1988 年，憲法沒有出現文本上的修改。"八二憲法"第一次修改，要等到七屆人大的一次會議，形成修正案兩條，時間是 1988 年 4 月 12 日，發生在彭真"退場"之後。[1] 就中國現行憲法的性格塑造而言，彭真的歷史貢獻不僅要看他主持憲法修改草案起草的兩年時間，即在他的領導下，中國有了一部"好憲法"，在歷史的行程中，這部憲法之為"新"的階段同樣重要，而在此階段，彭真最大的作為就是在憲法修改上的不作為。

回到當時，中共中央由上至下，不斷發出"不是收，而是放"的改革開放信號，[2] 對內搞活和對外開放作為兩個方

1　按《彭真年譜》記載，1998 年 3 月 24 日，彭真主持七屆人大一次會議預備會議，在會上說："我的任務已經完成。祝七屆全國人大一次會議圓滿成功。"隨後，彭真和不是七屆全國人大一次會議主席團成員的六屆全國人大常委會委員長會議的成員退出會場，見《彭真年譜》第五卷，第 426 頁。

2　大致從 1984 年開始，在中共十二屆三中全會通過《關於經濟體制改革的決定》後，鄧小平反覆講"膽子要大，步子要穩，走一步，看一步"，一方面強調不犯大錯、顛覆性的錯誤，另一方面容許在探索中試錯，例如參見鄧小平：《改革是中國的第二次革命》(1985 年 3 月 28 日)，載《鄧小平文選》第三卷，第 113 頁。

面，從沿海到沿江和沿邊，從經濟特區到開放城市、計劃單列，呈現出由點到線、由線到面的大圖景。"我檢查自己還是思想不夠解放"，"合理的必然為自己開闢道路"，"漢水橫沖"、上海"破冰"、重慶"衝關突圍"……既然中央給了政策，允許各地以不同程度去"殺出一條血路"，那麼改革本身就成了某種各地區間的"錦標賽"，"忽如一夜春風來，千樹萬樹梨花開"。[1]改革的大江大河浩浩盪盪，各地改革者都因地制宜，去試去闖，打破條框，衝破禁區，時代的最強音最終在鄧小平 1992 年初的南方視察中奏響，"允許看，但要堅決地試"，[2]一時間"東方風來滿眼春"。

許多年後，當年的深圳市委書記李灝曾在一次訪談中回憶起他與小平同志的一番對話：

> 他說：你覺得不對了，總結經驗，糾正過來，只要不"一條路走到黑"，就不會犯錯。
>
> 我說：小平同志你說得很重要，我一定爭取不犯錯

---

1 "思想不夠解放"，參見任仲夷：《任仲夷論叢（第二卷）：先行一步——改革開放篇》，廣東人民出版社 2000 年版，第 31 頁；"開闢道路"，參見深圳市史志辦公室編：《李灝深圳特區訪談錄》，海天出版社 2010 年版，第 125 頁；"漢水橫沖"，參見吳官正：《漢水橫沖：武漢城市改革的實踐與思考》，人民出版社 2008 年版；"破冰"，參見中共上海市委黨史研究室：《破冰：上海土地批租試點親歷者說》，上海人民出版社 2018 年版；"衝關突圍"，參見廖伯康：《關於重慶經濟體制綜合改革試點的回憶》，載《重慶改革開放口述史》，中共黨史出版社 2018 年版，第 34 頁。論及"八十年代"，地方黨政領導人的改革文獻、論述和口述歷史還有很多，此處列舉的只是其中有代表性的數種而已。
2 《鄧小平文選》第三卷，第 373 頁。

誤，少犯錯誤。

他説（他又聽出我這話裏有些不大對頭了，馬上進行糾正）：我第一是希望你大膽去幹，然後才是發現問題，總結經驗。你不能首先就想著不犯錯誤，那你就什麼事都不敢幹了嘛。[1]

改革在大江南北爭奇鬥豔，"萬紫千紅總是春"，但憲法作為國家的根本法，卻是要"定型化"並且"定於一"。如此說來，"八二憲法"在第一個五年期內一字未改，在第一個十年期僅形成兩條修正案，這種高度的穩定原本並非理所應當。非要說順理成章，反而應當是怕發生但沒發生的憲法不穩，畢竟改革如火如荼，如要修憲，按道理也是水到渠成。正如回到憲法起草的過程，可寫不可寫的，不寫，很多問題最終以不寫入憲法而得到解決，就此而言，憲法文本既不負責解決爭議，也不主動製造爭議，其所做的只是將問題以及爭議擱置起來，留給時間去解決；新憲法生成後，可改可不改的，則不改，既體現了法制工作領導人在改革開放新時期一以貫之的審慎，也得益於當初"可寫可不寫的不寫"的立憲策略。根據王漢斌的回憶，"八二憲法"在 1988 年第一次修改時，時任中共中央總書記主要考慮的是私營經濟入憲，而對於這次修改，"張友漁同志也有意見，説不修改憲

1　參見《"你不能先想著不犯錯"》，載《李灝深圳特區訪談錄》，第 179-180 頁。

法也允許私營經濟存在和發展，憲法沒有禁止呀！"[1]

回頭去看，"八二憲法"之好，就穩定性這個維度而言，在於它設定了某些根本問題的不變，不可變也不能變。這些不變的，首先凝練在"八二憲法"寫了什麼也即文本規範之中——1982 年 5 月 4 日，在草案交由全民討論之初，彭真在與各省、自治區、直轄市人大常委會負責人座談時就說過："國有國法，憲法則是十億人民辦事的總章程，全體人民包括黨和政府都要遵守"；[2] 與此同時，"新憲法"又容納甚至鼓勵更普遍、更常態化的變，相關的問題經常為法學者所忽略，原因在於法學研究慣於摺疊歷史，不知道如何研究未發生的事，但奧秘在於，要容納未來之變，往往要提前一步做到文本之不為。

六屆人大任期五年，1987 年春召開了第五次會議也是最後一次大會。此次會議過後，彭真委員長也曾有過一次南方視察，他在 4 月中旬離開北京，首先到江西，5 月初繼續南行到深圳、珠海和廣州，然後到福建。按年譜記錄，從 4 月 18 日到 5 月 18 日，這位八十五歲的老人一路行來，既參觀了井岡山等革命根據地，強調 "艱苦奮鬥，勤儉建國"，又視察了深圳、珠海、廈門這些經濟特區，鼓勵 "堅持改革開放搞活"。[3] 聽取深圳彙報時，彭真說："一個是放得

1　參見《王漢斌訪談錄：親歷新時期社會主義民主法制建設》，第 135 頁。
2　彭真：《論新時期的社會主義民主與法制建設》，中央文獻出版社 1989 年版，第 117-118 頁。
3　參見《彭真年譜》第五卷，第 404-407 頁。

開，一個是搞得活，一個是上得快，我都看到、聽到了，你們是幹得成功的"，緊接著，彭真又説："飛機在天上飛，海闊天空，似乎沒有什麽障礙，但儀表的指針還是在跳動，若不調整，也飛不到目的地。"[1]

改革海闊天空，但並不是跟著感覺走；憲法如儀表上跳動的指針，它以尋常看不見的方式發揮著作用，只是偶爾才露出崢嶸——在我們即將迎來這部憲法實施四十週年的歷史時刻，應當記住，展開於這四十年的，是一段"有可歌也有可泣"的歷史。[2] 而您在本書中將要讀到的，正是這段歷史的其中一頁。

2022 年 8 月 7 日

1　見《彭真委員長在深圳考察時指出，深圳特區建設的實踐是成功的》，載《深圳特區報》1987 年 5 月 4 日，第 1 版。

2　"歷史有可歌也有可泣，可歌可泣的事很多。多少人犧牲了，把歷史創造出來了"，參見《彭真年譜》第五卷，第 504 頁。

引言

鄧小平在一九八四

窗外廣袤、充滿生命力的田野和起伏、連綿不斷的丘陵，在我視界裏持續展現著，無限地向天邊延伸。我經過一座座城市、鄉村、新興的大廠礦建設工地。看到巍峨的樓群，林立的煙囪，川流的載重卡車；看到豐收在望的麥子，水稻，閃閃發亮的水庫、灌渠。我看到的一切，都使我想起我一生中目睹到的最蔚為壯觀的場面，此刻和那時的心情產生著共鳴。

王朔：《空中小姐》，《當代》1984年第2期

| 一 |

1984 年，鄧小平八十歲。

五年前，他完成"三落三起"[1]人生傳奇之最後一起，在十一屆三中全會上，成為中國共產黨和國家的新領導核心。在共和國的歷史敘事中，這次召開於 1978 年 12 月的會議被認為因撥亂反正而開啟了歷史的新時期，四十年來，"十一屆三中全會以來"的表述成為中國記述時節變遷的共同方式，既用於廟堂之高，又見於江湖之遠。

三中全會在 12 月 18 日開幕，但《解放思想，實事求是，團結一致向前看》，作為《鄧小平文選》所確立的三中全會"主題報告"，卻發表於 12 月 13 日，實際上是自 11 月 10 日即召開的中共中央工作會議的閉幕詞。[2] 為什麼一次

1　鄧小平常言他是"三落三起"，比如 1987 年 10 月 13 日，會見匈牙利客人時，他講"我是'三落三起'"，見鄧小平：《鄧小平文選》第三卷，人民出版社 1993 年版，第 255 頁。

2　這次報告，載鄧小平：《鄧小平文選》第二卷，人民出版社 1983 年版，第 140-153 頁。

會議的主題報告卻發表於該次會議開幕前？為什麼長會議的閉幕詞卻成為緊隨其後之短會議的主題報告？只有一個解釋可以合理地解決這個悖論，那就是這兩次會議在時間上雖有四日之隔，但在歷史進程中卻是一以貫之的，沒有在先之長會議的"解放思想"，就不可能有隨後之短會議在"團結一致"之政治基礎上的"向前看"。

鄧小平在報告中就是這麼講的，在長達三十四日之久的中央工作會議上，與會者"敞開思想，暢所欲言，敢於講心裏話，講實在話"。正是經過生動活潑的黨內民主，"解放思想"並"實事求是"，才有了在會議閉幕時的決斷，也即，"討論和解決了許多有關黨和國家命運的重大問題"，"解決了一些過去遺留下來的問題"。解決，是以討論為基礎的，是在討論之後形成共識，然後用權威的結論把共識給表達出來。按照小平同志所講，所解決的問題可分兩類，一類是"一些過去遺留下來的問題"，這談的是要不要繼往以及如何做，另一類則是"許多有關黨和國家命運的重大問題"，這主要是指怎麼開來。而在現實政治中，繼往和開來從來都不是一分為二的，如何給既往下結論，在很大程度上就決定了當下要舉什麼旗，走哪條路，開創何種未來。既然政治的新決斷已經得以形成，那麼過去就已成既往，"已經成為我國社會主義歷史發展中的一個階段"，而未來就始於由此當下時刻所展開的前方。[1] 要在"團結一致"的政治基礎上"向前看"，十一屆三中全會作為歷史之偉大轉折，其憲制意義在這份主題報告的題目中就已經呼之欲出，社會主義中國自此進入一個新的歷史階段。旁觀者清，外國友人就講這開啟了"鄧小平時代"。[2]

"向前看"五年來：

1981 年 6 月，《關於建國以來黨的若干歷史問題的決議》在中共中央全會上得到通過。既然名為"決議"，就是要對爭議問題下結論，原本眾說紛紜，現在給出權威的判斷，自此後做到從理論上"不爭論"，在實踐上"不翻案"且"不折騰"。決議起草之初，小平同志在審閱提綱之後就對起草工作作指示："要避免敘述性的寫法，要寫得集中一些。對重要問題要加以論斷，論斷性的語言要多些。"[3] 關於共和國的前三十年，要加以論斷並形成決議的歷史問題，如題所示有"若干"，但根本在於如何評價毛澤東同志。就此問題，鄧小平在三中全會報告中已經定下"團結一致"的調子，"要完整地準確地理解和掌握毛澤東思想的科學原理，並在新的歷史條件下加以發展"。[4] 概言之，這種在忠實繼承基礎上的繼續發展，既有別於一成不變的"兩個凡是"，不

---

1 本段所引十一屆三中全會主題報告，出自《鄧小平文選》第二卷，第 140、147、149 頁。

2 〔美〕傅高義：《鄧小平時代》，馮克利譯，生活‧讀書‧新知三聯書店 2013 年版。

3 《鄧小平文選》第二卷，第 291 頁。

4 《鄧小平文選》第二卷，第 149 頁。

是封閉僵化，也不同於一刀兩斷的“告別革命”，沒有改旗易幟。準確地說，如何在撥亂的同時又做到繼往，那就必須堅守《決議》所確立的框架和底線，以之為基礎去開啟新的歷史時期。而共和國的連續性，前三十年和後四十年之間的憲制關係，也就在這份以“決議”形式作出的政治論斷中得到貫通。“總結過去是為了引導大家團結一致向前看”，[1]《決議》中包含著將過去、現在和未來匯通起來的歷史意識和時間坐標。

再過一年，至中共十二大 1982 年 9 月在北京舉行時，“歷史性的轉變”被宣告已經“勝利實現”，整個國家步入了“新的歷史時期”，也是“建國以來最好的歷史時期之一”。在新時期，全黨的任務就是團結和領導全國各族人民進行社會主義現代化建設。十二大報告以“全面開創社會主義現代化建設的新局面”為題，這種“開創……新局面”的語法，發出的是一個確鑿無疑的政治信號：有關中國共產黨和國家命運的根本問題已得到議定，而在有關政治決斷之基礎上所展開之未來，就是歷史的新時期。區別於之前“無產階級專政下繼續革命”，新時期的根本任務在於社會主義現代化建設，如鄧小平在十二大結束後所講，“從十一屆三中全會到十二大，我們打開了一條一心一意搞建設的新路”。[2] 以二十年為期，十二大繪製了至世紀末的戰略藍圖：國民經濟生產

1　《鄧小平文選》第二卷，第 292 頁。
2　《鄧小平文選》第三卷，第 11 頁。

總值要在二十年後翻兩番，屆時，人民的物質文化生活達到小康水平。經由這條現已經打開的"新路"，一心一意搞建設，達致世紀末的奮鬥目標。

也是 1982 這一年，新憲法在歲末召開的全國人大會議上得到通過。按照彭真代表憲法修改委員會所作之報告，1978 年憲法在其序言表述"總任務"時強調要"堅持無產階級專政下的繼續革命"，由於十一屆三中全會以來的撥亂，"有必要對它進行全面的修改"。[1] 現在，以 1981 年所寫就的《決議》和十二大報告為基礎，以"四項基本原則"為總指導思想，新憲法也就有了新的民主事實和政治根據，在其序言自我宣告為國家的根本法，"以法律的形式 …… 規定了國家的根本制度和根本任務"：根本制度的規定，見於新憲法第一條，是"社會主義制度"；而關於根本任務的承諾，則宣誓於序言之內，要"集中力量進行社會主義現代化建設"。

在十一屆三中全會的報告中，鄧小平有過一段關於民主和法制的經典論述："為了保障人民民主，必須加強法制。必須使民主制度化、法律化，使這種制度和法律不因領導人的改變而改變，不因領導人的看法和注意力的改變而改變。"[2] 這段現在經常被我們引經據典，但卻停留於泛泛之談

1　彭真：《關於中華人民共和國憲法修改草案的報告》（1982 年 11 月 26 日），載彭真：《彭真文選》，人民出版社 1991 年版，第 435-463 頁。
2　《鄧小平文選》第二卷，第 146 頁。

的論述，回到其歷史語境內，是有具體所指的：從十一屆三中全會上的"討論"並"解決"，到 1981 年十一屆六中全會上以"決議"形式對歷史問題之"論斷"，再到 1982 年新憲法對國家根本制度之確認以及對根本任務之承諾，這四年彈指一揮間，卻可以稱得上共和國歷史進程中的一段"憲法時刻"。憲法用成文法典得以頒行，就是民主制度化和法律化的結晶，凡是由憲法加以確認和承諾的，就是不可改變的。小平同志一再強調"不因……改變而改變"，這種歷時而不變的政治，既是憲法制度之宗旨，又旨在開拓出憲法制度確立後的長治久安。

現在，新憲法既然已經生成，這段將民主法律化的"憲法時刻"也就隨之結束。但"凡是過去，皆為序章"，鄧小平時代，作為中國社會主義歷史發展的一個階段，也就奠基在這段序章之中。自此後，在由新憲法所確立的、以"四項基本原則"為限的政治框架內，社會主義現代化建設就無問西東，也不分左右——中國的現代化建設是姓社會主義的，但什麼是社會主義這樣的大是大非問題卻暫時懸置起來，在 1982 年立憲之時並沒有下定義。但也不能忘記，不爭論，並不是無所謂對錯。是非對錯在新時期的判準，首先就寫在新憲法的序言和總綱之內，改革過程中的試與闖，即便走得再遠，也都要裝在社會主義憲法的籠子裏——而憲法之規範力，也即小平同志所講的"不因……改變而改變"，即便是尋常看不見的，也會在由它所確立之根本價值受到生死存亡之威脅時，偶爾露出崢嶸。也是在這種因政治危機而引發的護憲鬥爭中，新憲法所確立的政治邊界在何處才得以釐定。無論是摸著石頭過河，還是殺出一條血路，都不可遺忘這段自十一屆三中全會以來的"憲法時刻"而徹底"放飛自我"。若是說不可忘記的初心，這就是在一定的歷史階段也即特定的歷史條件下，兌現中國共產黨和國家在新憲法中對全國各族人民的承諾——集中力量進行社會主義現代化建設。

在這樣的歷史背景下，鄧小平進入了他的 1984 年。

| 二 |

"我從來不走回頭路"，鄧小平登上山頂，對建議原路返回的隨從官員這樣說。[1]

讀《鄧小平年譜》，這一日是 1984 年 1 月 28 日，距離農曆鼠年的春節只有四天。1 月 22 日晚，小平同志從北京乘專列出發，開始了他此次南方之旅，在廣州站稍作歇息逗留之後，就抵達他此行的第一站深圳，此後又連續視察珠海和廈門，最後經上海七日，在 2 月 17 日返回北京。這次南方視察為期近一個月，此行之目的，早在小平同志剛到廣

1　中共中央文獻研究室編：《鄧小平年譜》（一九七五—一九九七），中央文獻出版社 2004 年版，第 956 頁。

州，足跡還未踏上深圳經濟特區之前，就在廣州火車站對地方主要領導開門見山，交待來意。《鄧小平年譜》記錄下他的這句話："辦經濟特區是我提倡的，中央定的，是不是能夠成功，**我要來看一看**。"[1]

四年前，1980 年 5 月 16 日，中央以批示廣東、福建兩省之會議紀要的形式作出決定，深圳、珠海、汕頭和廈門四個地方由"出口特區"更名為功能更齊全的"經濟特區"。按兩省在報告中的提法，"經濟特區的管理，在堅持四項基本原則和不損害主權的條件下，可以採取與內地不同的體制和政策"，而特區之"特"，也即特區不與內地相同之處，就在於"主要是實行市場調節"。中央的批覆讀起來在文意上輕描淡寫，但經濟特區能在 1980 年得以名正而言順，即便如粵、閩兩省在請示中央的紀要中所界定的，僅僅作為"特殊政策和靈活措施"，其背後之曲折反覆也並非批覆三言兩語所能道盡，我們應當在字裏行間去解讀。[2]

細讀兩省紀要，在作特區之動議時仍首先強調"堅持四項基本原則"作為條件，並重申在意識形態上還有"一個誰戰勝誰的問題"，這是在限定特區之"特"是僅及於**經濟的**，並不構成對憲法所確立之社會主義制度的背離。在憲制意義上，深圳作為經濟特區之代表，其法律地位就完全不同於僅

1 《鄧小平年譜》（一九七五——一九九七），第 954 頁。
2 《國務院關於〈廣東、福建兩省會議紀要〉的批示》〔附：廣東、福建兩省會議紀要（摘錄）〕，1980 年 5 月 16 日。

有一河之隔的香港，經濟特區雖然是廣東省"先行一步"改革的關鍵子，但在 1982 年憲法中並沒有位置，反而是香港問題當時只是初見議程，卻由新憲法以"特別行政區"之專條而加以規範。兩相對比，更可見經濟特區不可摘掉經濟這個帽子所唸的"緊箍咒"。在報告中央時，兩省提出"既積極、又慎重"的方針，也折射出經濟特區得以試辦的政治空間非常有限，就全國大局而言，經濟特區不過是進入歷史新時期後因循廣東之地利所打開的小窗口，進一步言之，若放進來的只是蒼蠅，則中央可以隨時關閉。這也解釋了為什麼 1982 年憲法並沒有將經濟特區用根本法的形式加以制度化——是非尚且沒有定論，還要走著瞧。

現在，即便我們把這個歷史的起點講成"春天的故事"，是一位老人在"南海邊畫了一個圈"，也不應忘記，不僅這個圈是要在鐵板一塊中殺出一條"血路"，其之"畫出"也是發生在廣東和北京之間不斷試、闖和殺的博弈過程。改革開放作為一場偉大的試驗，嚴格說來沒有設計師，因為它從一開始就不是設計出來的，很多行之有效並因此得以推而廣之的做法，回溯歷史的源頭往往都是現實逼出來的出路。在中央正式就經濟特區下批覆的一年前，1979 年 4 月，正是習仲勳代表廣東地方的訴求"逼"出了鄧小平的表態："中央沒有錢，可以給些政策，你們自己去搞，殺出一條血路來。"當時，從地方到中央，首要的考慮只是"窮則變"，"還是叫特區好"，從小平同志借用延安時期陝甘寧"特區"為這一新事物命名，我們也能理解他為何稱之為"血路"，至於能否做到"變則通"甚至"通則久"，那要試著看，膽子要大，步子要穩。[1]

1982 年春節期間，鄧小平也曾到廣東過冬，那年從 1 月 20 日到 2 月 9 日，小平同志在廣東"休假"。[2] 既然是"休假"，官方文獻就未對這長達二十天的廣東行程留下記錄。《年譜》編撰者字斟句酌，在用詞上頗有政治分寸，自覺區分了 1982 年的"休假"和 1984 年的"視察"。[3] 按照來自廣東地方的記錄，小平同志 1982 年曾對廣東省委主要領導談過特區問題："如果你們廣東也認為正確，就把它落實好。"[4] 可以想見，面對前來尋求政治支持的地方領導，鄧小平沒有急於表態，他還需要時間，要用實踐結果來說服不同意見者，尤其是 1982 年上半年，改革之勢看來處在"一亂就收"的回擺節奏中。此次從南方回來後不久，"打擊經濟犯罪活動"就被提升至"堅持社會主義道路"的政治高度，[5] 對經濟特區政策下權威的論斷，在政治時機上也不成熟。而這次，當鄧小平開門見山點明來意，特區是否成功，"我要來看一

1　參見《鄧小平年譜》（一九七五──一九九七），第 510 頁。

2　見 1982 年 1 月 18 日條目："晚，乘專列離開北京前往廣東休假。二十日，抵達廣州。二月九日，回到北京"，見《鄧小平年譜》（一九七五──一九九七），第 799 頁。

3　見 1984 年 1 月 22 日條目："晚，乘專列離開北京，前往深圳、珠海、廈門經濟特區和上海視察"，見《鄧小平年譜》（一九七五──一九九七），第 954 頁。

4　轉引自〔美〕傅高義：《鄧小平時代》，第 406 頁。

5　《鄧小平文選》第二卷，第 404 頁。

看”時，言下之意，下論斷的時機已經到來，如他在上一年度視察江浙滬地區，回京後在同中央負責同志的談話中即作出指示，要實現十二大所確立的翻兩番之世紀末目標，中央要有全盤規劃，各個省也要“做到心中有數”。[1]

“深圳的發展和經驗證明，我們建立經濟特區的政策是正確的”，結束深圳和珠海視察，鄧小平用書面題詞的形式給出了他的權威論斷。1984 年 2 月 1 日，在當晚出席廣東省春節聯歡會，同各界人士歡度春節之前，小平同志在廣州為深圳特區題詞，特別將落款日期寫為 1 月 26 日離開深圳那天。[2] 翻閱《年譜》那幾日的記載：1 月 28 日，在“從來不走回頭路”的那天，鄧小平會見霍英東等港澳人士並指出：“辦特區是我倡議的，看來路子走對了。”[3] 29 日，在視察珠海經濟特區並於途中聽取工作彙報之後，小平同志於當日題詞：“珠海經濟特區好”。[4] 但仔細推敲，無論是“看來路子走對了”，還是“珠海經濟特區好”，都只能説是一種止於口頭的**意見**或者説有具體所指的**評價**，無法形成一個具有普遍性的權威**論斷**。經過為期一週的實地視察，小平同志可以説已經做到了“心中有數”，四個經濟特區雖然零星散佈在東南沿海，但如何評價這個試辦政策，當年卻事關社會主義現代化建設的全局。既然如此，那何妨耐心再等待個兩三

1 《鄧小平文選》第三卷，第 24 頁。
2 《鄧小平年譜》（一九七五——一九九七），第 957 頁。
3 《鄧小平年譜》（一九七五——一九九七），第 956 頁。
4 《鄧小平年譜》（一九七五——一九九七），第 957 頁。

日，在農曆春節這個辭舊迎新的時刻給經濟特區下權威的結論，由此掀開改革開放歷史的新一頁。政治決策需要這樣的儀式感。

回到此次視察之開端，小平同志認為下結論的時機尚未成熟：「這個地方正在發展中，你們講的問題我都裝在腦袋裏，我暫不發表意見。」因為僅聽取來自地方的彙報是遠遠不夠的，在長達四十分鐘的彙報過程中，「一句話也沒說……一句話都沒插過」。[1] 他必須要親眼「看一看」。深圳視察的三日行程顯然經過了悉心的安排，但在整個參觀過程中，鄧小平始終保持成熟政治家所必要的節制，據陪同視察的地方領導回憶，他「不大講話」，「一般地不輕易表態」。[2] 一年半之前，英國首相撒切爾夫人就香港前途問題同鄧小平進行會談，未曾想會面結束後卻在人民大會堂臺階上跌了驚世一跤，離京前，她用「百聞不如一見」來概括這次同鄧小平的會面。而現在，小平同志也要在「百聞」之後親眼「看一看」，這是共產黨人「實事求是」政治倫理的要求。小平同志為經濟特區的題詞只有二十五個字，提筆之時，他必定經過字斟句酌，作出「建立經濟特區的政策是正確的」之論斷，根據在於「深圳的發展和經驗」，這又是一次生動且深刻的政治示範，進入現代化建設的歷史新時期，「實踐是檢

1　宮力、周敬青、張曙著：《鄧小平在重大歷史關頭》，九州出版社 2012 年版，第235 頁。

2　《鄧小平在重大歷史關頭》，第 235 頁。

驗真理的唯一標準"。從《年譜》留下綱要性的行程記錄，我們只能確定小平同志在深圳**看了**什麼，但他到底**看到了**什麼，什麼是他所認定的作為實踐判準的"深圳的發展和經驗"，《年譜》惜墨如金，未加詳細交待。而在結束此次南方視察返京後，鄧小平召集當時的中央負責同志，繪聲繪色地講述此次南方之行的"感性認識"，在文選嚴肅緊張的政治語言中，自成一段因親切而更加可敬的言論：

> 這次我到深圳一看，給我的印象是一片興旺發達。深圳的建設速度相當快，蓋房子幾天就是一層，一幢大樓沒有多少天就蓋起來了。那裏的施工隊伍還是內地去的，效率高的一個原因是搞了承包制，賞罰分明。深圳的蛇口工業區更快，原因是給了他們一點權力，五百萬美元以下的開支可以自己作主。他們的口號是"時間就是金錢，效率就是生命"。[1]

重讀小平同志傳達"感性認識"的這段文字，一位八十歲的政治老人那份由衷的興奮甚至是澎湃，許多年後仍溢於言表。此次在特區視察，腳踏祖國大地，登上深圳國際商業大廈的二十二層頂樓天臺，俯瞰建設中的新城區，"看見

1　《鄧小平文選》第三卷，第 51 頁。

了，我都看清楚了"，[1] 回京所講的"一片興旺發達"，就是小平同志看在眼裏的"深圳的發展和經驗"，至此可以下一個對歷史負責的結論，這五年來的經濟特區實踐已經完成了對這個政策的檢驗。返京後，鄧小平很快就對中央負責同志表明立場，"實行開放政策，有個指導思想要明確，就是不是收，而是放。"[2] 這重申了他在上海時基於特區經驗而對上海的告誡："現在看，開放政策不是收的問題，而是開放得還不夠。"[3]

現代化建設在社會主義國家是全國一盤棋，在這個棋局之中，經濟特區之意義恰如小平同志所講的一個著名比喻，是作為"窗口"而存在的，是在某個歷史階段要集中力量辦的大事："特區是個窗口，是技術的窗口，管理的窗口，知識的窗口，也是對外政策的窗口。"[4] 回看鄧小平在深圳的三日視察，既參觀了先富起來的漁民村，又視察中外合資企業，還聽取了引進國外先進技術的彙報，整個行程安排務求以點帶面，以最大可能示範出經濟特區作為"試點"所可能蘊藏的全盤意義。進而言之，經濟特區所特有的發展經驗是否有普遍性的根據？殺出一條"血路"的改革策略在社會主義憲制的整體構架中是如何可能的？如何讓一部分地方藉由

1　引自關相生（廣東省委原副秘書長）講述：《我看到了一個平凡而又可親的小平》，http://news.southcn.com/gdnews/sz/dxp/hyxp/200408170098.htm。

2　《鄧小平文選》第三卷，第 51 頁。

3　《鄧小平年譜》（一九七五——一九九七），第 960 頁。

4　《鄧小平文選》第三卷，第 51 頁。

政策之利，將地緣之便轉化為發展之力？換言之，既然深圳之闢走對了路，那麼在列國競爭的世界格局內，維持現狀就如逆水行舟，如何在更綿長的海岸線甚至更開闊縱深的內地再造更多的"深圳"，以上種種，成為鄧小平的心頭大計。

在此語境內去把握鄧小平此次南方之行後的心境，那麼他所講的開放政策要"放"而非"收"，並不是泛泛而談的表態，而是有具體所指的。這篇談話，收入《鄧小平文選》，題名為《辦好經濟特區，增加對外開放城市》，以特區之見聞為引子，落腳點放在了"增加對外開放城市"上。開放政策這一放，就導向了我們現在所知的開放沿海城市，在小平同志的設想中，"這些地方不叫特區，但可以實行特區的某些政策"。[1] 說得再簡單些，就是雖無特區之名，但卻有特區的部分之實。2 月 24 日談話過後，未有絲毫懈怠，"增加對外開放城市"的改革進入政治議程。接下來之推進，足見改革者在領會"效率就是生命"之後的緊迫感，進一步開放沿海十四個港口城市，北到大連，南到北海，其中包括天津和上海兩個直轄市，在 5 月初即得以議定。南海的一個圈，終於連成了東部沿海的一條線，由點到線的速度之快，不僅如上所言，折射出了"時間就是金錢"成為舉國上下的普遍心態，還能看到中國作為泱泱大國在追求富強之路上那股時不我待的勁頭，以及社會主義體制絕非一句空話的議行

1　《鄧小平文選》第三卷，第 52 頁。

合一體制。

關於開放沿海十四個城市之意義，以上所言並不是事後的無限拔高，小平同志也是這麼想並曾親口講過。轉眼歲末，在 10 月下旬的中央顧問委員會會議上，鄧小平回顧即將過去的 1984 年，他的一番自謙講話讀來卻又意氣風發："今年做了兩件事……其他事都是別人做的"，其中第一件就是"進一步開放沿海十四個城市"。[1] 既然開放這十四個沿海城市是"進一步"，那就不是興之所至，憑空而起，而是在經濟特區先行一步的基礎上的"進一步"。也只有形成這種"四加十四"的貫通理解，我們才能真正把握鄧小平的"設計"，為什麼十四個城市的開放能成為鄧小平這個大國領導人的頭等大事！

在小平同志建議增加對外開放城市的年初談話中，他曾對中央負責同志提出一個問題："中國發展經濟從何著手"？但這不是疑問，而是設問，在拋出這個問題時，答案也已成竹在胸："要讓一部分地區先富裕起來"。[2] 此前常講"一部分人先富裕起來"，[3] 現在則強調是生活在"一部分地區"內的"一部分人"，並指明"這是個**大**政策"。[4] 如是講，讓一部分地區先富裕起來，作為中國發展經濟的著手，這政策何以為"大"？這年 10 月 6 日，就在建國三十五週年慶典過後，

1　《鄧小平文選》第三卷，第 84 頁。
2　《鄧小平文選》第三卷，第 52 頁。
3　例如參見《鄧小平文選》第三卷，第 23 頁。
4　《鄧小平文選》第三卷，第 52 頁。

鄧小平會見參加中外經濟合作問題討論會的全體代表。面對經濟問題的專家，小平同志說過這麼一番話：「在經濟問題上，我是個外行，也講了一些話，都是**從政治角度講的**。」[1] 將這些片段勾連起來，我們可以得到更透徹的認識，當鄧小平談經濟發展之大計時，所說的政策之大，就是指這並不只是關於經濟的，同樣是**政治的**。發展經濟以擺脫貧窮，具體到中共十二大所描繪的宏偉藍圖，是「一個政治目標」。[2] 而進一步開放沿海城市，這種經濟體制的改革也就是為政治所要求的，貫穿於其中的就是改革的戰略邏輯，「我們是走一步看一步，有不妥當的地方，改過來就是了」。[3] 從經濟特區到沿海城市，由點到線地打開更多的對外開放之窗口，若是說中國的經濟改革真有「設計」，那麼「設計」也就體現在這種「走一步看一步」的制度學習和對話過程，面向著「宏偉目標」和「根本政策」，鄧小平對中外代表談的是：路在腳下！

就在鄧小平南方視察之時，還有一行人正挑擔牽馬，風餐露宿，足跡踏遍祖國的名山大川，他們在拍攝一部名叫《西遊記》的電視劇。兩年之後的 1986 年春節期間，他們的作品在中央電視臺播出，片尾曲一夜之間傳唱大江南北。我至今還記得，當年有一位在蘇北小鎮上讀二年級的小學生，

1　《鄧小平文選》第三卷，第 77 頁。
2　《鄧小平文選》第三卷，第 77 頁。
3　《鄧小平文選》第三卷，第 78 頁。

在他的音樂課上，語文老師用毛筆在一張白紙上寫上那歌的歌詞，也許還有簡譜，掛在黑板上，教班上八零後的孩子們扯著嗓子唱出了動人心弦的時代旋律："敢問路在何方，路在腳下"。歌聲未央，我們這些八零後的頭生子就這樣走進了新時代。

| 三 |

就在鄧小平於廣州為深圳經濟特區題詞，卻將落款日子提前至 1 月 26 日的那個大年三十，向北兩千多公里，北京中央電視臺的演播現場，一位來自香港的青年歌手正在為當晚的演出作登臺前最後的準備。1984 年的春節聯歡晚會，是第二屆春晚，即便今天再看，歡歌笑語中也處處可見那種新時代才有的意氣風發和朝氣蓬勃。介紹張明敏時，女主持人毫不吝嗇地用了"香港最優秀年輕歌手"這個稱號，但她此時目光投向觀眾席尋找張明敏的張望眼神，卻暴露出這個來自香港的小個子，洋裝雖然穿在身，卻仍是名不見經傳的。在全國觀眾面前，其時仍半工半唱的張明敏，略帶腼腆地講出香港歌手登陸祖國內地的第一句話："我不會講話。"這時，零點鐘聲已過，張明敏一口氣唱了現在不可想像的四首歌。第一首歌《我的中國心》唱罷，這位在香港本地以唱國語歌為主的邊緣歌手，舞臺上回身一轉，就走進了歷史的

行程。

這個在 1984 年春節由時代一瞬綻出的芳華，現已定格為我們對八十年代的一幕歷史記憶。若究其前因後果，都展開於一個當年舉國上下翹首期盼的歷史壯舉——香港的九七回歸。中共十二大將"爭取實現包括臺灣在內的祖國統一"列於八十年代的三大任務。[1] 站在歷史之渡口，從 1984 年展望十三年之後的 1997 年，如何讓一個作為全球市場樞紐的資本主義璀璨都市，回歸"大而貧窮"[2] 的社會主義祖國，並維持過渡期的穩定，最終確保回歸後的繼續繁榮，不僅是"祖國統一"的問題，同樣事關社會主義現代化建設的整體佈局。

1984 年 1 月 25 日，鄧小平視察羅湖漁民村，隔河相望，就是那塊被英國人稱為"借來之空間"的香港；有借就有還，就在同一天，在北京，中英雙方代表開始就香港前途問題展開第八輪的外交談判。翻看當年記錄，正是從這一輪談判起，英方放棄"以主權換治權"的幻想，轉向承認中方所確立的對港基本方針政策"十二條"。雖然此後十四輪談判仍分寸必爭，暗礁遍佈險灘，但談判終歸轉入建設性的正軌。在中英談判於上一年 7 月開啟時，鄧小平早有先見之明：1982 年 9 月，初見撒切爾夫人，他就為談判劃定底

1　《鄧小平文選》第三卷，第 3 頁。
2　"我國大而貧窮"，見《鄧小平年譜》（一九七五——一九九七），第 1013 頁。

線，"主權問題不是一個可以討論的問題"；[1] 也因為深知英方不會將香港的治權拱手交出，故此在談判開始前就又設定了一個戰略性的"死線"，"如果談不好，明年 9 月，我們也要單方面宣佈 1997 年收回香港"。[2] 終於，經共計二十二輪的會談，《中英聯合聲明》於 1984 年 9 月草簽。這個時點來得不早也不晚，正可見小平同志當年在國之大事上的一言九鼎，連英國人都心知肚明。一個月後，在中央顧問委員會的講話中，小平同志這樣講到他的 1984 年："今年做了兩件事：一件是進一步開放沿海十四個城市，還有一件是用'一國兩制'的方式解決香港問題。其他事都是別人做的。"[3]

香港問題何以重要，為什麼這個彈丸之地，只有五百多萬人，竟成為鄧小平這位十億人口大國之最高領導人的頭等大事？讀《鄧小平文選》1984 年的十六篇談話，竟有五篇是以香港問題為題的！這一年，是人民共和國建政三十五週年，鄧小平整年幾乎不停歇地會見來自五大洲的四海賓客，為什麼香港問題卻成為了鄧小平在年末認定的"小城大事"？作為一個在革命時代也曾戎馬倥傯的大國領袖，小平同志當然心知肚明，地域空間在思考治國理政時是不可不察的量度。1979 年，港督麥理浩因九七大限迫近而到北京投石問路，小平同志在會談結束後將這位高個子港督叫到

1　《鄧小平文選》第三卷，第 12 頁。
2　宗道一等編著：《遙想當年羽扇綸巾：周南口述》，齊魯書社 2007 年版，第 259 頁。
3　《鄧小平文選》第三卷，第 84 頁。

身邊，對俯身下來的英國人講到：“你如果覺得統治香港不容易，那就來統治中國試試。”[1] 言下之意，治理“中國”之難，遠非管治“香港”所能及，而其中的差異首先就在於中國內地之大以及與之相對的香港之小，換言之，在廣袤國土上所容納的參差複雜——主要是各地域之間不平衡的政治、經濟和文化狀況，在探索治理中國之道時是無法走出的背景。五年前，當習仲勳同志代表廣東地方在中央工作會議上發言時，他從另一方面講出了同樣深刻的道理：如果廣東是一個單獨的國家，幾年之內就能起飛——話音剛落，特區政策就在同一個月裏提上議程，奏響了四個經濟特區的序曲。[2]

因此，當鄧小平講“用‘一國兩制’的方式解決香港問題”時，他之所指，中國並不是一個普遍、均質、空洞、蒼白、平坦的空間，而香港也不僅是存在於這個空間的一個局部。理解中國，不能只看二維平面的行政區劃地圖，還要有一幅盡可能立體的中國地形圖，要像小平同志那樣來親自“看一看”。但凡可以成為鄧小平的年度大事，它一定不會是僅限於某個區域內的地方性事務，而必定要以某種方式上升為事關全局的國家問題，在最高領導人的議程中具有憲制性的地位。對於憲制問題，我們要算經濟賬，不能繼續寧要社會主義的草；但又不能只打經濟上的算盤，只要資本主義的

---

1 參見〔美〕傅高義：《鄧小平時代》，第 17 頁。
2 參見〔美〕傅高義：《鄧小平時代》，第 390-391 頁。

苗。誠然，一個繁榮的中國香港，對於當時一心一意搞建設的中國內地來說，其意義可謂怎麼強調都不過分。只要算算經濟賬，我們就能明白，為什麼要用"一國兩制"的憲制安排來解決香港問題，為什麼要承諾"五十年不變"。說到底就是要讓港人放心，九七之後"舞照跳，馬照跑"，在"硬幣上那尊容，變烈士銅像"之後，仍"照買照賣樓花，處處有單位"。[1] 但不能只算經濟賬！小平同志常自稱"經濟問題之外行"，當他講經濟問題時，他是從政治的角度和高度來論述的。在第一次會見撒切爾夫人時，鄧小平就講過一句經常為我們所忽略的話："如果中國把四化建設能否實現放在香港是否繁榮上，那末這個決策本身就是不正確的。"[2] 想一想，"自力更生，艱苦奮鬥"，是寫入兩年前通過之新憲法的序言裏的。

故此，完整地理解"一國兩制"學說，要站在小平同志當年的高度和視野、他的立足點，如他所言始終站在"政治的角度"。學者走不出書齋的邏輯，用做課題的學術方式去切入"一國兩制"這個題目，那麼很容易只看到這一憲制安排的"一個方面"：九七之後，如何將那些"資本主義的"制度和生活方式"凍結"起來，使之免於來自北京的長官干涉以及香港本地生發出的民眾訴求。著名的"井水不犯河水"論，所表達的就是"一國兩制"的這個方面。但問題在

1　羅大佑歌曲：《皇后大道東》，Albert Leung 作詞，羅大佑作曲，1991 年。
2　《鄧小平文選》第三卷，第 13-14 頁。

於，這樣理解"一國兩制"，只看它是如何承諾並保護資本主義在香港九七後的延續。究其實質，是用深圳河以南的視角剪裁了"一國兩制"，將一種原本具有全局意義的憲制學說降格為僅事關一時一地的局部論述。在談到"一國兩制"時，鄧小平並非如此狹隘，若是只有深圳河以南的這一個方面，東方之珠無論如何璀璨，都不足以上升為小平同志的年度之"事"。對於他來說，小城之所以成為大事，這種憲制安排之所以重要，不僅是因為它能妥善解決香港的問題，更是因為它事關兩制中的另一制也即社會主義的建設問題。而這個"一國兩制"的另一方面，在深圳河以北，十億人民對美好生活的嚮往，從來都是小平同志的心頭記掛，即便是談到香港問題時，小平同志也不吝於長篇大論。《中英聯合聲明》簽署當日，鄧小平再次會見撒切爾夫人時就請首相帶個話：

我還想請首相告訴國際上和香港的人士，"一國兩制"除了資本主義，還有社會主義，就是中國的主體、十億人口的地區堅定不移地實行社會主義……主體是很大的主體，社會主義是在十億人口地區的社會主義，這是個前提，沒有這個前提不行。在這個前提下，可以容許在自己身邊，在小地區和小範圍內實行資本主義。我們相信，在小範圍內容許資本主義存在，更有利於發展社會主義。[1]

為什麼總是視而不見呢？什麼是小平同志反覆強調的，在他的構想中，什麼是**主體**，什麼是**前提**，什麼要**堅定不移**，什麼是最終之目標，歸根到底，什麼是信仰，什麼又是承諾，難道不是一清二楚嗎？即便是面對撒切爾夫人這位放任自由的資本主義全球首腦，小平同志還是旗幟鮮明：中國的現代化建設是姓社會主義的。沒錯，談到對港政策，小平同志是曾這樣論述過："五十年只是一個形象的講法，五十年後也不會變。前五十年是不能變，五十年之後是不需要變。所以，這不是信口開河。"[2]在這裏，對未來立誓的，是鄧小平所講的"我們這些老頭子"，他要告訴迷茫失措的香港人，"我們這一代不會變，下一代也不會變"。[3]

只要我們還識得幾個字，再看看小平同志的談話吧，務求原汁原味。1987年4月16日，香港基本法起草進程過半，鄧小平會見起草委員會的全體委員，他的長篇講話有的放矢："'一國兩制'也要講兩個方面……另一方面，也要確定整個國家的主體是社會主義。否則怎麼能說是'兩制'呢？"[4]數目字對比一下也就涇渭分明了：如果說資本主義在香港是"五十年不變"，那麼社會主義作為中國主體的根本

1　《鄧小平文選》第三卷，第103頁。
2　《鄧小平文選》第三卷，第267頁。
3　《鄧小平文選》第三卷，第72-73頁。
4　《鄧小平文選》第三卷，第219頁。

制度，按小平同志的表述，則是"永遠不會改變"，[1] 雖然"我們也在變"，但"最大的不變是社會主義制度不變"。[2]1992年南方談話，即便其用心是為改革開放尋求下一步的動力，小平同志仍時刻不忘強調："基本路線要管一百年，動搖不得。"[3]

話又說回來，"五十年之後是不需要變"，究竟應如何解呢？這個問題看似咬文嚼字，其中卻包含著我們將"一國兩制"的"兩個方面"統一起來的線索。為什麼以 2047 年 6 月 30 日為時間軸上的分界點，且在同一個句子裏，之前的"不能變"會變成之後的"不需要變"？小平同志一字之變，微言之後又有何大意？曾有解讀抓住一個句子大做文章，動一動手腳，將"社會主義"從中國憲法中解釋出去。若是說他們在方法論上的錯誤，就是對原本自成體系的鄧小平理論斷章取義。比方說，有些人就喜聞樂見小平同志在 1992 年南方談話中的這一句："中國要警惕右，但主要是防止'左'"，[4]以後半句為糖衣，將鄧小平打扮成一個自由主義的開明人士。但如果我們把《鄧小平文選》全三卷當作字典來查，檢索一下小平同志在不同歷史時刻以及政治語境內的相關論述，他顯然不是一個如此臉譜化的單向度的領導人。君不見，就在 1984 年南方視察之前不久，鄧小平在 1983 年

1　《鄧小平文選》第三卷，第 67 頁。
2　《鄧小平文選》第三卷，第 73 頁。
3　《鄧小平文選》第三卷，第 371 頁。
4　《鄧小平文選》第三卷，第 375 頁。

秋就在北京拍過桌子：「只提反『左』不提反右，這就走到軟弱渙散的另一個極端。」[1]在此意義上，在對待鄧小平的論述和學說時，左右兩派都應走出在文化內戰中吵架的心態，暫緩各取所需的拿來主義態度，不要一味存異而忘記了最起碼的求同。既然小平同志曾坦言：「比較正確地說，我是實事求是派」，[2]那麼學者在方法上也有必要實事求是起來。

我的方法再簡單不過，基於我秉持的一個信念：收入《鄧小平文選》的全部文字構成了一個完整的意義世界且融貫的規範秩序，其中不可避免存在邏輯的空隙、話語的衝突、實踐的緊張，但卻沒有無法彌合的意義真空和路線分裂。在這個意義世界內，不存在某個歷史分水嶺，以此將鄧小平分割為前期的和後期的，無法兼容；更無基於派性的政治角色扮演，左派只提一個反右的鄧小平，右派則只提一個主要防左的鄧小平，難以並蓄。鄧小平同志只有一個，作為中國這個大國的最高領導，承擔著中國共產黨和人民所託付的憲制責任，言與行動輒就關切著十多億人口的生活，他必然是複雜的，也難免變化，但我們要做的恰恰就是把握住多元中的一元，多變之後的不變——最終，這種一元的**不變**，就是鄧小平時代的憲制。爬梳歷史檔案並闡釋政治文獻，由此構建一個完整且融貫的鄧小平，可以說是從憲制學理上解釋過去四十年改革開放時代的關鍵課題。本書只是在

1　《鄧小平文選》第三卷，第 38 頁。
2　《鄧小平文選》第三卷，第 209 頁。

這種路徑自覺下所展開的初步嘗試，把《鄧小平文選》當作一部字典來查，製作索引和詞條，用鄧小平來解釋鄧小平，對其全部論述作基於融貫性推定的文本互證和整體解釋，看看能發現些什麼。[1]具體到前面的問題，就是為什麼資本主義在香港，會從五十年之內的"不能變"，變為五十年之後的"不需要變"？

回答這個問題，目光恰恰不能只聚焦於"一國兩制"在深圳河以南的那個方面。"一國兩制"在當年之提出，固然是為了向香港市民保證，內地的河水無意侵犯香港這口井水，但若只盯著這一方面看，就窄化了小平同志的視野，也在矮化他的高度。在鄧小平看來，香港從來都是**中國的**，全稱就是中國香港，正是基於這個不可討論的立場，他在1982年直接懟回了來勢洶洶的撒切爾夫人，"中國在這個問題上沒有迴旋餘地"，一句話讓鐵娘子鎩羽而歸。[2]因此，在思考五十年之變時，我們不能繼續停留在香港如何回歸這一過渡期的思維，而是要立足於**中國的**語境，把此前為專家所

1　鄧小平自己也是這麼理解《鄧小平文選》的。以第三卷為例，該卷1993年10月出版，"在編輯本書時，作者逐篇審定了全部文稿"，見《鄧小平文選》第三卷，第1頁。在審定過程中，1993年5月4日，小平同志就指出："不成熟的東西，連貫得不好的東西，解釋得不清楚的東西，寧可不要"；7月7日，指出："不管對現在還是對未來，我講的東西都不是從小角度講的，而是從大局講的"；同時確定以1992年"南方談話"作為第三卷終卷篇，"編到南方談話為止，這樣好，段落比較清楚"；8月17日，審閱一批文稿整理稿後說："我主要看能不能連貫起來"；8月24日，指出："實際上，這是個政治交代的東西"；9月3日，審閱完最後一篇整理稿後說："大功告成！"對南方談話的最後一段，說："這個結尾不錯"。見《鄧小平年譜》（一九七五——一九九七），第1360-1363頁。
2　《鄧小平文選》第三卷，第12頁。

遺忘的"另一方面"重新帶回來。這個"另一方面",就是作為國家主體的社會主義。只有把兩個方面結合在一起,"一國兩制"才成為國家的憲制學說。

"四個現代化怎麼化法?"[1]十一屆三中全會上,鄧小平向全黨以及全國人民提出問題——在整個鄧小平時代,這個問題牽一髮而動全身,是"最大的政治"。[2]站在鄧小平始終堅持的"政治的"角度和高度,我們作一設想:就香港問題來說,"五十年不變"這個表述中的"五十年之後",是從1997年後推五十年,也即2047年;但就整個國家來說,那時已到共和國建國一百週年的前夕,即便是從十一屆三中全會"一心一意搞建設"以來,中國也已"埋頭苦幹"[3]了七十年。按小平同志所論所思勾勒出一幅藍圖,若是其中真有設計,那麼他管2047年前後這個歷史時點叫作"下世紀中葉"。[4]到那時,"我們這些老人嗚呼哀哉",[5]但社會主義現代化的"理想"[6]不滅。唱響整個八十年代,讓全國人民團結起來的現代化"三步走"戰略,屆時就將走完最後一步——這第三步,按照1987年中共十三大報告所規劃的,就是"到二十一世紀中葉,人均國民生產總值達到中等發達國家

1　《鄧小平文選》第二卷,第144頁。

2　《鄧小平文選》第二卷,第163頁。

3　《鄧小平文選》第三卷,第383頁。

4　比如,"從現在起到下世紀中葉",見《鄧小平文選》第三卷,第383頁。

5　《鄧小平文選》第三卷,第380頁。

6　"理想就是社會主義現代化",見《鄧小平文選》第三卷,第209頁。

水平，人民比較富裕，基本實現現代化"。[1] 故此，五十年後的故事該怎麼講？當然不是中國主體已經"十億人民九億商"，資本主義一統中國，而是說整個國家已經通過自力更生並對外開放，將自己建成為"中等水平的發達國家"。

回頭去看，這個面向"下世紀中葉"的目標並不大膽，但對於當時人而窮的社會主義中國來說，不要說"中等水平的發達國家"，就是世紀末的"翻兩番"以及"小康社會"，也是中國人的"雄心壯志"，故而需要我們的一心一意以及萬眾一心，必要時甚至要"夾著尾巴做人"。[2]1987 年 11 月 11 日，在當年尚且同"雙十一"商業狂歡還無半點關係的日子裏，鄧小平對來訪的朝鮮官員談到上月召開的中共十三大，他算了一筆時間賬，落腳點又一次放在"下個世紀中葉"，"以後的**六十二年**，我們還要夾著尾巴做人，要很謹慎，並且要艱苦奮鬥"。[3]

"理想就是社會主義現代化"。[4] 在鄧小平的藍圖中，現代化建設的"下個世紀中葉"，同香港回歸的"五十年之後"，只不過發生了一次時間上的偶遇而已。在解讀從"不能變"到"不需要變"這一字之變時，某些專家的錯誤就在於他們心中只裝著資本主義的香港，只想著"馬照跑"和"舞照跳"，卻遺忘了在中國憲法第一條內白紙黑字寫明的社會主

---

1 參見《鄧小平年譜》（一九七五——一九九七），第 1214 頁。
2 《鄧小平年譜》（一九七五——一九九七），第 1216 頁。
3 《鄧小平年譜》（一九七五——一九九七），第 1216 頁。
4 《鄧小平文選》第三卷，第 209 頁。

義制度，脫離了社會主義這個"最大的政治"來解讀"不需要"這三個字。

"不需要"應作何解？歷史留下的從來都不止隻言片語的一份孤證，只需要用心去找：1984 年三十五週年國慶過後，小平同志在會見港澳同胞觀禮團時也曾說過："到了五十年以後，大陸發展起來了，那時還會小裏小氣地處理這些問題嗎？所以不要擔心變，變不了。"[1] 你看，這裏的五十年以後"變不了"，是基於下世紀中葉內地同香港此長而彼消所談的，不會"小裏小氣"，說的就是"不需要變"。1987年 5 月 16 日，會見美籍華人物理學家李政道及夫人時，面對遠道而來的老朋友，小平同志興致勃勃地談起"振興中華"這個口號，暢想一番"到下個世紀五十年代"的中國，他是這麼說的，"**到那時**，臺灣、香港在整個國家經濟中佔的比重就更小了，這就更沒有變的必要"。[2] 再看看，這就更清楚了，"沒有變的必要"，說的不就是"不需要變"嗎！即便是回頭細讀"五十年之後是不需要變"所出的那篇講話，向前再看一小段，小平同志也交待了他的思路："第三步是下個世紀再花五十年時間，達到中等發達國家水平。"[3] 簡言之，當談到"不需要變"時，小平同志所想的是下世紀中葉的中國全局，而絕非局限於 2047 年的香港。

1　《鄧小平文選》第三卷，第 73 頁。
2　《鄧小平年譜》（一九七五—一九九七），第 1189 頁。
3　《鄧小平文選》第三卷，第 266 頁。

説到底，香港媒體所製造出的"鄧公"，或者官方在香港問題語境中偶爾會稱呼的"鄧小平先生"，一越過深圳河，就是我們的"小平同志"。前文一字之變的正解，關鍵是要意識到此一時而彼一時，用我們常說的發展變化的眼光來看問題。"前五十年是不能變"，是基於"此一時"所講的，是在當年一個"大而貧窮"的社會主義祖國向香港同胞所立下的政治承諾；而"五十年之後是不需要變"，這判斷之根據就位移到"彼一時"。每當小平同志將目光投向建國一百年的歷史時刻，他之理想，如《鄧小平文選》寫在最後的政治交代，就是經過"從現在起到下世紀中葉"這段"很要緊的時期"，將中國建成一個中等水平的發達國家——其中關鍵一步，就是要在內地再造許多姓社會主義的"香港"。在此一時的八十年代，香港問題作為最高憲制問題而取得"五十年不變"的政治保險，但到了香港回歸五十週年前後，"香港"已經在社會主義的內地星羅密佈。實力之消長，也就意味著，香港在全國一盤棋的格局中勢必無法維繫其原本的地位。無論如何，"一國兩制"的憲制安排可以承諾香港在九七後的繼續穩定和繁榮，但卻不可能將兩制的經濟體量凍結起來。在社會主義主體發展一日千里的歷史階段，香港最終也要學著在國家政治經濟中找到恰如其分的位置，不妨說這也是一種"回歸"。這種"回歸"一旦完成，香港問題可能也就無法再進入國家的**憲制**議程。

　　這在法規範的意義上也講得通。"不能變"是指主權者以先定承諾之方式，面向未來作出自我約束，它所規範的，是北京在回歸後可能因一時興致而做出的不適當舉動；而仔細推敲"不需要變"，這四個字並不是在憲制意義上講的，歸根到底，到底是"需要"，還是"不需要"，這需要與否首先取決於一時一地的政治訴求——只是站在當下表態，屆時處理"這些問題"，"泱泱大國"將不會"小裏小氣"。簡言之，"不能變"是對未來立誓，在承諾有效期內，"我們這一代不會變，下一代也不會變"；[1] 與之不同，"不需要變"最終還是要落實到回答到底是否需要，因此只是把問題交給了時間來解決，至少到了承諾期結束後的那個未來，也並不排除因需要而加以改變。當然，對於我們來說，這都是可以暫且不表的後話了。

還有一點話，打開天窗說一下：按鄧小平當年設想，中國到"下個世紀中葉"可以將自己建成中等水平的發達國家，這就確證了社會主義（相對資本主義）的優越性，畢竟"資本主義發展幾百年了，我們幹社會主義才多長時間"！[2] 但看現如今，當我們距離這個理想越來越近時，卻總有人對小平同志的論述斷章取義，以他在某個歷史瞬間的定格及其隻言片語來奪佔他的理論體系。時間回到 1986 年，當小平同志在這一年的 6 月 18 日會見海內外榮氏家族成員時，他曾這樣談到"世紀末"小康社會的藍圖，"所謂小康社會，

1　《鄧小平文選》第三卷，第 73 頁。

2　《鄧小平文選》第三卷，第 383 頁。

就是雖不富裕，但日子好過”，但問題是，當我們早已實現這個不那麼大的“雄心壯志”之後，當大而窮的社會主義中國變得富裕同強盛起來之後，為什麼我們發現日子反而不那麼好過了？問：怎麼樣才能日子好過呢？小平同志答：“沒有太富的人，也沒有太窮的人，所以日子普遍好過”。又問：如何能做到這一點呢？答：“我們是社會主義國家。”再問：社會主義又如何呢？答：“國民收入分配要使所有的人都得益”。[1]

所謂“不忘初心”，也就是千萬不要忘記社會主義！

| 四 |

“今年做了兩件事”，鄧小平可以這麼説，但我們不能望文生義，就天真地以為他在整個 1984 年就只做了這兩件事——“其他事都是別人做的”。[2] 這一年，是人民共和國建國三十五週年，從年初到南方視察經濟特區，到歲末在北京簽署《中英聯合聲明》，整整一年，他沒有像樣子的休息，接見來自五大洲的四海賓客，日程排得滿滿的——我們看《鄧小平年譜》就能心中有數，1984 年的記錄，從第 953 頁起，到 1022 頁止，這一年的活動又何止“兩件事”所能概

1　《鄧小平年譜》（一九七五——一九九七），第 1123 頁。
2　《鄧小平文選》第三卷，第 84 頁。

括。就説説接見外賓吧，按《年譜》記錄列個名冊，未必都是大國政要或社會顯達，但他們當時來華就有可能見到鄧小平。讀小平同志同外賓的談話，其實不難斷定他為什麼要親自接見，説到底還是"最大的政治"所要求的——只要可以為我所團結，使之對中國正在進行的社會主義現代化建設有所助力，哪怕只是同情的理解，見他一次又何妨。也是因此，小平同志會見這些外國客人，只看其談話留下的文字記錄，往往是小異而大同。畢竟政治家以言行事，並不是學者做研究非要扯出個什麼創新點出來，重要的事莫説要説三遍，就是再怎麼強調也不過分！[1] 若是以《年譜》來還原鄧小平的 1984 年，那麼他的八十歲起始於《年譜》該年度第一條："1 月 10 日：閱美籍華人楊振寧教授的來信，作出批示"。[2]

見到這位"三落三起"、被稱為"鋼鐵公司"的政治老人時，外賓經常不失友善地關心他的身體狀況，談笑風生間，小平同志也自有一番從容應答——這個沒有尷尬、且不失禮貌的答覆，多次出現在《年譜》裏："測量我的健康有兩條標準，一是游泳，二是打橋牌。能打橋牌就説明我的大腦還能起作用，能游泳説明體力還可以。"[3] 但人總有一

1　在 1993 年審定擬收入《鄧小平文選》第三卷的幾篇文稿時，小平同志曾指出："看來有些地方重複還是有需要的"，見《鄧小平年譜》（一九七五——一九九七），第 1362 頁。

2　《鄧小平年譜》（一九七五——一九九七），第 953 頁。

3　《鄧小平年譜》（一九七五——一九九七），第 1063 頁。

死，馬克思主義者當然都知道，有朝一日要去見馬克思，是為實踐所檢驗的顛撲不破的終極真理。故此，無論是談健康，還是論生死，首先都不是事關領導人身體的生理問題，而是國家的憲制問題。說得再現實一些，最高領導人的身體，從來都是政治的問題。1984 年前後，當外國友人關心小平同志的健康時，言下之意一點都不隱微。對於那年頭的中國人來說，意圖也是不言而喻的。那一年，中國進入歷史新時期，滿打滿算只有五年，世界看中國，所有的問題都能歸結到一點：鄧小平不在了，中國將向何處去？說得具體點，十一屆三中全會以來的路線、方針、政策會不會變？這麼說，並不是非要忤逆小平同志的指示，"永遠不要過分突出我個人"，[1] 正如他曾親口批判："哪一天我不在了，好像中國就丟了靈魂，這種看法不好"，[2] 但問題是，任何一種不脛而走的看法，無論正確還是錯誤，都是對社會心態及其文化土壤的折射。故此，從外部來看 1984 年的中國，政治的問題就是一個：到了鄧小平不在了的那一天，中國是變，還是不變？想一想，毛澤東主席在 1976 年撒手人寰，短短數年，中國就轉入鄧的道路；那麼當小平同志不在了呢？變，還是不變？這問題在當年實在並不是庸人自擾。

在香港問題上所立的 "五十年不變" 的承諾，並不是從天上掉下來的。面對未來的不確定，需要預先以政治承諾的

1　《鄧小平文選》第三卷，第 151 頁。
2　《鄧小平年譜》（一九七五－－一九九七），第 1245 頁。

方式做人心的保險，所謂立憲政治乃一國長治久安之道，道理就在這裏。論及 "五十年不變" 時，小平同志多次破題，之所以要做不變之承諾，原因就在於 "現在有些人就是擔心我們這些人不在了，政策會變"。現在 "我們這些老頭子" 給了五十年的承諾，繼之以白紙黑字寫入香港基本法，說到底就是請港人把擔著的心給放下來，"我們這一代不會變，下一代也不會變"。[1] 回到 1984 年前後的語境內，這種闡釋 "不變" 政治的論述，並不限於香港問題，實乃鄧小平一以貫之的政治論斷——只不過，涉及內政時，沒有如香港問題那樣加上 "五十年" 的那頂帽子，不是那麼一望可知罷了。

關於 "不變" 的論述，當年多見於小平同志會見外國客人的場合，大都作為對話過程中的 "回應" 而出現。往前追溯，1982 年會見聯合國秘書長時，他就這麼說過："世界上有人懷疑一旦現在中國這些領導人不在了，中國的政策是不是會變。我剛才回答了這個問題，不會變，變不了！"[2] 進入 1984 年，八十歲的鄧小平開始反覆論述 "不變" 的政治："有人擔心這個政策會不會變，我說不會變"；[3] "有些人就是擔心我們這些人不在了，政策會變"[4]；"最少五十年到七十年不會變"；[5] "從我們自己的實踐看，不但我們這一代不能變，

1　《鄧小平文選》第三卷，第 73 頁。
2　《鄧小平文選》第二卷，第 417 頁。
3　《鄧小平文選》第三卷，第 59 頁。
4　《鄧小平文選》第三卷，第 72 頁。
5　《鄧小平文選》第三卷，第 79 頁。

下一代，下幾代，都不能變，變不了"；[1]"外國人擔心我們的開放政策會變，我說不會變"。[2] 讀《鄧小平文選》1984 年的十六篇，鄧小平的論述涉及國計民生的方方面面，但在其中一以貫之的，就是"不變"兩個字，具體說就是鄧小平口中所講的"不能變"、"不會變"和"變不了"。

以上只是列舉，是按關鍵詞檢索從紙上得來的。要是深入一點，具體到每次論述"不變"的前後文，在不同的語境內，"不變"兩個字有著不同的規範所指：有時是指"一國兩制"，有時還指"對內經濟搞活，對外經濟開放"，[3] 也有籠統所講的"現在的政策"，[4] 當然也有"社會主義制度"。這些關於"不變"的論述在當年文獻中隨處可見，可為我們今天信手拈來，作為推斷之論據。更重要的是，關起門來時，小平同志也這麼親口說過："最近時期，我總跟外賓談變不了，我們現行政策的連續性是可靠的。"[5] 如前所述，用鄧小平來解釋鄧小平，是來不得半點虛假的可靠方法。由是觀之，不僅小平同志當年確實留下多處言詞證據，以論述"不變"為要旨，而且他本人也現身說法。至此我們可以比較穩妥地下一個判斷，如何確保政治生活的連續性，使之不因領導人的生老病死而發生路線之變，到了鄧小平年屆八十之

1　《鄧小平文選》第三卷，第 84 頁。
2　《鄧小平文選》第三卷，第 90 頁。
3　《鄧小平文選》第三卷，第 79 頁。
4　《鄧小平文選》第三卷，第 83 頁。
5　《鄧小平文選》第三卷，第 84 頁。

時，在當年成為判斷中國政治下一步走向的風向標。當然，這個問題也只有他本人才能打開天窗說亮話：「就是說，鄧某人不在了政策要變。現在國際上就擔心這個問題嘛。」[1]

那麼擺在我們面前的，就有一個如何理解「不變」的問題。無論是「不能變」，還是「不會變」或「變不了」，鄧小平所講的「不變」，當然不可能是完全並且絕對的不變，拒絕一切變化，就讓時間停滯在 1984 年這個當下。雖然小平同志一言九鼎，但凡人終究無此神力，憑藉隻言片語就能將政治、經濟和社會生活「凍結」起來。更何況，「不變」若是此意，豈不有違現代化建設這個「最大的政治」？因此，理解「不變」，關鍵在於抓住「變」與「不變」之間的辯證法。1984 年國慶典禮兩日後，小平同志同港澳觀禮團促膝長談，雖然講的是「五十年不變」，要給惶惶不安的港人做一下心理保健操，但話到終了卻把調子定在了「變」上：「不要拒絕變，拒絕變化就不能進步。這是個**思想方法**問題」。[2]

「思想方法」這個詞用在這裏，恰到好處，它出自政治家之口，又可以讓我們拿來用作學術的闡釋。既然理解「不變」萬不可脫離「變」之前提，那麼是否存在著一個我們可以講清楚的鄧小平「思想方法」？——當這位八十歲老人在闡釋「變」和「不變」時，他到底要表達些什麼？根據小平同志的論述來思考，我們可以認為，「不變」，必定是相對於

1　《鄧小平文選》第三卷，第 83 頁。
2　《鄧小平文選》第三卷，第 73 頁。

現狀而言的，比如說"現在的政策"；那問題是，現狀又是因何而來？它不是從天上掉下來的，必定生成於此前的某個歷史之"變"。在此歷史的邏輯內，任何一個既定的時點談"不變"，其用意所在，就是保守住此前歷史階段所取得的政治果實。故此，在1984年談"不變"，首先就要理解自十一屆三中全會以來的變、"大變"；所打開的"新路"，不僅要"窮則變"和"變則通"，還要"通則久"，以此思想方法來界定"不變"。這兩個字的規範含義，也就是鄧小平所講的"現行政策的連續性"。[1]

這樣理解"變"和"不變"，就同鄧小平在十一屆三中全會上所講的"民主"和"法制"，產生了維度上的交疊。要是我們食洋而不化，非要把小平同志口中的"民主"等同於democracy，以多黨制的競爭性選舉為試金石，將"法制"理解為rule of law，千方百計把政府裝在"籠子"裏，那這是用西方學理去注解鄧小平理論的邪路。在三中全會的主題報告上，鄧小平早有先見之明，交待了如何實現"變"，以及在"變"之後，又如何保持變之果實，也就是何以"不變"的問題——這句話說起來我們都耳熟能詳："為了保障人民民主，必須加強法制。必須使民主制度化、法律化，使這種制度和法律**不因**領導人的**改變而改變**。"[2]

凡是過去，皆為序章——凡是由社會主義民主所確立

1　《鄧小平文選》第三卷，第84頁。
2　《鄧小平文選》第二卷，第146頁。

的，自此後都應為社會主義法制所保守。這裏的保守，是在憲制意義上的保而守之，同路線和政策上的保守並非一碼事。位於 1984 年這個時間節點，鄧小平要通過社會主義法制而加以保守的，使之"不變"的，若是非要放在一個"左—右"譜系上來衡量，其實是相當複雜斑駁的。"一國兩制"，獲得了五十年不變的承諾，這種憲制安排在當年既要資本主義在香港五十年不變，又要社會主義在內地一百年不許變。再往前看，到了 1987 年十三大，中國共產黨在社會主義初級階段的基本路線被概括為"一個中心，兩個基本點"，其中的兩個基本點，既要堅持四項基本原則，又要堅持改革開放，在政治光譜也是各執一端的。也正是因為"初級階段"，社會主義始終處於一種未完成的狀態，才有了自此以後對鄧小平解釋權的左右之爭：立場相差不能更多，但方法上卻犯下了同樣的錯誤。

如要跳出這種錯誤，那麼我們有必要在"變"和"不變"、"民主"和"法制"的基礎上，引入在鄧小平論述中出現的第三種維度，他稱之為"放"和"收"。一碰到"放"與"收"，中國政治觀察者通常會條件反射，想到那麼一副左支右絀的畫面，連我們自己都會說，"一放就亂，一亂就收，一收就死，一死就放"，似乎中國政治就只能在這種"放—亂—收—死"之間循環往復，難以形成適宜的均衡。鄧小平也講"收"和"放"，前文述及，1984 年初結束南方視察回京後，鄧小平就做出判斷："有個指導思想要明確，就是不是收，而是放"。[1] 這一"放"，就在四個經濟特區先行一步的基礎上放出了十四個沿海城市，是為"進一步"。但若小平同志真有改革路線圖，他所規劃的"收"與"放"，可不是那種"亂就收，死就放"的治亂循環。這種循環的收放觀，說到底還是基於政治的想像——從歷史的長程看，改革政治的軌跡就好像是一個左搖右晃的鐘擺。在這種圖景中，所謂"收"，就是把原本"放"出去的再縮回來；反之，所謂"放"，就是把此前"收"回的再推出去。簡言之，"收"就是"放"的反向運動，至於具體到某一時段到底是收，還是放，那要看這個時候北京的風向氣候。根據這種循環的收放觀，改革政治沒有什麼堅固不移的東西，始終在變，沒什麼不能變的。

那麼小平同志是怎麼講"收"和"放"的呢？"今天是一九八〇年一月十六日，進入八十年代十六天了"，[2] 就在這個日子，鄧小平面對中央幹部發表長篇講話，文字稿恰如其分地命名為《目前的形勢與任務》，收入《鄧小平文選》，作為八十年代的第一篇。在這種"形勢和任務"的語境內，鄧小平特別論述了"收"與"放"的問題，矛頭直接對準了"目前"流行的一種"有人說"，也即"有人說，三中全會是放，四項基本原則是收。這完全是歪曲。"[3] "完全是歪曲"，一言

---

1 《鄧小平文選》第三卷，第 51 頁。
2 《鄧小平文選》第二卷，第 241 頁。
3 《鄧小平文選》第二卷，第 256 頁。

既出，恐怕會讓有些人驚出一身冷汗。但現在回頭去看，關鍵在於理解，為什麼"這完全是歪曲"？

　　既然為鄧小平點名批評，那這種"有人說"的信徒，站在八十年代的歷史起點，一定也是大有人在。十一屆三中全會在 1978 年 12 月召開，隨後 1979 年 3 月，鄧小平發表《堅持四項基本原則》的長篇講話，[1] 這兩件事在時間一先一後，政治上一鬆一緊，那麼上面的"有人說"到底錯在何處呢？答案不必捨近求遠，就在小平同志這篇為八十年代定調的講話中。針對前述的"有人說"，鄧小平從理論上做出針鋒相對的回應："也許有人會說，這是不是又在'收'了？在這樣的問題上，我們從來就沒有'放'，當然也談不上'收'。"[2] 這樣看，我們就有了理解"收"與"放"的思想方法了。原來，"收"和"放"並不是此消彼長的治亂循環，而是有些問題始終就是"收"的政治。不僅如此，"收"的政治還有一個特別之處——凡涉及"收"的政治的問題，因為從來沒有"放"過，所以"收"在大多數時候是存而不論的，也就是說，"收"的規範力可以說是尋常看不見，但偶爾露崢嶸的。最大的"收"，當然就是四項基本原則，但不是亂了就收或才收，而是在這些政治的問題上，始終在收，從來就沒有放過。既然說小平同志是用這種"收"的政治觀來為八十年代定調，那麼我們不妨再回顧一下這十年的

1　參見《鄧小平文選》第二卷，第 158-184 頁。
2　《鄧小平文選》第二卷，第 254 頁。

收與放。

　　1985 年，小平同志講：“有人認為，中國談理想，是否意味著要收了。不是這樣”；[1]1986 年，“到什麼時候都得講政治”；[2]1987 年，“總的講，我們有四個不變”，其中第一個就是“堅持四項基本原則不變”；[3]1989 年，“反對資產階級自由化，堅持四項基本原則，這不能動搖。這一點我任何時候都沒有讓過步”。[4]整個八十年代，現代化建設尋常時候都是在歌唱“試”和“闖”，是摸著石頭過河，是殺出一條“血路”，這十年，改革是走一步，看一步；但以經濟建設為中心的現代化並不是沒有底線或禁區，只要突破底線或走入禁區，那麼“收”的政治就終將露出它的牙齒。既然四項基本原則這“四個堅持”，按小平同志在 1985 年所講，“已經寫進中國的憲法”，[5]那麼當這個“收”的政治受到生死存亡的挑戰之時，它也會不惜一切代價來保護自己，這一切看似突如其來，但其實順理成章。待到八十年代塵埃落定後，鄧小平在 1992 年的南方談話裏就說過：“依靠無產階級專政保衛社會主義制度”；“在整個改革開放的過程中，必須始終注意堅持四項基本原則”。[6]在此意義上，要是用小平同志的思想方法來解釋“收”和“放”，那麼我們可以說，“放”

1　《鄧小平文選》第三卷，第 114 頁。
2　《鄧小平文選》第三卷，第 166 頁。
3　《鄧小平文選》第三卷，第 211 頁。
4　《鄧小平文選》第三卷，第 299 頁。
5　《鄧小平文選》第三卷，第 135 頁。
6　《鄧小平文選》第三卷，第 379 頁。

是日常政治，是"小道理"，而"收"是憲法政治，是"大道理"——在治理國家中，小道理要服從大道理。[1] 這一路下來，從八十年代出場，直到九十年代到來，他所講的，也許更重要的是通過政治決斷所捍衛的，就是這個"收"的政治，服從並服務於治理國家的"大道理"。

如此說來，鄧小平憲制的基本框架就在這裏：經由社會主義民主的政治，也就是"生動活潑的政治局面"，[2] 在那些不能"放"而只能"收"的問題上，形成基於共識的政治決議，自此後其規範力就表現為"不變"，通過社會主義法制的保駕護航，保護既定的政治共識不受挑戰，政治秩序不被顛覆。從學理上講，"社會主義民主——法制"、"變——不變"、"放——收"構成了三重維度，它們的共同所指，就是鄧小平憲制這個內核，最終推進"社會主義現代化"這個"理想"、這個"最大的政治"。自 1984 年起，小平同志多次講，現代化建設是姓社會主義的。到了 1986 年 9 月十二屆六中全會，他更是告誡全黨："我多次解釋，我們搞的四個現代化有個名字，就是社會主義四個現代化"。[3]

我們必須理解鄧小平。站在新時代的起點，如何闡釋鄧小平理論，意義並不減當年。而整全之要求，不僅是作為學者之最起碼的誠實，而且關乎政治上規定的忠誠。自十一

1　《鄧小平文選》第三卷，第 124 頁。

2　《鄧小平文選》第二卷，第 155 頁。

3　《鄧小平文選》第三卷，第 181 頁。

屆三中全會起，鄧小平的行與言，"中國有中國自己的模式"，[1] 都不是可以用現成的書齋學說來加以完全理論化的。1987 年 3 月，會見美國客人時，小平同志對外人說了一番平時未必適宜在國內講的自我評價："國外有些人過去把我看作是改革派，把別人看作是保守派。我是改革派，不錯；如果要說堅持四項基本原則是保守派，我又是保守派。"頓了一頓，他說："所以，比較正確地說，我是實事求是派。"[2]

這一年，鄧小平八十歲。春天，來到南方經濟特區，他看到了"一片興旺發達"，蛇口工業區那"時間就是金錢，效率就是生命"的口號，讓他想到四年前，也就是剛進入八十年代時他所感歎的時不我待："二十年，時間看起來長，一晃就過去了"，所以"必須一天也不耽誤"。[3] 夏天，第二十三屆奧運會在美國洛杉磯舉辦，新中國成立以來首次派代表團參加了這一追求"更高、更快、更強"的全球盛會，結果以十五金、八銀、九銅，位列獎牌榜第四的戰績震驚世人，當女排姑娘在美國本土以三比零輕取美國隊，取得五連冠偉業的第三冠時，"團結起來，振興中華"的聲音又一次響徹華夏大地。秋天，在北京會見港澳同胞參加國慶典禮的觀禮團，這位八十歲的老人對西裝革履的遊子們講

1　《鄧小平文選》第三卷，第 261 頁。
2　《鄧小平文選》第三卷，第 209 頁。
3　《鄧小平文選》第二卷，第 241 頁。

道：“我願意活到一九九七年，親眼看到中國對香港恢復行使主權。”[1] 也許，只是也許，他聽過那年從春節就流行開來的那首《我的中國心》，在當年 6 月另一次會見香港代表的談話中，他就曾對工商界人士瞪過眼睛：“凡是中華兒女，**不管穿什麼衣服**，不管是什麼立場，起碼都有中華民族的自豪感。”[2] 冬天，他關起門來對中央軍委講：“現在我們這個國家確實是生氣勃勃，一片興旺”。[3] 一個月後，《中英聯合聲明》在北京簽署。

也許最令這位八十歲老人感慨的，是發生在這一年國慶典禮上的動人一幕。建國三十五週年閱兵完畢，他發表了簡短的國慶致辭，隨即開始首都群眾在廣場上的遊行。當北京大學的學生隊伍走過天安門城樓時，他們突然展開了一張用床單做成的橫幅，上面寫著我們都知道的那四個字：

小平您好

一稿於 2018 年 5 月 11 日

二稿於 2018 年 7 月 28 日

1　《鄧小平文選》第三卷，第 72 頁。

2　《鄧小平文選》第三卷，第 60 頁。

3　《鄧小平文選》第三卷，第 98 頁。

壹

奠基

「八二憲法」與
五屆全國人大的歷史行程

如此年代滿障礙，
如此時候預計將來。

———

《我的生命我的愛》，因葵作詞，
TVB《大時代》插曲，1992 年

引言：重訪 1982

就中國社會主義法制建設的歷史而言，1982 年 12 月 4 日具有某種開端的意義。就在這一日，五屆全國人大第五次會議在北京通過了"八二憲法"。接近四十年後，這部憲法歷經五次修改，至今仍是中國現行憲法。2014 年，在"八二憲法"走過其三十而立的歷史時期後，全國人大常委會將 12 月 4 日設定為"國家憲法日"——這不僅是尊崇過去的一種紀念，也是立足當下、面向未來的一種教育，讓憲法的精神傳播至千家萬戶，延續至子孫後代。在講述他們的 1787 年憲法時，美國憲法學者常有"重訪費城"的說法，我們在此也不妨回到 1982 年 12 月 4 日，重訪五屆人大五次會議。

關於此次全國人民代表大會是如何通過中國現行憲法的，2012 年出版的《彭真年譜》有如下記載：

習仲勳主持會議。會議首先通過了本次會議通過憲法和其他各項議案的辦法，規定：通過憲法採用無記名投票表決的方式，以全體代表的三分之二以上的多數通過；其他各項議案，採用舉手表決方式，以全體代表的過半數通過。會上，宣讀了憲法修改草案的全文。表決票上面用漢、蒙古、藏、維吾爾、哈薩克、朝鮮六種文字印著"中華人民共和國憲法表決票"字樣。五屆全國人大代表三千四百二十一位，出席當天大會的代表三千零四十位，表決結果：發票三千零四十張，投票三千零四十張，全部有效，其中：同意票三千零三十七張，反對票沒有，棄權票三張。習仲勳宣佈：《中華人民共和國憲法》已由本次會議通過。[1]

新憲法既成，我們的社會主義法制建設也開啟了一個新紀元，此時，"萬人大禮堂內掌聲經久不息"。[2]這是一個真正的憲法時刻，標誌著憲法政治的一個歷史分水嶺，自 1980 年 9 月啟動的全面修憲到此畫上圓滿的句號，此前"現行"的"七八憲法"退出歷史舞臺，中國也進入了"八二憲法"作為國家根本法並統領整個法律體系的新時期。關於中國現行憲法的誕生，《彭真年譜》的記錄簡明有力、莊嚴曉

1　《彭真傳》編寫組編：《彭真年譜》第五卷，中央文獻出版社 2012 年版，第 171 頁。

2　《彭真傳》編寫組：《彭真傳》第四卷 (1979-1997)，中央文獻出版社 2012 年版，第 1487 頁。

暢。整個敘述看起來以程序性事務為主，比如憲法如何"通過"，然而字裏行間其實包含著多個值得追問的問題：以憲法的通過方式為例，我們可以看到，"八二憲法"如何從一部草案上升為國家根本法，其"辦法"就是由全國人民代表大會"通過"的。[1]而且這個"辦法"做出了一個明確的、於當時情境而言也必定是自覺的區分：憲法的通過不同於同時通過的其他議案，不僅是程序上更嚴格，而且在儀式上也更莊嚴。在此意義上，我們不僅應關注無記名投票以及三分之二以上多數的程序設定，會上宣讀草案全文以及六種文字印成表決票，也能傳達出誕生現場的儀式感以及會議自覺的思慮周全。

回到五屆人大五次會議，此次會議從 11 月 26 日開幕到 12 月 10 日閉幕，會期正好半個月，而通過憲法的 12 月 4 日基本上位於會期之中。為此次會議揭幕的，是 11 月 26 日彭真代表憲法修改委員會所作的草案報告。這份報告以《關於中華人民共和國憲法修改草案的報告》為題，後全文收入《彭真文選》，它以彭真為作者，同時也如報告開篇所述，是"代表憲法修改委員會"而作，且在定稿前也曾分送中央主要領導審閱，[2]在此意義上，對於理解現行憲法，彭真

1　"全體代表的三分之二以上的多數"是新憲法通過的基本要求，三分之二的多數要求並不可見於當時現行的"七八憲法"，"七八憲法"僅在第二十二條對全國人大職權列舉中包括"修改憲法"這一項，對具體的修改程序未作規定，這也證明了"七八憲法"的"失之過簡"，見《彭真年譜》第五卷，第 107 頁。也就是說，三分之二多數的要求，就來自於全國人大自己所通過的通過憲法的辦法。

2　《彭真年譜》第五卷，第 163 頁。

11 月 26 日的長篇報告是一個權威而且系統的文獻。而在此次會議的半月會期中，12 月 4 日某種意義上只是大會主席團所擇定的一個日子，是根據整體議程所安排的一個對憲法草案進行表決的日期，在它沒有成為憲法誕生日之前，這個日期本身沒有什麼特殊意義。而在 "八二憲法" 於 12 月 4 日通過後，五次會議還有接近一週時間，最後在閉幕的 12 月 10 日通過了 "四個法律案"，其中兩個議案《全國人民代表大會組織法》和《國務院組織法》是新法通過，另兩個則是對《地方各級人民代表大會和地方各級人民政府組織法》和《全國人民代表大會和地方各級人民代表大會選舉法》若干規定的修改決議。"四個法律案" 的說法本身就來自時任全國人大常委會副委員長兼法制委員會主任的習仲勳在 12 月 6 日的說明。[1] 由此可見，當時全國人大是把這四部法律放在一起理解的。那麼這四部法律在何種意義上是共同的，後兩部法律為何在 1979 年由本屆人大二次會議通過後又要作出新的修改，而這四部或新立或修改的法律又同六日前通過的新憲法構成何種關係，當我們重訪五屆人大五次會議，對其議程作整體的審視時，這些問題也就從歷史的材料中浮現出來了。按照習仲勳 12 月 6 日的說明，這四個法律案之所

---

1 習仲勳：《關於四個法律案的說明》，載全國人大常委會辦公廳、中共中央文獻研究室編：《人民代表大會制度重要文獻選編》（二），中國民主法制出版社、中央文獻出版社 2015 年版，第 595 頁。如下所述，全國人大常委會法制委員會在 1979 年 2 月成立，彭真任主任，1981 年 6 月，習仲勳接替彭真兼任法制委員會主任，參見《彭真年譜》第五卷，第 101 頁。

以要在而且要趕在新憲法於 12 月 4 日通過之後提交全國人大表決，原因可以概括為在新憲法通過後，"需要對同憲法相配合的有關國家機構的幾個法律作相應的修改或者重新修訂"，而後兩部在 1979 年通過的法律，則是"根據憲法作了一些相應的和必要的修改"。由此可見，不僅是這四部法律構成一個整體，這四部法律也都是"有關國家機構的"故而"同憲法相配合的"，它們此次的修改或重新修訂都是"相應的"，也就是同新憲法相配合，必要性就體現在這裏。[1] 只有重建這種細密的歷史敘事，我們才能從歷史中發現問題，並且從歷史中找到可能的回答，才能打開中國憲法理論的歷史視野，本章就是在這種問題意識下所作的一次嘗試。

本章關注的焦點是中國現行憲法的誕生 —— 在歷史的大事記中，時間是 1982 年 12 月 4 日，地點是首都北京，主體是五屆全國人大五次會議，簡史的要素已經齊備；然而如果以上對此次全國人大會議的重訪能說明什麼，那就是我們不能把"八二憲法"的誕生理解為一個孤立的事件，一部憲法不可能是憑空而出的，它必定有其歷史語境，對於我們研究者來說，這也就意味著必須找到能恰當安放其誕生事件的歷史語境。接下來所要展開的敘述語境，就是五屆全國人大從 1978 年至 1982 年的歷史行程，以其共計五次的會議作為敘述的中心。五屆全國人大之於"八二憲法"，作為歷

1　《人民代表大會制度重要文獻選編》(二)，第 595 頁。

史語境當然是順理成章的。"八二憲法"誕生於這屆人大的第五次也即最後一次會議，而它所取代的"七八憲法"則是由這屆人大第一次會議所通過的，這中間發生了什麼？同一屆全國人大在一頭一尾分別通過一部憲法，在共和國法制史上是空前的，後續恐怕也不會再有類似的情形，我們對八二憲法的史前史追根溯源，就必須以五屆人大的歷史作為"八二憲法"生成的背景。重新敘述五屆全國人大的歷史，一方面是把這五年的歷史視為一個整體，捕捉一以貫之的時代基調，另一方面是剖析若干關鍵事件，勾勒並在必要時深描它們相互間的複雜關聯及其結構形態。當五屆人大得到連成一體的展示後，"八二憲法"的誕生就會釋放出此前被簡史敘述掩蓋在歷史材料中的意義。在這種整全的歷史維度內，原本為法律概念和門類所割裂的視野就重新貫通了。我們不再是孤立地審視"八二憲法"誕生這一件事，也在憲制生成的意義上發現了五屆人大任期內所通過的一系列"重要的法律"，它們是"有關國家機構的"，"同憲法相配合的"，而在憲法和國家機構法的相互配合之間，"我國法制建設的基礎"得以構建起來。

此前之所以未能意識到五屆人大的法制奠基工作，或許在於由其所築就的"基礎"早已成為中國法制大廈的"地基"部分，隱藏於法制大廈的地平面之下了。在此後的改革開放歷史階段，這座法制的大廈不斷添磚加瓦，我們的目光也隨之聚焦在新的成就之上，而這個奠定於改革開放之初的"基礎”層也因為從來不需要提起，而慢慢為我們忘記——尤其是在當年的“設計師”們退出歷史舞臺之後，這一段經驗就從所見變為所聞甚至所傳聞。對於我們來說，如何把既往的經驗形成歷史的書寫，也是當前中國法學工作者的一項時代任務。當然，歷史書寫需要找到足以支撐起寫作主題的史料。對於本章的研究和寫作而言，2012 年，在“八二憲法”誕生三十週年、同時也是彭真誕辰一百一十週年之際，《彭真年譜》（五卷本）和《彭真傳》（四卷本）的出版，事實上為我們研究“八二憲法”起草過程提供了權威的史料。能夠一站式地獲取如此重要的資料和文獻，是我們相對於老一輩憲法學者而言的比較優勢。

概言之，本篇所體現並要倡導的是中國憲法研究的“歷史轉向”。其必要和可能均在於我們距離現行憲法的開端已經有了一段四十年的距離，對於五屆全國人大所處的歷史時段，我們不再是只緣身在此山中了，距離拉開之後，這段過往本身即可以成為歷史研究的對象。與此同時，“八二憲法”仍是中國的現行憲法，故而其誕生歷史也構成了我們所處當下的一幕“序章”。[1] 面對現行憲法即將到來的四十時刻，這裏不僅需要學者的歷史自覺，同樣要求共和國公民對本國法制史的溫情和敬意。作為本書的開篇，本章在此意義上也是

1　關於“八二憲法”研究的歷史自覺以及方法問題，一個初步的闡釋可參見田雷：《繼往以為序章：中國憲法的制度展開》，廣西師範大學出版社 2021 年版，第 1-8 頁。

基於官方材料、直面經驗而嘗試的一次歷史書寫。

| 二 |

開端：五屆人大一次會議和二次會議

1. 五屆人大一次會議

對於我們要進行的歷史溯源來說，五屆全國人大一次會議構成了時間尺度的"原點"。回顧此前的歷史，上一屆也即第四屆全國人大在其任期內只召開過一次會議，也就是 1975 年 1 月 13 日至 1 月 17 日召開的四屆全國人大第一次會議。這次會議在閉幕的 1 月 17 日通過了"七五憲法"，這部憲法取代了前一部"五四憲法"，成為共和國歷史上第二部憲法。五屆全國人大一次會議從 1978 年 2 月 26 日開始，到 3 月 5 日結束。3 月 1 日，葉劍英受中共中央委託向大會做《關於修改憲法的報告》。仍是在會議閉幕的 3 月 5 日，五屆人大一次會議通過了"七八憲法"，同日選舉葉劍英為全國人大常委會委員長。[1]

從"七五憲法"到"七八憲法"，數一數時間一共是三年，然而由於其間沒有召開過全國人大會議，歷史如此展開後，我們更能體會到當時憲法變革之劇烈。兩次相連的全國

1　中國人民解放軍軍事科學院編：《葉劍英年譜》（一八九七——一九八六）（下），中央文獻出版社 2007 年版，第 1141 頁。

人大會議先後通過兩部於當時而言的“新憲法”，這種憲法文本如此全面且迅速的變動，對於生活在“八二憲法”時間中的我們而言，某種意義上是難以理解的。也正是因為這一前置的歷史背景，才有了後來“八二憲法”草案起草過程中的穩定性憂思。當年參與修憲的蕭蔚雲先生就曾在學習“八二憲法”的輔導報告中提到：“在全民討論時，不少同志提出，最怕憲法不穩定。一九七五年憲法到現在已經改了三次。”[1] 當然，對於下文的敘述和分析而言，我們時刻要有一種回到“七八憲法”的意識，因為故事結束於“八二憲法”的誕生，而在此之前，五屆全國人大以及當時從中央到地方的國家機構的建制和運轉，所依據的當然都是當時有效的“七八憲法”及其所構建的憲制。僅以立法權的配置而言，根據“七八憲法”，唯一有權“制定法律”的就是每年舉行一次的全國代表大會。我們現在習以為常的全國人大常委會立法本身就是“八二憲法”的創制，是在 1983 年六屆全國人大任期開啟後才形成的體制。

2. 五屆人大二次會議

(1) 彭真復出和七部法律的制定

當“七八憲法”在五屆全國人大一次會議上通過時，彭真這位未來“八二憲法”起草的主持人還沒有復出。這一年

1　蕭蔚雲：《論憲法》，北京大學出版社 2004 年版，第 189 頁。

彭真七十六歲。中共十一屆三中全會於 12 月 22 日在北京閉幕，12 月 28 日彭真與其家人回到北京，"在首都機場，受到三百多人的歡迎"。[1]《彭真傳》一共四卷，第四卷就是從彭真復出開始講起的，開卷即言稱："彭真的復出，是人心所向。"[2]

1979 年 2 月 23 日，五屆全國人大常委會第六次會議決議設立法制委員會，並通過八十人組成的委員會成員名單，彭真復出後的第一個職務就是擔任這個新設委員會的主任。法制委員會設立在全國人大常委會下面，"協助常務委員會加強法制工作"，尤其是立法工作。[3]此時，距離十一屆三中全會閉幕不過兩個月。根據三中全會公報，"從現在起，應當把立法工作擺在全國人民代表大會及其常務委員會的重要議程上來"，[4]而回到鄧小平在會議上的主題報告，在我們耳熟能詳的"使民主制度化、法律化"之後，鄧小平緊接著論述的就是"立法"問題："現在的問題是法律很不完備，很多法律還沒有制定出來……應該集中力量制定刑法、民法、訴訟法和其他各種必要的法律"。[5]畢竟，就法制建設來說，邏輯上也要首先解決"有法可依"的問題。彭真本人也

1　相關內容，參見《彭真傳》編寫組編：《彭真年譜》第四卷，中央文獻出版社 2012 年版，第 510、522 頁。

2　《彭真傳》第四卷，第 1283 頁。

3　《彭真年譜》第五卷，第 3 頁。

4　《中國共產黨第十一屆中央委員會第三次全體會議公報》，載中共中央文獻研究室編：《三中全會以來重要文獻選編》（上），人民出版社 1982 年版，第 11 頁。

5　鄧小平：《鄧小平文選》第二卷，人民出版社 1994 年第二版，第 146-147 頁。

曾多次説過當時"人心思法"。[1] 在此意義上，如果説彭真的復出是人心所向，那麼彭真在復出後主抓立法工作可以説是眾望所歸。

準確地説，法制委員會作為一個新機構，其權威很大程度上來自主事人彭真。當時擔任委員會副秘書長的王漢斌就説過，法制委員會"規模大、規格高"，"是一個有代表性和權威性的立法工作機構"。同樣根據王漢斌的回憶，從鄧小平到葉劍英都曾對彭真主抓立法有過概括性的授權，"葉帥還説，法制工作就委託你來管，你認為該怎麼辦就怎麼辦"。[2] 法制委員會在 2 月下旬成立，3 月 13 日召開了第一次全體會議，在"七八憲法"的憲制結構下，只有全國人大會議才有權制定法律，故而立法工作在當時一定呈現出某種特定的節奏，所有的準備工作都要面向每年一次、且在當年還未有固定會期的全國人大會議。

五屆全國人大二次會議是在 1979 年 6 月 18 日至 7 月 1 日召開的。從法制委員會在 3 月中旬第一次全體會議到 6 月中旬的五屆人大二次會議，其間只有三個月多些的時間。關於彭真這段復出後的工作，身邊工作人員如王漢斌也有回憶："他在恢復工作後，不顧年事已高，爭分奪秒地忘我工作。"[3] 5 月 29 日，彭真生病，"打退燒針後，帶病列席中共

1　彭真：《彭真文選》，人民出版社 1991 年版，第 368 頁。
2　《王漢斌訪談錄：親歷新時期社會主義民主法制建設》，中國民主法制出版社 2012 年版，第 9、11 頁。
3　《王漢斌訪談錄：親歷新時期社會主義民主法制建設》，第 11 頁。

中央政治局會議，就刑法、刑事訴訟法草案作説明"。¹ 經過三個多月的"爭分奪秒"，終於在五屆人大二次會議上完成了七部法律的制定，依序分別是《地方各級人民代表大會和地方各級人民政府組織法》、《全國人民代表大會和地方各級人民代表大會選舉法》、《刑法》、《刑事訴訟法》、《人民法院組織法》、《人民檢察院組織法》和《中外合資經營企業法》。在共和國的法制史上，這七部法律在 1979 年 7 月 1 日的通過，是一件具有里程碑意義的大事。《彭真傳》在敘述這一時刻時也有極高的評價："從此，中國告別了'無法無天'，邁出了社會主義法制建設的關鍵一步。"公允地説，"無法無天"終究是一個修辭。如下所述，七部法律通過之前，中國絕非是法制的真空（難道這七部法律不是根據"七八憲法"制定出來的？），而且這七部法律草案也並非三個月內從無到有地生造出來，除《中外合資經營企業法》之外，六部法律皆在"文革"前有程度不等的"原稿"。但這七部法律的通過確實意味著一個立法新時代的開啟。

根據《彭真年譜》，7 月初，彭真對身邊工作人員説："愉快存在於事業中，三個月完成七部法律的制定，這才真正是愉快。"²

（2）1979 年 7 月 1 日：修改憲法並通過七部法律

1979 年 7 月 1 日，這一日是五屆人大二次會議的閉幕

---

1 《彭真年譜》第五卷，第 20 頁。

2 《彭真年譜》第五卷，第 29 頁。

日。閉幕會議上，彭真被補選為五屆全國人大常委會副委員長，會議通過了上述七部法律，由此開啟了一個立法的新時代。但這一日在法制建設歷程中的意義甚至不止於此。當日，葉劍英委員長在會議閉幕詞中就指出："五屆全國人大第二次會議在加強社會主義民主和健全社會主義法制方面，取得了重要的成果。會議一致通過了關於修改憲法若干規定的決議，通過了七項重要法律。"[1]

葉劍英委員長的總結提到了前文未及提到的一點，而且在順序上排在了七部法律通過的前面，也即全國人大會議當日還對現行的"七八憲法"進行了若干規定的修改。簡言之，二次會議修改了一次會議在一年前通過的憲法。此次修憲以全國人大決議的形式做出。根據《關於修正憲法若干規定的決議》，修憲共涉及七條以及一處節標題，考慮到"七八憲法"本身也只有六十條，如此體量的修改可以說是一次中等規模的修憲了。當然修改的七條就其分佈而言是非常集中的，均出在"七八憲法"的第二章"國家機構"，其中第三節不僅修改了標題名，將標題裏"地方各級革命委員會"修改為"地方各級人民政府"，同時該節五條裏一共有四條也做了相應的修改。在此沒有必要羅列決議中的修憲文字表述，對此次條文變動進行實體概括，則此次修憲所涉及的實體變動其實圍繞著有關國家機構的四方面改革，參照

---

1 葉劍英：《法律要有極大的權威》，載《人民代表大會制度重要文獻選編》（二），第 404 頁。

《決議》文本，就是："同意縣和縣以上的地方各級人民代表大會設立常務委員會，將地方各級革命委員會改為地方各級人民政府，將縣的人民代表大會代表改為由選民直接選舉，將上級人民檢察院同下級人民檢察院的關係由監督改為領導。"[1] 也就是說，1979年修憲就是對相關條款進行與時俱進的文本變動。

時至今日，五屆人大二次會議在1979年7月1日的修憲少為人知，幾成共和國憲法史上的隱蔽角落。其被忽視首先在於它原本就夾在"七八憲法"和"八二憲法"之間，隨著"八二憲法"對"七八憲法"的取代，"七八憲法"在其譜系內的修改就成為某種凝固態的歷史了。但在五屆人大自身的視野內，此次修憲也可謂並不顯山露水，原因在於它是一次派生性的憲法修改。此處所說的"派生性"，作為一種關係形態，所指的是同日發生的修憲和新法通過之間的聯動。按照一般邏輯，"根據憲法，制定本法"，也即相對於憲法作為根本法而言，普通法律應當以憲法為基礎且不能違反憲法。但就此次修憲而言，之所以必須修憲，是因為同日通過的法律形成了某種"倒逼"。我們這樣設想，在時間序列中，當《地方各級人民代表大會和地方各級人民政府組織法》等法律通過，就會形成對"七八憲法"的實際修改。其

---

1 《第五屆全國人民代表大會常務委員會關於修正〈中華人民共和國憲法〉若干規定的議案》，載全國人大常委會法制工作委員會憲法室編：《中華人民共和國制憲修憲重要文獻資料選編》，中國民主法制出版社2021年版，第285頁。

間的關係，綜合各種資料後形成如下表格：

表 1　1979 年修憲 "始末"

"七八憲法"的原有規定	新法律所作的國家機構改革	修憲的文本呈現
"地方各級革命委員會……是地方各級國家行政機關"（憲法第三十七條以及提到"革命委員會"的第二章第三節標題以及該節多條）	"地方各級人民政府……是地方各級國家行政機關"（《地方各級人民代表大會和地方各級人民政府組織法》第三十一條）	凡憲法文本出現"革命委員會"，均替換為"人民政府"，如第三十七條第一款修改為："地方各級人民政府……是地方各級國家行政機關"
地方各級人民代表大會不設常務委員會（相關內容參見第三十五條）	縣和縣以上的地方各級人民代表大會設立常務委員會（參見《地方各級人民代表大會和地方各級人民政府組織法》第二十五條）	在憲法第三十五條增加第四款："縣和縣以上的地方各級人民代表大會設立常務委員會……"同時在多處相應增加新設地方人大常委會的規定
縣人大代表，由下一級人民代表大會選舉（第三十五條）	"縣……的人民代表大會的代表，由選民直接選出"（《全國人民代表大會和地方各級人民代表大會選舉法》第二條）	修改憲法第三十五條第二款："縣……的人民代表大會代表，由選民……直接選舉"
"上級人民檢察院監督下級人民檢察院的檢查工作"（第四十三條）	"上級人民檢察院領導下級人民檢察院的工作"（《人民檢察院組織法》，具體為第十條）	修改憲法第四十三條第二款："上級人民檢察院領導下級人民檢察院的工作"

如此呈現之後，此次修憲的"派生性"也就比較清楚了。變革首先是由《地方各級人民代表大會和地方各級人民政府組織法》等三部法律所推動的，而修憲在這個時間序列中呈現為修改憲法的相關規定以配合新的國家機構法。事實上，歷史行程中的當事人對這一點是非常清楚的。在二次會議開幕的一週前，全國人大常委會在 6 月 12 日就將修憲議案提交給即將召開的大會，其中就提到"以上四個問題都涉及修正憲法有關規定"。也就是說，假設當二次會議結束時，只是通過了七部新法，但卻沒有對"七八憲法"進行相應的修改，那麼從政治的實踐來說，是新法對"文革"時代遺留的國家機構設置進行了改革，由此導致了"七八憲法"的某種延遲。但從法律形式的邏輯來說，當然是新法突破了現行憲法，而突破就是違反，普通法律當然不能違憲。比方說，根據新法《地方各級人民代表大會和地方各級人民政府組織法》，當地方各級革命委員會已經改名為人民政府時，若不修憲，那麼憲法文本裏如"地方各級革命委員會"的表述就成為歷史的遺跡了。

因此，最終就是同一次會議於同一日接連完成了憲法的修改和新法的通過。事實上，我們目前無法確知在當日議程上究竟哪個在先——是修改憲法，還是通過新法。從葉劍英委員長閉幕詞的表述以及按常理推斷，應當是先通過了對憲法若干規定的修改，然後緊接著通過了七部法律。順序如果反過來，就會造成新法在通過那一刻是違反憲法的，從前述全國人大常委會 6 月 12 日的議案可以判斷，當時法制工作領導人如彭真對這一點其實有著很自覺的認知。[1] 當然，當我們現在回顧這段歷史時，從憲法修改到新法通過的時間間距就可以約等於無了。原本這種時序上的無縫對接是要解決新法和現行憲法之間的衝突，但沉浸在這段過程的史料中，我們應當意識到歷史並非必定如此，我們現在看到的這個 "歷史" 來自行動主體的選擇，而所謂選擇，本身也就蘊含著至少在邏輯上存在不同的可能。根據《彭真年譜》的記載，5 月間在起草地方組織法草案時，彭真就曾給中共中央寫過一個報告，就如何改革地方國家機構組織給出了三種方案：第一種是維持現狀，也即用新法把革命委員會體制固定下來；第二種是取消革命委員會，恢復 "文革" 前的人民委員會；第三種是不僅恢復人民委員會，而且縣級以上地方人大設立常務委員會——彭真的個人意見是 "這個方案可能比較好些"。同樣按年譜記載，鄧小平對這個報告的批示也是 "贊成第三方案"。[2] 而至於最終將革命委員會改為 "人民政府" 的方案，按現有材料判斷應當出現在 6 月上旬的五屆人大常委會第八次會議期間，[3] 最後到 6 月 15 日的中共中央

1　《彭真年譜》第五卷，第 22 頁。

2　參見《彭真年譜》第五卷，第 16 頁。關於 5 月 17 日報告的原文，可參見《彭真傳》第四卷，第 1307-1309 頁。

3　參見《彭真年譜》第五卷，第 23 頁；《王漢斌訪談錄：親歷新時期社會主義民主法制建設》，第 20 頁。

政治局會議才討論並通過"人民政府"方案以及法律草案，[1]
此時距離五屆人大二次會議開幕只不過三天時間。與此同
時，雖然自覺意識到新的地方組織法和選舉法涉及到修改憲
法問題，但到底以何種方式來修改憲法，甚至是不是還有不
修改憲法文本但同時也能解決新法和憲法之間衝突的"簡便
易行"選項，似乎直到二次會議開幕後還有不同的方案。至
於我們現在看到的七條加一處節標題的中等規模修憲，只是
因為最終全國人大選擇了這種解決問題的辦法。[2]

(3) 關於 1979 年修憲意義的再闡釋

如前所述，1979 年的這次修憲，很大程度上是因為處
在"七八憲法"和"八二憲法"之間。在目前中國憲法史的
敘述中，基本上就是可以一筆帶過的事件，彷彿既無前因也
無後果，反正隨著整部"七八憲法"此後不久即被取代，此
次對"七八憲法"的修改也就凝固成歷史了。以上的敘述旨

1　《彭真年譜》第五卷，第 23-24 頁；《王漢斌訪談錄：親歷新時期社會主義民主法
　　制建設》，第 20 頁。

2　按照王漢斌的說法以及《彭真傳》相關敘述，直到二次會議期間，甚至到 6 月
　　27、28 日，法制委員會至少還備有另一種辦法，即"由全國人大作個決議，暫
　　時不對一九七八憲法條文進行修改"，並曾根據這個思路起草過一個決議草案，
　　其中聲明"本決議與憲法相抵觸之處依本決議執行"。只是這個表述被有些專家
　　認為是"違憲的"，"不應再有高於憲法效力的決議"。由此可見，修改憲法的方
　　案只是最後才勝出。當然，王漢斌的這個說法在《彭真年譜》裏找不到直接證
　　據，且與 6 月 12 日的全國人大常委會修憲議案也有抵觸，但王漢斌的上述說法
　　也不可能沒有根據，至少不會有實質性的偏差。且《彭真傳》在這個問題上也
　　採用了王漢斌的說法。基於史料的探索到此為止，在 1979 年修憲的問題上，本
　　章只能展示歷史的各種可能，而無法追求完全確定的判斷。參見《王漢斌訪談
　　錄：親歷新時期社會主義民主法制建設》，第 20-21 頁；《彭真傳》第四卷，第
　　1325 頁。

在激活這段歷史，剖析此次修憲的緣由，描述出同日通過的地方組織法和選舉法與當時憲法相關規定之間複雜的連動關係。它們不是正好撞在一天的兩件事，就正在進行的社會主義民主和法制建設而言，它們本就是一件事。在對七部法律草案進行說明的文本中，彭真就把《地方各級人民代表大會和地方各級人民政府組織法》和《全國人民代表大會和地方各級人民代表大會選舉法》合併在一個部分進行說明，而且列在七部法律之首，此後才是我們更熟悉的《刑法》和《刑事訴訟法》，這個排序不是隨意或隨機的，而是有著自覺的考慮。王漢斌對此曾說過，"大家比較注意的是刑法和刑事訴訟法，但彭真同志認為，大會議程和公佈時的排列順序應把地方組織法和選舉法擺在前面"。[1] 原因其實就在於這兩部法律和憲法之間的配合或連動關係。具體而言，這兩部法律"對地方政權組織和選舉制度，作了一些重要改革"，而這些彭真所言的"重要改革"，同時也構成了對"七八憲法"國家機構章中若干規定的"修改"，不修改憲法以配合新法，則新法與舊憲之間的抵觸是顯而易見的。

6 月 28 日，還在七部法律和修憲議案通過之前，鄧小平就在會見外國賓客時有個說法："這次全國人大開會制定了七個法律。有的實際上部分地修改了我們的憲法，比如取消革命委員會，恢復原來的行政體制。這是建立安定團結政

1　《王漢斌訪談錄：親歷新時期社會主義民主法制建設》，第 23 頁。

治局面的必要保障。"[1] 鄧小平的這個表述可以說是距離歷史現場最近的一個權威論斷。"有的實際上部分地修改了我們的憲法",若是把這句話單挑出來,脫離其歷史語境,似乎這樣的話一定出自不懂法的人之口,因為法律當然是不可能去修改憲法的,若是可以用法律去改變憲法,那麼成文憲法的意義也就蕩然無存了。但放回到語境內,這種背離形式原理的表述才是我們需要去思考的。展開其中的因果環節,就是新法做出變革,而同時修改憲法以配合新法。脫開這些形式上的複雜互動,這一系列的法制創制在實體上主要集中在地方國家機構的組織變革上,對於我們來說,這一系列的創制早已成為中國政法體制的傳統,但站在當時的歷史時刻,無論是地方恢復人民政府的建制,還是縣和縣以上各級人大設立常委會,以及縣級人大代表開始直選,這些都是新的、實在的、意義重大的憲制變革,都是經由當事人的選擇而形成的問題解決方案,然後經過歷史的檢驗而成為中國憲制秩序的一部分。歷史的複雜性就在於它並不是必定如此或理當這樣的。從五屆人大一次會議到二次會議,一次歷史偉大轉折也即中共十一屆三中全會介於其中,故而二次會議上新法和修憲的相互配合,也都是在新舊轉軌之際的憲制變革,一方面在於破舊,另一方面則是立新。歷史的複雜性在此具體的時代語境內也表現為模糊性,處在一個新時期的開端,憲

1　《鄧小平文選》第二卷,第 189 頁。

制秩序還有待於形成，很多後來逐漸定型的關係在當時還處在某種混沌之中。在此意義上，當時的憲制創新不可能根據書本上的知識，再説"憲法學"學科在當時也並不存在，實踐和理論的邏輯在這裏是反過來的，歷史進程中的行動者在選擇關頭的決定，不斷塑造並重塑著我們今天的憲制傳統。對於學者來説，我們要學會在實踐中思考、提問並作答。

| 三 |

中段：五屆人大三次會議和四次會議

1. 插曲：全國人大常委會的一個決議

1979 年 11 月 29 日，五屆全國人大常委會在其第十二次會議上通過了一個決議，《關於中華人民共和國建國以來制定的法律、法令效力問題的決議》。這個決議文字不多，向來不受關注，然而在本章所展開的歷史語境中卻是不可省略的事件，根據這一決議：

現決定：從一九四九年十月一日中華人民共和國建立以來，前中央人民政府制定、批准的法律、法令；從一九五四年九月二十日第一屆全國人民代表大會第一次會議制定中華人民共和國憲法以來，全國人民代表大會和全國人民代表大會常務委員會制定、批准的法律、法令，除了同第五屆全國人民代表大會制定的憲法、法律和第五屆全國人民代表大會常務委員會制定、批准的法令相抵觸的以外，繼續有效。[1]

用現在的網絡語言來說，上面這個決議可以說是典型的字少事大，關於它在法制建設歷程中的意義，全面的闡釋只能留待別處，在此僅就本篇主題做出相關概括。根據這一全國人大常委會決議的表述，首先，中國此前並不是沒有法律，"無法無天"當時作為一種修辭，主要還是為了表達法制建設的緊迫，"'文化大革命'前，制定的法律、法令、行政法規，大約有一千五百多件"，[2]只是"文革"的到來在事實上擱置了這些立法。決議的關鍵是最後四個字"繼續有效"，由此申明"文革"前經由正當程序所制定的法律，並不因"文革"期間的"休眠"而失效，其效力此前只是暫時被擱置，由此也重建了法制時間在"文革"之前和之後的基本連續。當然，既然需要由全國人大常委會以決議形式來解決"繼續有效"的問題，這或許也就意味著此前對這個問題本身存在某些爭議。進而言之，一般原則是"繼續有效"，但還規定了一種例外，也即不能同五屆人大的各種立法相抵觸。這種處理看似是對新法優於舊法的原理的適用，但又不

---

1 《全國人民代表大會常務委員會關於中華人民共和國建國以來制定的法律、法令效力問題的決議》，載《人民代表大會制度重要文獻選編》(二)，第467頁。
2 《彭真年譜》第五卷，第117頁。

088

僅如此，因為它明確設立了一個時間點，也就是"五屆人大"構成了一個新起點，而不是一般意義上的新優於舊。根據決議所述，甚至五屆人大後所制定的下位法律就其效力而言是高於此前的上位法律的，這當然不符合一般法理。但同樣又是這樣有悖常理的實踐體現了更深層的道理，也即以"五屆全國人大"為分水嶺，一方面確認此前和此後的連續性，另一方面也確認以此宣示立法新時期。

可以想像，一千五百多件法律的審查，尤其是判斷是否與新時期法律相抵觸，需要大規模的法律審查整理工作。事實上，整個審查過程一直到 1987 年 11 月才告完結，此時已經到了六屆全國人大任期即將結束時了。當時由全國人大常委會法工委形成了一個清理報告，由全國人大常委會批准並形成決定，根據這份報告：

> 據統計，從 1949 年 9 月至 1978 年底，由中國人民政治協商會議第一次會議、中央人民政府委員會、全國人民代表大會及其常務委員會制定或批准的法律共有 134 件，我們會同有關部門對這些法律逐件進行了研究，並徵求一些法律專家的意見。在清理的 134 件法律中，已經失效的有 111 件，繼續有效或者繼續有效正在研究修改的有 23 件。[1]

1　《全國人大常委會法制工作委員會關於對 1978 年底以前頒佈的法律進行清理的情況和意見的報告》，載《人民代表大會制度重要文獻選編》（二），第 727 頁。

對於本章而言，關鍵是報告中對清理法律的時間範圍是如何表述的。當整個清理工作在 1979 年開始時，如前所述，是以五屆全國人大作為立法歷史上的新時期開端。到了這項工作完結時，表述出現了一種微妙的變化，也即清理法律的時間範圍下限設定在了 1978 年底。這個時間當然是中共十一屆三中全會的會期，而在五屆人大的時序裏，其實是在一次會議之後，二次會議之前。這種微調表明十一屆三中全會的里程碑意義，同時也意味著五屆人大二次會議才是立法新時期的開端，而相應地一年前的一次會議就要隱藏在背景裏了。

2. 五屆人大三次會議：全面修憲的啟動以及修憲所要解決的若干重大問題

(1) 全面修憲的啟動及其必要

從 1980 年 8 月 30 日至 9 月 10 日，五屆全國人大三次會議召開。此時彭真受葉劍英委員長之委託，開始主持五屆全國人大常委會的日常工作。[1] 在這次全國人大會議召開前，一件重要的事不得不提，就是在 8 月 18 日的中共中央政治局擴大會議上，鄧小平作了題為《黨和國家領導制度的改革》的講話，最後談到正在考慮進行若干重大改革，排在第一的就是修改憲法："中央將向五屆人大三次會議提出修改

1　這一點可參見《彭真傳》第四卷，第 1367、1395 頁。

憲法的建議"。[1]

鄧小平發表這篇重要講話前後，修憲動議也進入議程。
8 月 30 日，五屆人大三次會議開幕當日，中共中央向大會
主席團提出全面修憲的建議，其中特別提到"第六屆全國
人民代表大會能夠按照修改後的憲法產生和工作"。[2]9 月 10
日，也即大會的閉幕日，會議以決議的形式同意了中共中央
的修憲建議，由此正式開啟此次全面修憲。這次會議在議程
設置上沿襲了本屆人大前兩次會議，決議事項都安排在最後
一日閉會前。原本相關或不那麼相關的議程在這一日發生
了交疊，而與本章主題有關的主要是如下三項：（1）通過
了《國籍法》、《婚姻法》修正案、《中外合資經營企業所得
稅法》、《個人所得稅法》；（2）通過了修改憲法第四十五條
的決議；（3）通過了《關於修改憲法和成立憲法修改委員會
的決議》。在人大的立法歷史上，這又是意義重大的一天。
關於憲法修改，這裏要略作説明，第四十五條的修改是內
在於"七八憲法"譜系的，在性質上和 1979 年修憲是一樣
的，只是涉及這一條；而同日決議的全面修憲，意味著現行
的"七八憲法"本身已經進入倒計時，全面修憲的成果就是
要形成一部新的憲法。

為什麼要在這時開啟全面修憲？這是一個問題。從

---

1 《鄧小平文選》第二卷，第 339 頁。

2 《中國共產黨中央委員會關於修改憲法和成立憲法修改委員會的建議》，載《中
華人民共和國制憲修憲重要文獻選編》，第 52 頁。

1975年四屆全國人大一次會議開始，每次全國人大開會均涉及憲法修改問題。如前文梳理，1975年四屆人大一次會議通過了"七五憲法"，1978年五屆人大一次會議通過了"七八憲法"，1979年二次會議修改憲法多條，1980年三次會議一方面修改憲法，另一方面又另起爐灶開啟一部新憲法的起草。連續四次全國人大開會，不是通過新憲法，就是對現行憲法進行一定規模的修改，或者啟動新憲法的起草工作，如此頻繁且劇烈的文本變動，就是當時憲法政治的節奏。所以問題就是，為什麼1980年要決定起草一部新的憲法，而不是沿用"七八憲法"並在其基礎上不斷修補？從葉劍英到彭真，當他們論及全面修憲的必要時，都重點提到十一屆三中全會。現行的憲法雖然是在本屆人大任期開始時通過的，但那時還處在"歷史轉折"之前，所以"七八憲法"生效雖然不過一兩個年頭，但卻同歷史轉折後的新現實無法適應了，這種文本和現實的不適應就證明了新憲法的必要性。我們可以想見，去年在二次會議上修改憲法以匹配新法的經過，對於當事人來說，並不是什麼隱藏在歷史材料中的情節，一切仍歷歷在目。打個比方，憲法和現實政治的關係，就如同衣服和身體，此時與其年年修補，不如全面量體裁衣，新衣服穿在新身體上可能才更合適。這就是全面修憲的邏輯，讓憲法作為根本法作一次系統的更新，包容未來可能的各種變革。沒有一次系統的版本更新，不斷的改革或許就需要不斷修憲打補丁，憲法的穩定性在未來也就無從談起了。

　　既然是要起草一部新憲法，使之與歷史轉折後的新現實相適應，那麼如同鄧小平在談及修憲時所言，"新的憲法要給人面貌一新的感覺。"[1] 在此意義上，從 1980 年 9 月開始的"新憲法"草案起草工作，一言以蔽之就是要立新，追求一次系統的更新。我們在五屆人大的歷史行程中進行探索，那麼在此要追問的就是，起草者對憲法文本進行什麼更新，若是說"面貌一新"顯然意味著某種全覆蓋，那麼問題就是主要更新在什麼地方。也是在這個"系統更新"的問題上，憲法學此前的思考有所偏差。若是把一部憲法的內容主要分為國家機構和基本權利兩部分，那麼法學者在研究中國現行"八二憲法"時毫無疑問是偏重基本權利部分，相對而言，國家機構的研究目前尚在起步階段。[2] 兩大部分在憲法學研究上的不均衡，當然也是歷史形成的，涉及方方面面的因素，但就本篇的視角而言，歸根到底還在於我們只看到了最後在 1982 年 12 月 4 日通過的憲法，而很少向前追溯它的起草過程。諸如當年的修憲者在長達兩年半的起草過程中要解決什麼問題，又是如何解決的，這樣的問題我們很少去問，也就是說，我們只盯著一個最後的成果，卻不關心這個果實是怎麼長成的。也正是因此，在閱讀現行"八二憲法"時，

1　中共中央文獻研究室編：《鄧小平年譜》（一九七五——一九九七），中央文獻出版社 2004 年版，第 799 頁。

2　參見張翔：《中國國家機構教義學的展開》，載《中國法律評論》2018 年第 1 期。

我們很容易發現它在篇章結構上的一個創新，也即自覺地改變了此前三部憲法的篇章順序："八二憲法"的起草者把基本權利章提到了前面，成為緊接著序言和總綱之後的"第二章"，國家機構則調整為第三章。這一篇章體例的調整，當然不能說不重要，新憲法在這方面的新面貌毫無疑問表達出了對公民基本權利的認真對待，但在梳理一部憲法草案起草的歷史時，對於修憲者而言，重大問題當然是那些難以解決的問題。難以解決當然就意味著存在爭議，沒有共識，在相關問題上存在多個可能方案，需要政治權威更高的人來拍板。在此意義上，憲法文本形成過程中的重大問題，同憲法實施過程中的解釋難題，其所指向的條款以及涉及的實體問題未必相同；也就是說，制憲或修憲時的難題，可能到了文本寫就後就不再是一道難題，甚至就不再是一種問題。在此意義上，當我們在五屆人大的歷史行程中去思考"八二憲法"這次系統更新時，我們需要回到草案形成的過程，去看修憲者在起草的情境內所曾面對的"重大問題"。

(2) 憲法修改草案形成中的若干重大問題

在此我們選擇此次全面修憲過程中的一個關鍵時間節點，也即 1981 年 6 月至 7 月間。此時之所以關鍵，主要是1981 年 6 月召開了中共十一屆六中全會，會上一致通過了《關於建國以來黨的若干歷史問題的決議》，同時此前負責修憲日常工作的胡喬木生病，六中全會於是決定由彭真直接抓修憲。[1] 按《彭真年譜》記載，7 月上旬彭真剛接手修憲工作，即審閱了工作人員彙總的《對修改憲法提出的主要問題和不同意見》等材料。雖然我們目前無法看到這些材料的原文，但根據《彭真年譜》、《彭真傳》的記載以及王漢斌的回憶，這些材料大致可以相互印證。本章綜合可見材料，以《彭真年譜》記錄為準據，整理了如下表格：

表 2　全面修憲時的 "重大問題" 及其定案

	修改憲法時存在不同意見的 "重大問題"（1981 年 7 月）	最後形成的定案以及時間
1	序言要不要寫？ 四項基本原則如何寫？	序言要寫（7 月 15 日） 要理直氣壯地把四項基本原則寫上去（7 月 20 日）
2	憲法總綱，如土地所有權問題	參見憲法第十條
3	全國人大是沿用一院制，還是改成兩院制？	搞一院制，不搞兩院制（7 月 27 日）
4	全國人大代表名額問題	憲法未作規定
5	全國人大專門委員會問題	數量不要多（7 月 27 日）；憲法未作規定，由《全國人民代表大會組織法》第三十五條規定（1982 年 12 月 10 日）
6	國家機構方面的多個問題，如全國人民代表大會會議要不要確定時間，要不要設立憲法委員會，國務院是否設國務諮詢委員會等等	憲法未作規定或者未進行相應改革

1　參見《彭真年譜》第五卷，第 112 頁。

7	民族區域自治問題（是實行民族區域自治制度，還是聯邦制？）	憲法第四條以及第三章第六節"民族自治地方的自治機關"
8	是否設國家主席？	設立國家主席（1982 年 2 月 23 日），憲法第三章第二節"中華人民共和國主席"
9	檢察機關是否保留？	保留，參見憲法第一百二十九條至一百三十三條
10	農村人民公社是否政社分開？	政社分開，保留"農村人民公社"，參見憲法第八條；恢復設立鄉級人民代表大會和人民政府，參見憲法第三十條以及第三章第五節相應條款
11	罷工自由是否取消？	取消，憲法未作規定
12	是否增設第五章"憲法實施的保障和憲法的修改"？	未設
13	是否把"公民的基本權利和義務"章提前？	提前（1982 年 2 月 17 日），作為憲法第二章

這是一個有些粗糙的表格。由於我們沒有一份權威的原始文件作為體系化的參考，表格內若干問題來自於不同文獻的整理，也基本上沿用了源出文獻的講法，故而個別問題有所重複，且同為"重大問題"，其重大的層次實際上也有區分，而以上表格未作區分。但對於本章的論述來說，這個表格及其所完成的若干問題整理也足以證明一個判斷，那就是"八二憲法"在起草階段所面臨並陸續以某種方式解決的重大問題，基本上集中在國家機構篇。事實上，如《彭真傳》的記載，王漢斌在向彭真作了彙報之後，對前一階段的起草

工作概括了三句話："總綱中的問題難寫，權利義務分歧最小，國家機構爭論較大。"[1]以上表格可以説是對"國家機構爭論較大"的展示。

如彭真對憲法修改草案起草的指示，"先考慮內容，內容定了，再仔細斟酌問題，文要稱意，意要稱實"，在彭真所區分的實、意和文三個層次中，以上若干重大問題如何解決當然就是"實"，是首先要考慮的"內容"本身，實體內容定了，文字工作其實就是"秘書處"即可以完成的工作。但對於我們來説，"八二憲法"卻首先是一種"文字"的存在，距離其起草階段越久，"八二憲法"體制確立越久，我們越難以發掘出其文本背後的"意"和"實"。僅以表格內所列問題為例，有些問題是最終在憲法文本上留下痕跡的，比如是否要設國家主席，也即是否恢復"五四憲法"中的國家主席職位，後來回答是肯定的，所以我們現在在憲法文本中可以找到對應條款，"八二憲法"第三章第二節就是對國家主席的規範；還有些問題實際上是在憲法文本上沒有留下痕跡的，若是不去翻看憲法起草的歷史，我們無法從憲法文本中拷問出問題曾經的存在，比如"八二憲法"最終確認了全國人大實行一院制，對我們來説，只看憲法文本的定案，就不可能知道這裏曾前置著一道選擇題；當然還有一類問題，憲法起草者最終認為這些不構成憲法層面的問題，不需

1　《彭真傳》第四卷，第 1443 頁。

要在起草憲法時予以回答，比如全國人大專門委員會的問題。我們在此復盤這些問題，是要從"八二憲法"的文本層出發，進行某種歷史縱深的挖掘。文本層如對全國人大和國家主席加以規定，對於我們當然意味著"八二憲法"所確立的國家根本制度，屬於"從來不需要想起，永遠也不會忘記"的憲制存在。但只要我們在歷史維度內作縱向的挖掘，則這些構成我們政治生活的天經地義，只能說是在"八二憲法"傳統內的經義，它們並非從來如此，它們之所以形成現行憲法中的模樣，是由於在憲法起草過程中權威人士對相應問題作了如此的回答。

簡而言之，在"八二憲法"許多條款背後，尤其是"國家機構"章內的條款，都曾存在著一個"問題"，條款之所以作如是的規定，是因為前置對相應問題的如此回答。在研究具體的憲法條款時，從起草史料中嘗試找到相關的"問題"，某種程度上構成了理解"八二憲法"的一種新視角。而當"八二憲法"國家機構章節條款所前置的若干問題得到復盤後，"八二憲法"是如何通過權力配置創制出新的國家機構模式，就不再只是教科書上一句人云亦云的憲法學原理，而是此次全面修憲在國家政治生活中的關鍵意義所在。如彭真在修憲報告中所言，草案對國家機構作了許多重要的新規定，列在首位就是"加強人民代表大會制度。將原來屬於全國人大的一部分職權交由它的常委會行使，擴大全國人大常委會的職權和加強它的組織"，[1] 這段表述現在讀起來似乎只是人大制度的常識，但在歷史的語境內，它是"八二憲法"所進行的重大憲制創新。我們可以對比"七八憲法"和"八二憲法"列舉全國人大常委會職權的條款，"七八憲法"的第二十五條共列舉職權十三項，而"八二憲法"相應的第六十七條一共列舉了二十一項職權（本條也是整部憲法中字數最多的一條），而在諸項新職權中，根據"八二憲法"所產生的全國人大常委會有權制定和修改法律，相對於此前只有全國人大才有立法權的憲法秩序，求變求新的意義是怎麼強調都不過分的。在此意義上，五屆人大通過全面修憲創制了一個加強版的新人大制度，而根據新憲法所產生的六屆全國人大既保持了人大制度的連續性，同時又是新立法時代的新人大。歸根到底，由五屆人大三次會議所啟動的全面修憲就是在為新時期的政治規定一種新的"軟件"，為國家機構的組成以及運轉方式提供一套新的操作程序及其代碼。

3. 五屆人大四次會議

在五屆全國人大期間，人大會議如當時"七八憲法"第二十一條的規定，做到了"每年舉行一次"，但會期尚沒有固定，1981 年的四次會議就是在年底召開的，11 月 30 日開幕，12 月 13 日閉幕。在 12 月 13 日的閉幕會上，大會通

---

1 《彭真文選》，第 453 頁。

過了《經濟合同法》、《外國企業所得稅法》兩部法律，原則上批准了《民事訴訟法（草案）》，授權經全國人大常委會修改後公佈試行。[1] 在去年的三次會議結束後，彭真就強調過"立法工作的重點要轉向經濟立法"，[2] 而在四次會議前的兩個月，彭真在法制委員會全體會議上的講話又一次強調，"現在法律還不完備，特別是經濟方面的法律要求最迫切，"[3] 四次會議上的三部法律都可以說是經濟立法方面的成果。

而在此次會議上，還有一件議程涉及到當時正在起草的憲法修改草案。原本按照去年三次會議所通過的修憲決議，"新憲法"草案要在今年的四次會議上提交大會審議，但修憲的進度顯然未如預期。在 12 月 1 日的全體會議上，彭真代表全國人大常委會提出了推遲修憲完成期限的建議，延期到明年的五次會議。在 12 月 13 日的閉幕會上，會議也通過了推遲審議憲法修改草案期限的決議。[4] 正是這次延期，我們才有了現行的"八二"憲法。

1　《彭真年譜》第五卷，第 122 頁。

2　《彭真年譜》第五卷，第 74 頁。

3　《彭真年譜》第五卷，第 117 頁。

4　《彭真年譜》第五卷，第 121-122 頁。

| 四 |

尾聲：五屆人大五次會議

1. 第五次會議

　　梳理到此，就到了五屆全國人大第五次會議，也回到開篇的場景。如前所述，五次會議的會期從 1982 年 11 月 26 日開始，結束於 12 月 10 日。11 月 26 日開幕日，彭真就憲法修改草案作報告；12 月 4 日，新憲法通過；12 月 6 日，習仲勳作《關於四個法律案的說明》；12 月 10 日，四個法律案提交會議表決並獲得通過，這四部法律依序分別是《全國人民代表大會組織法》、《國務院組織法》、《地方各級人民代表大會和地方各級人民政府組織法》和《全國人民代表大會和地方各級人民代表大會選舉法》，前兩部屬於新法重訂，後兩部則是對 1979 年二次會議上通過的兩部法律的修改。按照這個會議議程的大事記，一個問題是擺在這裏的，為什麼新憲法的通過安排在了 12 月 4 日這個位於中間的日期？按照我們對五屆人大全部五次會議的議程梳理，除了這一次對憲法修改草案進行表決設定在會議中程，其餘凡是涉及憲法修改和新法通過或法律修改的，均安排在會議閉幕日。這一次 "破例" 除了因為是 "憲法"，是否還存在其他原因？在此，我們回到習仲勳在 12 月 6 日《關於四個法律案的說明》，即可以發現一個程序上的考慮，也即只有新憲法在先通過，才能把四個法律議案提上會議的議程。從新憲法到四部新法之間，存在著有機的連帶聯繫。

開篇引出這個問題時，關鍵在於習仲勳的"說明"。如他所言，剛通過的憲法"對國家機構作了一系列新的重要規定"——"因此，需要對同憲法相配合的有關國家機構的幾個法律作相應的修改或重新修訂"。簡言之，兩者之間存在某種因果的連動關係，憲法作了新的規定，則相應的國家機構法要與之配合而作相應的修改。行文至此，在五屆人大的整體視野內，我們就可以把這種"配合"關係講清楚了。首先是重新修訂的兩部法律，分別是《全國人民代表大會組織法》和《國務院組織法》，這兩部組織法實際上就是對新憲法相應章節的一種實施立法，在此意義上，如果不是新憲法領先一步得到通過，則新立法中的有些條款以及概念就是無源之水了。比如《全國人大組織法》中凡是提到國家主席的條款或者規範全國人大常委會立法的條款，在新憲法通過之前，就是不知所謂的規範；而《國務院組織法》只有十一條，其第一條即宣告"根據中華人民共和國憲法有關國務院的規定，制定本組織法"，那麼在 12 月 4 日之後的語境內，這一條中所說的"憲法"當然就是剛通過的"八二憲法"。至於後兩部法律案，之所以要對 1979 年剛通過的"新法"進行若干規定的修改，習仲勳在說明中也說得非常清楚，此次修改是"根據憲法作了一些相應的和必要的修改"，而且"為了保持法律的穩定性，可改可不改的都沒有改"。什麼叫"相應的和必要的修改"呢？兩部法律在修改決議的第一條都涉及到名稱之變，也即原來條文中的"人民公社"改稱"鄉、民族鄉"；"人民公社管理委員會"改為"鄉、民族鄉人民政府"。這事實上都是配合新憲法的"政社分開"而對地方組織法和人大選舉法所作的修改。在時間的序列上，這四部法律的重新修訂或者修改不能早來，若早於新憲法通過則沒有意義；同時也不能遲來，若無法在此次會議上通過，也會導致相關規定與新憲法的抵觸。這中間的關係，對於我們後來的研究者多少顯得複雜難辨，但事實上對於歷史當事人來說，卻可以說是條分縷析的。按照《彭真年譜》記載，早在 1981 年 7 月彭真開始直接負責修憲時，他在聽取彙報並研究問題後就指出："憲法修改後，全國人大組織法、國務院組織法等幾部法律應抓緊制定。"[1] 由此可見，在歷史當事人的視野裏，憲法和各個國家機構的組織法原本就是相互配合的。行文至此，在梳理了五屆人大全部五次會議的歷史行程之後，本篇再用如下表格對這五年進行一個總結式的概括：

1　《彭真年譜》第五卷，第 105 頁。

表 3　五屆全國人大的歷史行程

第五屆全國人民代表大會	會期	憲法修改或者新憲法通過	重要立法的通過或修改	重要人事變動
一次會議（1978 年）	2 月 26 日至 3 月 5 日	"七八憲法"通過（3 月 5 日）		葉劍英當選委員長（3 月 5 日）
二次會議（1979 年）	6 月 18 日至 7 月 1 日	通過《關於修正憲法若干規定的決議》（7 月 1 日）	通過《地方各級人民代表大會和地方各級人民政府組織法》等七部法律（7 月 1 日）	補選彭真為副委員長（7 月 1 日）
三次會議（1980 年）	8 月 30 日至 9 月 10 日	通過《關於修改〈中華人民共和國憲法〉第四十五條的決議》；通過《關於修改憲法和成立憲法修改委員會的決議》（9 月 10 日）	通過《國籍法》等四部法律（9 月 10 日）	通過憲法修改委員會組成人員名單，葉劍英任主任委員，彭真任副主任委員（9 月 10 日）
四次會議（1981 年）	11 月 30 日至 12 月 13 日	通過《關於推遲審議憲法修改草案期限的決議》（12 月 13 日）	通過《經濟合同法》和《外國企業所得稅法》，原則批准《民事訴訟法（草案）》（12 月 13 日）	
五次會議（1982 年）	11 月 26 日至 12 月 10 日	彭真作關於憲法修改草案的報告（11 月 26 日）；通過"八二憲法"（12 月 4 日）	通過《全國人民代表大會組織法》和《國務院組織法》，修改《地方各級人民代表大會和地方各級人民政府組織法》和《全國人民代表大會和地方各級人民代表大會選舉法》（12 月 10 日）	

2. 六屆全國人大：新的開端

1983 年 6 月 6 日開幕的六屆全國人大第一次會議，是根據"八二憲法"以及相配套的組織法和選舉法而召開的"新人大"。這一點其實在最初中共中央提交給全國人大的修憲建議中也曾提及，當新憲法通過後，"第六屆全國人民代表大會能夠按照修改後的憲法產生和工作"。彭真在 6 月 6 日的六屆全國人大第一次會議開幕詞中也說到，"第五屆全國人民代表大會的歷史貢獻，將作為光榮的一頁載入我國史冊"，"第六屆全國人民代表大會，是按照新憲法選舉產生的首屆代表大會"，這個定位表達出了歷史行動者高度的自覺：現在開幕的全國人大會議，在繼往的意義上是共和國歷史上的"第六屆"，而在開來的意義上則是新憲法秩序內的"首屆"。[1] 中國社會主義法制建設的歷史在此時刻又翻開了新的一頁。

本章到此為止所作的工作，也就是回到歷史，通過史料書寫出五屆全國人大這"光榮的一頁"。對於以彭真為代表的五屆人大領導人，通過他們的文選、年譜和傳記，我們可以"聽其言、觀其行"，經由某些關鍵的歷史片段走進他們的思想世界，必要的時候，我們甚至必須設想自己也身處他們所在的歷史場景，在某種總括視野下對他們的認知作具體判斷。當然，歷史行動者到底是怎麼想的，終究是一個必須要小心求證的問題。就本章前述的"歷史一頁"而言，五屆

1　《彭真年譜》第五卷，第 196-197、203 頁。

人大以"八二憲法"以及相配合的一系列國家機構立法，創制了某種可稱為"八二憲制"的法政秩序，其中若干關鍵立法當然都是載入史冊的成就。但在我們嘗試著將這一頁歷史理論化，要對歷史進行某種說法並賦予其意義時，證據千萬種，而最有證明力的證據是歷史當事人距離現場最近的自我說明。也就是說，如果我們能找到行動主體對其行為意義的自覺闡釋，那麼所有的論述某種意義上也構成了一個自洽的閉環。在第六屆全國人大第一次會議上，彭真當選為六屆人大常委會委員長，三日後，在 6 月 21 日的閉幕會上，彭真作為新當選的委員長發表了講話。在談到本屆人大常委會將依據新憲法行使更多的職權、要加強立法工作時，彭真對剛剛過去的五屆人大立法有一個自覺的評價："除憲法外，上屆人大和它的常委會還通過了一批重要的法律，包括刑法、刑事訴訟法、民事訴訟法（試行）和關於國家機構的幾個組織法等基本法律。憲法和這些基本法律是我國法制建設的基礎。"[1] 脫離語境去解讀，這句話似乎只是一句常見的官話，但在本章所敘述的一頁歷史中，彭真的這句話卻來得正是時候，包括本章標題，也是取意於此。作為親歷者說，其每個字都是言之有物的，對於講出這番話的領導人來說，過去、當下和未來似乎在這一時刻交匯在一起，既往歷歷在目，新的一章又要開啟。

---

1 《彭真文選》，第 476 頁。

中國憲法研究的歷史轉向

　　本章講述的是五屆全國人大的故事。五屆人大任期五年，按照其第一次會議所通過的"七八憲法"的要求，"會議每年舉行一次"，一共開了五次會議，而我們現行"八二憲法"的通過，只是發生在最後一次會議上的一個議程，在此意義上，我們不能認為五屆人大的全部意義就在於通過了現行憲法。此前簡明的歷史敘述不僅未能實事求是地對待五屆人大，也相應地把"八二憲法"所包含的憲制改革隱藏在故紙堆之中。本章把五屆全國人大作為一個整體來對待，由此打開位於"八二憲法"之前的歷史縱深，借用前引彭真的區分，要把五屆人大所制定的"除憲法外"的若干基本法律也帶回歷史的視野，同時不是用概念之牆隔離憲法和除憲法外的法律，而是在一段具體的歷史行程中把它們打通，"混為一談"。五屆人大作為一個整體，指引其行動的絕不是哪一本寫滿法學原理的教科書，而是在"人心思法"的歷史時期，解決有法可依的現實問題。"八二憲法"當然是五屆人大立法群中的"旗艦"，但也不能忘記與之配合甚至在實踐中相互塑造的若干國家機構法。無論是 1979 年七部法律和修改"七八憲法"的關係，還是 1982 年新憲法通過和四部法律修改之間的關係，在五屆人大的整體視野內，歷史就像一張無邊無際的網，秩序正待形成，各種力量交錯而至，諸多工作互相成就，歷史中的"一頁"包含著我們重返現場才能理解的複雜和混沌。對此，本章嘗試著鬆動從前"簡史加概論"的敘述模式，讓歷史不再凝固，而是流動起來，由此釋放出五屆人大以及"八二憲法"的憲制意義。

如何理解五屆人大在憲制上的立新變革？我們要擺脫習以為常的心態，歷史的力量就在於讓我們認識到事情並非從來如此，也沒有多少理當這樣。國家主席制度、全國人大常委會的組織和職權擴展、地方乃至包括"一些較大的市"的立法權，相當一部分我們感覺從來如此的憲制，追根溯源都來自五屆全國人大在其任期內對某些重大問題的回答。站在六屆全國人大的開端，彭真講"憲法和這些基本法律是我國法制建設的基礎"，沒有人比他更清楚，五屆人大在過去四年是如何創制此時此刻的新憲制的。雖然兩屆全國人大因他的領導而貫通在一起，其間也有基本的制度延續，但正因為五屆人大的創制，六屆全國人大有了不一樣的操作程序。簡言之，處在歷史轉折的階段，五屆人大通過"八二憲法"以及相關基本法律奠定了中國法制建設的基礎，開啟了改革開放新時期的法政秩序。

如開篇所述，本章嘗試並倡導中國憲法學研究的"歷史轉向"，同時試驗一種扎根中國大地、以我們所經歷的法制實踐為素材的歷史寫作。對於研究和寫作來說，五屆人大的一頁歷史之可以復現、可以為我們所理解，捨史料之外就別無它途。從彭真的文選、年譜到傳記，還有各種相關的文獻彙編和當事人訪談，研究者擺滿各種材料的書架，就是我們穿越回去歷史現場的通道。但遺憾的是，法學者往往習慣於簡明的歷史和扼要的結論，相比之下，來自歷史現場的材料在質地上更堅硬，顆粒感更粗，第一手材料尚未經學者加工，需要研究者自己去咀嚼。很多時候，這些堅硬的材料並不那麼好消化，但也正是在反覆咀嚼的過程中，新的東西才能研磨出來。1981 年 5 月，彭真在民法座談會上的講話中曾指出："如果說什麼是民法的母親的話，就法律體系本身來說是憲法，但歸根到底，還是中國的實際是母親，九百六十萬平方公里的十億人民是母親。研究問題、立法，不能割斷歷史"。[1]彭真這裏所說的，是在立法工作中不能割斷歷史，那麼當我們研究中國的法制問題時，就更不能割斷歷史了：不僅要轉向歷史，還要用歷史的方法去對待歷史，在歷史中打開中國法學研究的祖國大地。

1　《彭真文選》，第 423 頁。

貳

開端

「新憲法」何以「長期穩定」

雖無事，必舉正月，謹始也。

———

《春秋穀梁傳》

八二憲法的"恆紀元"：研究問題的提出

　　1982 年 12 月 4 日，五屆全國人大五次會議通過《中華人民共和國憲法》，同時，大會主席團在北京向全國發出公告，宣佈新憲法業已通過，"現予公佈實施"。追根溯源，這是中國現行憲法的誕生時刻。由此開始，"中國現行憲法是八二憲法"，這個關於我們法治秩序的判斷就一直是成立的，並且在可預見的未來仍將長期成立。在這一歷史敘事不變的前提下，八二憲法一直在生長著──作為一部成文法典，它的"生長"首先表現在自其公佈實施後的五次修改，可以說，每一次的修憲都標誌著八二憲法的發展進入了一個新階段，而五次修憲所積累的五十二條修正案則構成了對原初正典的增修。但對於八二憲法來說，它的成長並不只限於上述具體的文本之變；作為現行憲法，它始終在經歷一種更日常、更緩慢、更穩定、也因此更隱蔽的憲法生長──這種成長此前之所以為憲法學的討論所忽略，部分原因在於它在很多理論視域內並不呈現為“問題”。說到底，這種成長不以任何轟轟烈烈的形式表現出來，它所需要的，只是現行憲法之現行狀態的延續。較之於成文的修正案和權威的憲法解釋，這是一種無需依附任何外在機制的有機生長，“現行”這個狀態本身就意味著“活”，意味著“生長”，故而只要作為現行憲法實施一日，它就有一日的成長。在此意義上，八二憲法的第四次和第五次修改之間間隔了長達十四年的時間，從 2004 年到 2018 年，現行憲法從文本上未發生一字之變，但我們不能因此否認它作為現行憲法在這十四年間的成長。為了更形象地把握這種成長，我們不妨把憲法比作一棵大樹，修憲好比這棵樹又長出了新的枝幹，是外顯的變化，而有機的生長則更像憲法這棵樹的年輪，我們從外表上看不到它的年輪密疏，但這並不能否認年輪記載著一棵樹隱秘的成長經歷。本章的研究，在此意義上，就是要嘗試著勾勒出八二憲法作為中國現行憲法的“年輪”，破譯它在脫胎而出之前與生俱來的基因密碼。

在“年輪”的意義上，八二憲法迄今已走過四十個春秋。如果我們把 1982 年 12 月 4 日作為八二憲法的時間開端，那麼這部憲法的實施作為現在進行時，已經經歷了四十年的歷史行程。回首當初剛公佈實施的階段，無論是以彭真為代表的修憲領導人，還是親身參與修憲的憲法學者，都會親切地把這部新生的憲法稱為"新憲法"。[1]但隨著時間的經過,"新"這個修飾詞就慢慢消失了。自此後,這部憲法如有機體一樣在生長,擺脫了它初生時的稚嫩,經歷了一段青春期的迷茫,到 2012 年迎來它的"而立"之年,之後又不捨晝夜地奔向"不惑"時刻。較之於新中國成立後的前三部憲法以及承擔臨時憲法功能的《共同綱領》,甚至把中國自 20 世紀開啟立憲試驗後的全部憲法文件放在一起比較,八二憲法最突出的地方就是它的延續能力。如果設想一個時間軸,在中國所有的憲法文件裏,八二憲法作為現行憲法所經歷的歷史時段顯然是最長的,不僅是已經走過的四十年,還有一個可預期的穩定"未來"。在此意義上,我們可以認為,八二憲法開啟了中國憲法政治的一個"恆紀元",甚至是自清末開始立憲後的第一個憲法"恆紀元"。站在 2022 年,這個判斷從政治上可以說得理直氣壯,在學理上則發人深思。

但遺憾的是,憲法學當前的思考卻往往把這個"恆紀元"視為理所當然了,從理論上把它處理為一個憲法文本之前的"政治"問題,以學科疆界的名義掛出了免戰牌,迴避了由八二憲法作為現行憲法之長期存續所提出的根本問題。

1　比如參見彭真:《進一步實施憲法,嚴格按照憲法辦事——紀念新憲法頒佈一週年》,載《中國法學》1984 年第 1 期;張友漁:《學習新憲法》,天津人民出版社 1983 年版;張友漁:《新時期的新憲法》,載《法學研究》1982 年第 6 期;王叔文、蕭蔚雲、許崇德:《新憲法是新時期治國安邦的總章程》,載《紅旗》1983 年第 1 期。

但是，八二憲法的"恆紀元"絕非是理所當然的存續。回顧中國立憲史，1949年之前政治動盪，憲法文本在面對政治硬實力時往往就是一紙空文，而在新中國成立後，多變也曾是憲法政治的基調。如果我們把中國百年憲法史做個概括，就是"除了恆紀元都是亂紀元"，[1] 變動才是常態，八二憲法的"恆"反而是一段"例外"，需要我們在理論上作認真對待。更何況，一部憲法近四十年的發展不可能是一蹴而就的，在面對八二憲法往事時，我們要置身於歷史之內，而不是外在於歷史，將歷史摺疊起來。若是我們能穿越回到上世紀80年代，當"八二憲法"仍在草案形成階段時，憲法學者未必敢想有一天我們可以籌備這部根本法的四十年慶典——尤其是這部憲法所接續的是共和國憲法史上的一段變動頻仍的"亂紀元"。從1975年到1982年，在不到八年的時間裏，中國現行憲法先後更替了三部。在八二憲法誕生之時，誰能保證這一次的新憲法就能打破從前的規律，開創出一個經得起時間檢驗的法政秩序呢？由是觀之，憲法學者要明白，八二憲法的"恆紀元"局面之所以得到開創，這個偉大成功並非中國憲法政治的歷史慣性使然，恰恰相反，它的成立前提就是要打破此前糾纏憲法文件的動或亂的宿命。如此放寬歷史的視野，八二憲法是反常的，一改此前憲法的

---

1 "恆紀元"和"亂紀元"的概念，出自科幻小說《三體》，正文的引文是這對概念在小說中初次出現時的對話，"除了恆紀元都是亂紀元，兩者互為對方的間隙"，見劉慈欣：《三體》，重慶出版社2008年版，第42頁。

歷史週期律，它的“反常”在於它在靜好歲月內的有機生長，在於它從我們的日常生活中隱退，在於大多數時間我們不覺得憲法是個問題，在於它的“尋常看不見”。而八二憲法是中國現行憲法，其作為中國憲法學研究的基石問題，恰恰未能得到關注，因為研究的指揮棒是追求關注或引證，所以憲法學者的思維定勢是去關注憲法的變、焦點、作為、大事、崢嶸，卻看不到不變、背景、不作為、沒問題、常例，如此一來，憲法學研究經常就是學術版的“焦點訪談”或新聞年度盤點。但悖論在於，在年輪的成長密碼中，八二憲法的最大作為也許恰恰是它的“尋常看不見”——我們不要千方百計尋找“憲法時刻”，卻未能體會到身邊的“歲月靜好”。

本章提出並嘗試回答八二憲法的“恆紀元”如何形成並為什麼可能的問題。為了回答這個問題，我們將更細緻地進入八二憲法的起草歷史，也簡要兼及其作為“新憲法”的實施時期。就法言法，八二憲法之誕生，在時間序列上取代的是自 1978 年開始“現行”的七八憲法，然而它在文本上卻直接傳承自新中國第一部憲法即五四憲法，這個事實本身即是一種“悖論”，提醒我們在理解八二憲法的起草歷史時，僅僅邏輯還是不夠的，我們必須關注歷史的經驗。此次全面修憲從 1980 年 9 月起，到 1982 年 12 月終，以修憲事情之大，關係問題之多，涉及方面之廣，這二十七個月從無到有的憲法創制，當然不是目前我們三五句話概括的“簡史”所能洞察的。如同有機體的成長，未生或新生的總是最可塑的，因為它尚且沒有生長出自己的“形態”，在此之後，隨著其“形態”逐漸顯現，後續的發展模式和路徑也就得到了框定。憲法發展的過程也是如此，每一代人都要在所繼承的歷史基礎上繼續屬於自己時代的書寫，故而憲法學的研究最應當追根溯源，進入歷史並直面其複雜。幸運的是，以彭真為代表的修憲領導人也留下了大量的權威文獻和歷史記錄，在八二憲法四十年即將到來之際，這些在歷史現場所發出的聲音，應當成為我們理解這部憲法的經典文本——通過它們，我們努力去接近當年修憲的歷史，確立起理解八二憲法的經史體系，讓原本分散的集中起來，原本凌亂的系統起來，原有矛盾的貫通起來，構建起相關材料得以各就各位的內部秩序。而在這塊憲法學研究的中國“田野”形成之後，不斷地拷問這些材料，不僅是引證它們以回答現有的問題，更重要的是學會從這些材料中提出新的問題，提出立足於八二憲法四十週年的這個我們時代自己的問題。

正是基於對這一初始階段憲法發展的歷史梳理，本章提出了構造“新”的延續性這一命題，以下分兩個主要部分來論證這個命題。首先，八二憲法之誕生，旨在“立新”。而這個“新”之所以“立”起來，為什麼必要以及如何可能，就在於在這部根本法通過之前，整個國家經歷了一次“歷史性的偉大轉變”。[1] 對於此次轉變，憲法學界的敘述過於簡

1　胡耀邦：《全面開創社會主義現代化建設的新局面》，載中共中央文獻研究室編：《十二大以來重要文獻選編》（上），人民出版社 1986 年版，第 6 頁。

化，線索也多有粗疏，往往限於對其間里程碑式政治事件的羅列，而缺少具有憲法理論自覺的梳理和講述。本章將聚焦八二憲法起草過程的某些關鍵"細節"，認真對待以彭真為代表的政治家在修憲過程中的論斷和判斷，謹慎地講述出一個八二憲法誕生的"故事"。其間之關鍵，是要把作為八二憲法之序幕的"歷史性的偉大轉變"講清楚。必須看到，這次"轉折"及其所包含的"撥亂反正"並不是一蹴而就的，現代化建設作為一條"新路"的打開，經歷了"從十一屆三中全會到十二大"的近四年時間。"新"憲法在 1982 年之成立，更具體地說，這部憲法何以為"新"，同時又在告別什麼樣的"舊"，脫離了中國共產黨和國家在此期間所做的歷史性轉變，都是講不清楚的。對歷史抽絲剝繭之後，本章將重建八二憲法和中共中央《關於建國以來黨的若干歷史問題的決議》之間的有機關係。關於八二憲法的誕生，十一屆三中全會的"撥亂"，決定了修憲是必要的，而自此後所進行的"反正"，則在引領修憲的過程並調控其節奏，使得一部新憲法在草案上得以可能，最終的成果就是在國家法律形式上成就於八二憲法的"立新"。

其次，僅有"新"，當然是不夠的，八二憲法要開創出一個"恆紀元"，關鍵在於要以某種方式把其所確認的"新"延續下來。在此視野裏，鄧小平在十一屆三中全會上的講話中關於社會主義民主和法制的著名論述，其實就點出了法制和延續性之間的緊密關聯："必須使民主制度化、法律化，使這種制度和法律不因領導人的改變而改變，不因領導人的看法和注意力的改變而改變"。[1] 此前的憲法學也討論八二憲法的穩定性問題，尤其關注在憲法和改革之間的張力，但所涉階段往往是從 1988 年第一次修憲起，相關討論幾乎完全遺忘了八二憲法那個謹慎的開端。但若不梳理這個開端，我們就無從發現現行憲法在起草時就開始醞釀的某種憲制思維。某種意義上，八二憲法的起草發生在一個特別的歷史階段，歷史的行程從各個方向匯聚在那個時刻，從杜絕文化大革命的悲劇重演，到確保新憲法作為總章程的穩定，對內改革和對外開放有設計的次第展開，幹部交接班的代際安排，所有這些共同醞釀出一種此前未有的憲制思維。如果我們把視野向前延伸，八二憲法此後歷次修改所秉持的審慎原則，具體表述為"必須修改的才修改，可改可不改的不改，有爭議的問題不改"，[2] 其實正是彭真主持修憲時的憲制思維的自然延伸。大多數時候，這一憲制思維是潤物無聲的。若論其"成文"的形式，還是散落在那個時代關於社會主義法制的各種論述之中，其中集大成的、同時又是自覺且有權威的憲法論述，當屬修憲負責人彭真的言與行。正是意識到這一點，本章研究是直接依據彭真的官方文選、年譜和傳記的，嘗試著從中發現伴隨著八二憲法文本形成而出現的憲制思

1　鄧小平：《鄧小平文選》第二卷，人民出版社 1994 年第二版，第 146 頁。

2　憲法學編寫組編：《憲法學》，高等教育出版社、人民出版社 2011 年版，第 79 頁。

維，一種在改革開放歷史起點所聚合而成的治國理政文化。正是在這種憲制思維的基礎上，八二憲法所確立的"新"得到延續，一個社會主義憲制的"恆紀元"由此開創，時至今日依然路在腳下地向前行進著。

| 二 |

"立新"：再論中國現行憲法的誕生

之所以自稱"再論"，可以說是對前輩學者的一次斗膽接續。如蕭蔚雲先生當年曾親歷修憲，其後又在新憲法仍為新、歷史仍鮮活的階段下留下近乎知無不言的論述，他在1986 年出版的小冊子《我國現行憲法的誕生》，堪稱是距離歷史現場最近的一次學術努力。那麼四十年過去，我們新一代的憲法學者在研究八二憲法的開端時又能有何貢獻呢？唯一的比較優勢或許就在於立足於我們所處的這個當下，如同我們無法親歷八二憲法的歷史開端，前輩學者也未曾看到這個於他們而言的"未來"，我們能提出的問題也許是他們當年只能期盼，卻無法預見的。對於我們來說，八二憲法已經有了它的歷史，甚至是連續接近四十年的歷史，這讓我們觀察八二憲法誕生的開端就有了一種歷史縱深的眼光。想一想，即便"八二憲法"這個名字也是時間的饋贈，它需要歷史經過後的約定俗成，設想我們身處 1983 年，面對這部"剛剛"通過的憲法時，我們不太可能稱呼它為"八二憲法"。進而言之，當時人也是當事人，在彭真擔任委員長的六屆全國人大期間（1983年至1988年），現行憲法就是在上屆人大最後一次會議上通過的，那幕場景仍歷歷在目，它還是一部"新憲法"。也只有當這部憲法不那麼新了，形成了屬於自己的歷史之後，"八二憲法"這個稱呼才有意義。當然這也就意味著，當"八二憲法"的名稱約定俗成為一個概念後，這部憲法也就有了它的"歷史"。如前所述，同前輩學者相比，我們立足於當下，也就有了一段更縱深的視野——對於他們屬於看不見的未來的，在我們眼中也成為繼往的過去，這也就注定了我們的論述將始終往返於現實和歷史之間。一方面我們無法擺脫現實，另一方面我們必須重返現場，返回到八二憲法還很新鮮的歷史開端。那時候這部憲法將出未出，在草案形成的階段，很多問題都懸而未決，而我們穿行到那個語境裏，也應保持學者的好奇心和開放性。如此說來，八二憲法現行了四十年，於我們而言，它所確立的制度早已成為中國社會主義法制最根深蒂固的傳統，但可能也因為這種一刻也不曾分開的構造關係，我們往往看不到一點——其邏輯就像是與魚兒談論水一樣，也就是八二憲法在其歷史語境中的主旨就在於"立新"，如同鄧小平在1982年2月同彭真等人討論修憲時所說過的："新的憲法要給人面貌一新的感覺。"[1] 下文將論述，"立新"既決定了此次全面修憲的必要，也設定了此次修憲的主旨以及所要解決的主要問題，最終也形成了新憲法的基調。

1. 為什麼要修憲？

1980 年 8 月，鄧小平作過一次重要講話，也就是現在上升為中國共產黨的經典文獻的《黨和國家領導制度的改革》。在講話的第五也即最後一部分，鄧小平提出了六項重大改革，其中排在第一的就是"中央將向五屆人大三次會議提出修改憲法的建議"。[2] 隨後不到一月，1980 年 9 月 10 日，五屆人大三次會議通過了《關於修改憲法和成立憲法修改委員會的決議》，以此決議為標誌，全面修憲開始啟動。回到歷史現場，一個在當時人看來要回答的關鍵問題就是，為什麼要修憲——且不是小修，而是大修也即"全面的修改"？因為一個基本的事實擺在面前，當時的"現行憲法"實施不過兩年半，就是由本屆人大的第一次會議在 1978 年通過的，如此說來，現在是同一屆人大的第三次會議對兩年前第一次會議的"作品"所提出的全面修改；稍作進一步追溯，"現行"憲法所替代的是"七五憲法"，1975 年由四屆人大一次會議通過，這麼說來，從 1975 年至 1980 年，中

---

1 中共中央文獻研究室編：《鄧小平年譜》（一九七五——一九九七），中央文獻出版社 2004 年版，第 799 頁。
2 《鄧小平文選》第二卷，第 339 頁。

國的憲法政治可以說是"五年之間，號令三嬗"，因為此次啟動全面修憲最後的成果就是一部取代現行七八憲法的"新憲法"。故而為什麼要在 1980 年開啟全面修憲？為什麼短短幾年時間裏要經歷三部憲法？這是重返歷史現場後馬上遇到的一個問題，它並不是我們為賦新詞強說愁，因為當年的修憲者也自認為必須回答這個問題。

到了 1982 年 11 月 26 日，憲法修改草案即將提交全國人大審議，彭真代表憲法修改委員會作過一個長篇報告《關於中華人民共和國憲法修改草案的報告》，這個文本歷來被認為是理解八二憲法的經典文獻。[1] 在這個權威報告中，彭真就對為什麼要修憲有個簡短的解釋，其論斷是"現行憲法在許多方面已經同現實的情況和國家生活的需要不相適應，有必要對它進行全面的修改"。彭真在這個問題上節省筆墨當然是合情合理的，因為此時距離啟動修憲已經過去了兩年又兩個月，整個過程已近尾聲，這份報告關鍵在於向大會解釋為什麼這個草案行，是對草案主要內容以及若干問題的說明，到此時當然無需再就修憲的必要性多費口舌。這也提醒我們，理解為什麼要修憲，我們應當在修憲的開端處尋找材料。為此，我們回到此次憲法修改委員會的第一次全體會議，1980 年 9 月 16 日，五屆人大委員長也是憲法修改委員會的主任委員葉劍英有一篇講話，此時修憲大幕剛揭開，這

---

1 彭真：《關於中華人民共和國憲法修改草案的報告》，載彭真：《彭真文選》，人民出版社 1991 年版，第 435-463 頁。

篇講話的一個重點即在於為什麼要全面修憲。細讀這篇講話，修憲的理由或說根據有三：其一，"現行憲法中還有一些反映已經過時的政治理論觀點和不符合現實客觀情況的條文規定"，這主要是"由於當時歷史條件的限制"，這裏的"當時"當然指的是七八憲法通過時，這一條可以概括為"破舊"；其二，而且是"更重要的"，是很多東西"都沒有也不可能在現行憲法中得到反映"，七八憲法在 1978 年初通過並實施，自此後當然國家經歷了一場歷史性轉變，各方面"都發生了巨大的變化和發展，特別是黨和國家工作重點的轉移"，這一條可以概括為"立新"；其三講的是"現行憲法"在某些條款上的形式缺陷，"不夠完備、嚴謹、具體和明確"。正是基於這三條理由，葉劍英得出結論："總之，現行的憲法已經不能很好地適應我國社會主義現代化建設的客觀需要，立即著手對它進行全面的修改，是完全必要的。"[1]如果繼續向前追溯，葉劍英的這個闡釋基本沿襲了中共中央在 8 月底提交給全國人大的修憲建議，開篇即指出，五屆人大一次會議通過了七八憲法，但是"由於當時歷史條件的限制和從那時以來情況的巨大變化，許多地方已經很不適應當前政治經濟生活和人民對於建設現代化國家的需要"。[2]

1　葉劍英：《在憲法修改委員會第一次全體會議上的講話》，載全國人大常委會辦公廳、中共中央文獻研究室編：《人民代表大會制度重要文獻選編》（二），中國民主法制出版社、中央文獻出版社 2015 年版，第 494-495 頁。

2　《中國共產黨中央委員會關於修改憲法和成立憲法修改委員會的建議》，載全國人大常委會法制工作委員會憲法室編：《中華人民共和國制憲修憲重要文獻選編》，中國民主法制出版社 2021 年版，第 52 頁。

以上我們從彭真回溯至葉劍英以及中共中央的文件，在闡釋為什麼要全面修憲時，根據以及邏輯都是一致的，也是一以貫之的。三個文件中都出現了一個關鍵詞："不適應"。至於是什麼與什麼的不適應，一面當然是當時現行的七八憲法，另一面則是如彭真語"現實的情況和國家生活的需要"，如果抽象一下，就是"當時"和"現實"之間的不適應甚至鴻溝。至於為什麼兩年的時間就形成如此的不適應，當然就是發生於其間的"巨大變化"，也就是說，巨變橫亙在七八憲法通過的"當時"和啟動全面修憲的"當前"之間，也區分了"舊"與"新"。如前文對葉劍英講話的概括，"舊"的要破，"新"的要立，由此決定了必須要一部新憲法。在此意義上，歷史並不是勻速運動的，七八憲法自實施以來，見證了一個大變革的時代，也即葉劍英所說的，"自本屆人大一次會議以來，特別是中國共產黨十一屆三中全會以來……"，或者如彭真報告所述，"從那時以來的幾年，正是我們國家處在歷史性轉變的重要時期"。

在此我們不妨追問，若不全面修憲又會怎樣？一處歷史的細節也許能從"反事實設問"的角度回答這個問題。在此次全面修憲啟動前，七八憲法實際上已經經歷了兩次修改。事實上，就在五屆人大三次會議作出啟動全面修憲決議的當天，會議還通過了對現行憲法第四十五條的修改；而再往前一年，五屆人大二次會議也在 1979 年對七八憲法進行了第一次修憲，涉及七個條款（七八憲法本身不過六十條）以及一處章節標題，就這一比例而言，甚至可以將 1979 年修憲理解為一次中等規模的修改。那麼問題就來了，為什麼要在憲法通過一年後就進行多達七條的修改呢？此前一年剛通過，此後一年又要全面修改，即便中間這一年也一下子改了七條？用歷史證據來簡要回答就是"不改不行"。在共和國立法史上，1979 年的五屆人大二次會議可謂是一次新起點：這是中共十一屆三中全會後的第一次人大會議，此次會議可以說開啟了大規模立法的歷史階段，包括《刑法》在內的七部法律就是在此次會議上通過的。五屆人大二次會議從 1979 年 6 月 18 日開到 7 月 1 日，就是在閉幕當日的會議上，通過了對現行七八憲法的修正，通過了七部法律，補選彭真為五屆人大副委員長，三件重大的事情其實發生在同一天。而在這一日通過的七部法律中，按照彭真對法案所作的說明，四部屬於"組織法和選舉法"，事關政權組織和選舉制度的重要改革。[1] 簡單地說，之所以在通過這七部法律的當日就要對現行憲法作七條修改，所謂的"不改不行"其實就表現為新法和現行憲法是相互衝突的。這中間的矛盾若是靜態地看當然是法律抵觸了憲法，但動態地看仍屬於舊與新在歷史轉折期的急劇摩擦。這一次的修憲若還原其歷史語境，更像是修憲以承認新法的合憲性。根據王漢斌的回憶，當時也曾考慮過"簡便易行"，由全國人大通過決議作一次

---

[1]　彭真：《關於七個法律草案的說明》，載《彭真文選》，第 368-382 頁。

例外處理，"本決議與憲法相抵觸之處依本決議執行"，但最終成為定案的當然是我們所能看到的 1979 年修憲。修改憲法中的相關規定其實是今是昨非的法制變革。[1] 親歷歷史，可以說在 1980 年決定全面修憲的領導人當然是知道這一點的。我們由此細節也可斷定，所謂"不改不行"，改的必要仍在於新與舊此時反覆出現的對抗。尤其是國家開始進入立法時代，"人心思法"，[2] 可想見未來不斷產生的新立法難免會突破既定憲法的約束。當結構性的衝突已然顯現時，與其讓 1979 年的處理模式不斷重現，不如通過全面修憲謀求一攬子的解決。

處在歷史巨變後的時刻，全面修改現行憲法而形成一部新憲法，必要性就在於破舊並立新。打個比方，現實實踐如同身體，而現行憲法則是衣服，在身體發生突變後，我們只能修改衣服的剪裁來適應這個新身體，而不可能反過來——靜態地看，新的立法不得違反憲法當然是教科書教給我們的原理；然而動態地看，修憲和立法的關係卻並非如此簡單，八二憲法之誕生，很大程度上就是要用新憲法來完成對新現實的適應。

---

1 關於 1979 年的修憲以及七部法律通過的歷史細節，篇幅不允許展開，比較詳細的敘述可參見王漢斌的訪談，見王漢斌：《王漢斌訪談錄：親歷新時期社會主義民主法制建設》，中國民主法制出版社 2012 年版，第 48-49 頁。

2 參見《彭真文選》，第 368 頁。

2. 為什麼不是“八一憲法”？

若是只知其然，就會以為“八一憲法”是打錯了字，因為事實是從來就沒有什麼“八一憲法”。既然如此，為什麼要討論一個本不存在的東西何以不存在呢？豈不是故弄玄虛？但歷史遠比我們今天的敘述要複雜，歷史方法要求我們還要知其所以然。再次回到 1980 年 9 月 10 日，細讀由五屆人大三次會議所通過的修憲決議。文件極簡短，全文只是一個長句，大致構成了新憲法如何起草並通過的一部“立法法”，規定了修憲的主持機構，也設定了修憲的基本程序——從提出草案到交全國人大常委會公佈、全民討論、返回修改。而新憲法生成的最後一個程序，也即該決議的最後，是“提交本屆全國人民代表大會**第四次會議**審議”。重點圈出來後，問題出在哪兒也就不難看出來了。按照這個開端決議的設定，憲法修改草案是要交本屆人大“第四次會議”審議的，由此形成的當然是一部“八一憲法”，而不是 1982 年年底由五屆人大五次會議通過的“八二憲法”。這樣問題也就來了，為什麼不是“八一憲法”？或者轉化為一個更具體的問題，為什麼此次修憲未能按照一開始設定的進度完成，而是拖延了“一年”呢？

回答這個問題時，首先要明確一點，今天讀當初的修憲決議，很容易就會把其所設定的修憲期限理解為一年的時間。這不就是一道簡單的算術題嗎？五屆人大三次會議決定修憲，設定新的憲法草案交由下一次會議審議，故而從三次會議到四次會議，當然就意味著此次修憲要在一年內完成。但這個判斷需要一個前提才能成立，也即全國人大要有固定的會期。但問題在於固定會期基本上是六屆人大任期後半段開始形成的一種慣例，[1] 以五屆人大為例，其共計五次會議的會期都不是固定的，年初、年中或年末都曾開過。就此而言，當三次會議在 1980 年設定要在四次會議上審議新憲法的草案時，與其說是給修憲留下一年的時間，不如說是要在下一次有權通過憲法的機構開會時就完成任務。如此理解的話，雖然決議分配的修憲時間並沒有減少，但修憲作為一項任務的緊迫性也就顯現出來了。如果按照葉劍英委員長一開始的設想，以全面修憲這樣的"大事"所涉及的工作量，再考慮到決議要求的"交付全國各族人民討論"也需要一定的時間，那麼留給修憲過程的第一個程序，也即由憲法修改委員會提出修改草案，按四次會議的期限來倒推實際上也只能有半年的時間。葉劍英在修憲起始時也說過，"在明年上半年公佈修改憲法草案"，這裏所指向的時間當然是 1981 年上半年。[2] 而 1981 年上半年公佈修憲草案，實際上也是中共中央提交至全國人大的書面修憲建議上的設想。[3] 以半年為期拿出一部全面的修憲草案，對於修憲這件大事而言，時間無

1　固定在每年 3 月召開全國人大會議，是從 1985 年六屆人大三次會議開始的，參見朱光磊：《當代中國政府過程》，天津人民出版社 2008 年版，第 30 頁。

2　葉劍英：《在憲法修改委員會第一次全體會議上的講話》，載《人民代表大會制度重要文獻選編》（二），第 495 頁。

3　《中國共產黨中央委員會關於修改憲法和成立憲法修改委員會的建議》，載《中華人民共和國制憲修憲重要文獻選編》，第 52 頁。

疑是緊迫的，並不是後來顯示的從 1980 年 9 月至 1982 年 12 月那麼"寬鬆"。由此我們可以斷定，全面修憲以"破舊"是必要的，而以一部新憲法來"立新"也是緊迫的，考慮到其間多個程序一環緊扣一環，那麼憲法修改草案的形成更是刻不容緩了。

　　既然如此緊迫，為什麼還是延期了？對於這個問題，一個萬能的回答當然是任務比原來設想的要更複雜，工作更艱巨，也可能存在著意想不到的困難，或者在某個環節上卡住了，這些都是合乎邏輯的推斷。它不會錯，但意義也有限。如要真正回答這個問題，使得解釋更有針對性也因此更有力，還是要回到歷史本身，讓當事人自己現身說法。事實上，關於此次延期的程序瑕疵，修憲者當年有過非常自覺的補救——先後兩次，分別在 1981 年 11 月 26 日和 12 月 1 日，彭真向五屆人大常委會第二十一次會議和五屆人大四次會議作過期限推遲的建議，並在後一次留有"書面說明"。[1] 對於修憲要推遲，彭真代表憲法修改委員會給出的理由主要有兩個方面，其一是"憲法修改工作關係重大，牽涉到各方面一系列複雜的問題，需要進行大量的調查研究，廣泛徵求各地區、各方面的意見"，這一理由屬於常規操作，修憲確實茲事體大，涉及方方面面，是大家的事，是"中國人民的

---

[1]　關於這份說明的全文，參見《中華人民共和國制憲修憲重要文獻資料選編》，第 67-68 頁。

大事";[1] 在延期說明中，彭真用"同時"二字引出第二條理由，"同時，目前國家正在進行體制改革，有些重大問題正在實踐研究解決過程中"，這個表述相比之下就有更加具體的所指——歷史性的轉變不可能是一蹴而就的，其間必然包含著種種糾葛、延遲甚或復辟，而與此同步的修憲，破舊立新決定了修憲是必須的，但處於轉變之際，哪些舊的構成了要去否定的"亂"，哪些要復歸的"正"又要成為新的，在修憲時可能未必涇渭分明。起草憲法，也就是要把要入憲的諸多重大問題的解決方案寫進憲法，在憲法確立後，再用社會主義法制的方式保障之，既然如此，"有些重大問題正在實踐研究解決過程中"——正在解決，也就是尚未解決，彭真這句話也就點出了延遲的原因所在。如果我們把這個表述稍作延伸，新憲法要寫入關於某些重大問題的政治共識，但在修憲進入提出修改草案階段時，所需的共識卻還未形成，大致處在某種即將形成卻還未形成、呼之欲出卻還未出的狀態。從彭真言語之間，似乎可見修憲在這一階段遭遇到一個時間差，要形成可交付全民討論的修改草案，必須等待某些問題首先在實踐中得到解決，現實中解決不好，文本就不好寫；當然反過來說，現實中只要拿出權威方案，文本工作也並不難。回到彭真關於延期的書面說明，在列舉以上兩條原因後，彭真建議"為了慎重地進行憲法修改工作，盡可

1　參見《彭真傳》編寫組編：《彭真年譜》第五卷，中央文獻出版社 2012 年版，第 131 頁。

能地把憲法修改得完善些，需要把修改憲法完成期限適當推遲"，而下一個"適當"的機會當然就是明年本屆人大第五次會議。

行文至此，我們要進入此次修憲的第一個階段，也即由憲法修改委員會提出修改草案，限於篇幅，在此僅能處理兩個重大問題。其一，按照全國人大的修憲決議，主持修憲的機構是憲法修改委員會，從法理上看，這是一個特別機構，專職即在修憲，修憲完畢也就意味著它在法律上的完結。然而在形成修改草案的階段，日常運轉著的其實是下設於委員會的秘書處，秘書長為胡喬木，當時參與秘書處工作的許崇德先生就有一個概括："任務是調查研究，草擬憲法條文及其它的有關文件，是憲法修改委員會的具體工作班子"。[1] 秘書處也是彭真所說的做"苦力"的工作班子。[2] 這樣看來，修憲的工作機制類似某種雙軌模式，是秘書處在委員會領導下進行工作。梳理歷史，憲法修改委員會的第一次全體會議是在修憲啟動時召開的，自此後就一直沒有再舉行全體會議，直至 1982 年 2 月底，而第二次全體會議的議程就是"討論憲法修改草案討論稿"，[3] 兩次全體會議之間相隔長達一年半。從零開始，到形成一個可拿出討論的完整草案，期間工

1　許崇德：《現行憲法產生過程的特點》，載《法學研究》2003 年第 1 期，第102 頁。
2　《彭真傳》編寫組：《彭真傳》第四卷 (1979-1997)，中央文獻出版社 2012 年版，第 1444 頁。
3　《彭真年譜》第五卷，第 127 頁。

作當然是秘書處在委員會領導下完成的。這一具體的工作模式，是我們要交待的第一個問題。

其二，如前所述，從 1980 年 9 月到 1982 年 2 月，從憲法修改委員會第一次到第二次全體會議，就是"憲法修改草案討論稿"形成的一年半，對於這段歷史，我們抓大放小，捨棄也許相當重要的若干細節而作綱要式的梳理，則按照主持修憲的領導人不同，這段時間又可再分為兩個階段。以負責人來命名，首先是 1980 年 9 月至 1981 年 6 月的胡喬木階段，緊接著是自 1981 年 7 月開始的彭真階段。之所以出現從胡喬木到彭真的交接，直接原因當然是胡喬木的病況，一方面如《胡喬木傳》所述，1981 年 6 月，"胡喬木因疲勞過度病倒，在醫院做了膽囊切除手術，不允許他繼續正常工作"，[1] 另一方面則如王漢斌回憶，"小平同志認為修改憲法必須抓緊，不能推遲，就找了彭真同志……從 1981 年 7 月起，憲法修改工作就由彭真同志主持了。"[2] 在此區分兩個階段，當然不是為了製造對立，兩階段之間並無撥亂反正的關係。況且由於彭真是領導人中的立法行家裏手，他作為憲法修改委員會的副主任委員，從一開始也關心著並參與過修憲工作。如有概括，兩個階段更像是一種接力關係，雖然存在諸多區別，但從胡喬木到彭真，憲法修改在大問題上是一

1　胡喬木傳編寫組：《胡喬木傳》（下），當代中國出版社、人民出版社 2015 年版，第 661 頁。

2　《王漢斌訪談錄：親歷新時期社會主義民主法制建設》，第 54 頁。

以貫之的——如同彭真在胡喬木階段多次過問修憲工作，胡喬木也在休養期間關心著草案的進度。[1]

之所以進行兩個階段的區分，還是為了我們更準確地理解。就此修憲過程中的重要調整，我們可以提出許多問題，在此僅回到本部分一開始的問題，即為什麼修憲延遲了“一年”，“八一憲法”變成了“八二憲法”。若是聚焦於彭真和胡喬木的交接，那麼至少能得出一個判斷：由於種種原因，胡喬木階段的進度未趕上預期。在敘述這次交接時，《彭真傳》就曾寫道，彭真“看到各方面積極參與、各抒己見，提出了不少好的見解和建議。對這種民主氛圍，他感到滿意。同時他也注意到，修憲討論中，由於對一些重大問題存在意見分歧，沒有形成基本共識，以致八個月過去了，還沒有拿出一份各方面都能大體接受的修憲草稿來”。[2] 根據這個説法，同時參考現在可以看到的修憲史料，我們可以得出一個確切的結論：胡喬木階段在 1981 年上半年雖曾先後五次形成“修改草案討論稿”，[3] 但這個我們目前看不到的“討論稿”尚且算不上“一份各方面都能大體接受的修憲草稿”。簡言之，一直到 1981 年 6 月，憲法修改草案連初稿還未形成。為什麼如此拖延？在胡喬木階段協助主持修憲的王漢斌有過

1　《胡喬木傳》（下），第 661 頁。

2　《彭真傳》第四卷，第 1439 頁。

3　這五次討論稿的形成日期，分別是 1981 年的 2 月 20 日、2 月 28 日、4 月 1 日、4 月 20 日、5 月 1 日，參見許崇德：《中華人民共和國憲法史》下卷，福建人民出版社 2005 年版，第 382-384 頁。

一個講法："由於一些重大問題在當時還沒有定下來，起草中對有些章節和條文提出了幾個方案……"再一次地，我們又遇到了"一些重大問題在當時還沒有定下來"的表述。由此推斷，修憲之所以在 1981 年上半年未趕上進度，是因為在那個"當時"，一些重大問題尚有待決定，問題本身即存在意見的分歧，秘書處的選擇也只能是多提方案，"秘書處對一些重大問題都提出了兩種方案，以備決策時選擇"。[1] 對負責文本草擬的"苦力"班子來說，工作也只能到此為止。

要理解這段歷史進程，我們不妨打個未必非常妥帖的比喻：如果把此次全面修憲比作寫作博士論文，那麼胡喬木階段五次形成的"討論稿"其實只是論文的開題報告，列舉問題，擺出方案，而憲法修改草案"初稿"的完成，尚有待彭真階段的加速度，尤其是 1981 年 10 月至 11 月中旬的玉泉山集中——"苦力"班子"夜以繼日"，"上午、下午、晚上，每天三班倒，日夜伏案起草憲法修改草案"，[2] 終於在此次會戰結束時，拿出了憲法修改草案的最初一稿。[3]

3.《關於建國以來黨的若干歷史問題的決議》意義的再發現

修憲是"大事"，是"大家的事"，是"中國人民的大

---

1 《彭真傳》第四卷，第 1436 頁。

2 《王漢斌訪談錄：親歷新時期社會主義民主法制建設》，第 55-56 頁。

3 綜合各方面史料，包括《彭真年譜》、《胡喬木傳》、王漢斌的訪談，我們大概可以斷定草案第一稿是在 1981 年 11 月 19 日形成的。

事"，諸如此類的表述反覆出現在歷史的現場。沉浸於這一時期的歷史材料，研究者也能感受到各種力量從四面八方而來，聚合在修憲這件事上，要分辨其間的大事因緣殊為不易。如前所述，若是僅從修憲的人事變更來敘述草案文本的形成過程，胡喬木到彭真的接力就很容易被理解為一次轉折，得出前面慢、但後面快的判斷。這個判斷當然符合事實，但卻從根據到結論構成了邏輯的閉環，也即把慢和快的切換直接歸因於領導人的變更，也因此不去做更進一步的追問。胡喬木階段確實沒有快起來，相關理由也不難找：首先是萬事開頭難；所謂諸多問題上的"各抒己見"，其實就是"意見分歧"的另一種説法；還有關鍵的一點，在胡喬木階段，他的主要精力卻放在另一件事上，這聽起來不合常理，難道還有比修憲更重大的事情？回到那個歷史轉折的關頭，還真有另一件事在胡喬木那裏比修憲"更緊迫"，[1]就是主持起草《關於建國以來黨的若干歷史問題的決議》（以下簡稱《歷史問題決議》或在上下文有充分提示時進一步簡稱為《決議》）。根據記載，胡喬木在搭建起秘書處的班子，對相關工作做出安排後，自己就回到《歷史問題決議》的起草工作，"把起草憲法修改稿的任務交副秘書長胡繩、王漢斌先

1　"仍把主要精力轉到更緊迫的歷史決議的修改、加工上"，《胡喬木傳》（下），第661頁。起草《歷史決議》的15個月間，"胡喬木率領起草小組，夜以繼日，反覆研討，為寫好《歷史決議》殫精竭慮、嘔心瀝血"，見程中原等：《1977-1982：實現轉折，打開新路》，人民出版社2017年版，第455-456頁。

行負責"。[1]明白以上種種，胡喬木階段快不起來當然是正常的。這一時期留下"一些重大問題"未能解決，只能列舉意見分歧所形成的多個方案，但我們應當意識到，有些問題在胡繩或王漢斌那裏屬於"重大"，但在彭真那裏就不難定下來。所以，修憲進度從慢到快，是同主持人變更相同步的。

但若只看到這一層，我們在抽象歷史時就忽略了另一處關鍵。1981年6月之於此次修憲全程而言，當然是關鍵的時間節點。如前所述，就在這個月，胡喬木生病需要休養，修憲工作改由彭真負責。之後在7月18日，彭真收到鄧小平關於修憲期限的指示，"仍按原計劃完成，不要推遲"，[2]修憲自此顯然進入了快車道。然而，1981年6月當然不止這一件事，若是在整體的時代語境中把這個月份立起來，則這個節點之於修憲來說並不僅是負責人的一次變更。胡繩後來在秘書處會議上這麼說過："秘書長病了，六中全會決定彭真同志直接抓憲法修改工作。"[3]按照胡繩的這個表述，從胡喬木到彭真之間還有另一件事，就是中共十一屆六中全會，正是在這次會議上，《歷史問題決議》在6月27日被"一致通過"。處在歷史轉折期，這個文件對於全黨全國來說是一個"都在等"的東西，如鄧小平所言："你不拿出一個東西來，重大的問題就沒有一個統一的看法"。[4]這個文件顧名

1　參見《胡喬木傳》（下），第661頁。

2　《彭真年譜》第五卷，第106頁。

3　《彭真年譜》第五卷，第112頁。

4　《鄧小平文選》第二卷，第305頁。

思義，就是要對歷史問題統一認識，自此後向前看，說新話，走新路；而按照六中全會的公報，《決議》的通過，所標誌的是在中國共產黨的指導思想上完成撥亂反正的歷史任務。[1] 這個表述中的 "完成" 二字是非常準確的，因為它清楚表明 "撥亂反正" 作為歷史任務是需要一個過程的，要從開始處發端，在完成處結束，不可能一蹴而就。由是觀之，歷史的脈絡在 1981 年 6 月發生了線索的交匯，彭真階段的開啟，在時間刻度上正好同《歷史問題決議》的通過相重疊。我們可以想到許多理由來解釋彭真階段的速度，比如時間不等人，彭真是黨內在立法工作上的行家裏手，胡喬木階段打下一定基礎，彭真的政治權威更高因此可以解決此前困擾秘書處班子的若干重大問題等，但歸根到底在於《歷史問題決議》已經形成——"決議" 就是政治共識已經達成，爭議到此為止。它不僅在時間維度上劃分出舊與新，更在規範意義上區別亂和正，因為所謂的 "舊"，其中既有要去消除的亂，但也有要去堅持而不能動搖的基礎，如何區分，就是《決議》在這個歷史階段所要承擔的憲制功能。如前所述，胡喬木階段之所以慢，最終也未能拿出憲法修改草案的初稿，根本原因還是在於 "對一些重大問題存在意見分歧，沒有形成基本共識"，[2] 那麼以這個 6 月作為分水嶺，當彭真主

1　《中國共產黨第十一屆中央委員會第六次全體會議公報》，載中共中央文獻研究室編：《三中全會以來重要文獻選編》（下），人民出版社 1982 年版，第 847 頁。

2　《彭真傳》第四卷，1439 頁。

抓修憲時，全黨在指導思想上的撥亂反正已經因《決議》的通過而宣告完成，則許多在此前階段懸而未決的重大問題，此時就可以在《決議》文本中找到答案，或至少找到權威的依據。也就是說，至少某些重大問題已經在政治上形成了統一的認識，接下來的難題大概就限於文本的技藝了，也就是如何用國家根本大法的形式把這個認識表述出來。因此在1981年6月，《歷史問題決議》通過，胡喬木休養，彭真接手修憲，這原本就是糾纏在一起的歷史複線。稍作解析之後，我們可以說，胡喬木雖然在這時離開了修憲的第一線，然而他所主持起草《歷史問題決議》卻成為修改憲法的依據——事實上，如彭真在修憲最後的報告中所指出的，《歷史問題決議》"得到全國人民的擁護，為憲法修改提供了重要的依據"。[1]

到此為止，我們就可以重新構建在1981年《歷史問題決議》和1982年憲法之間的關係。多年以來，我們一直沿用彭真報告的提法，在簡史的基礎上形成概論，但卻對"重要依據"缺乏細緻的闡釋和審慎的推斷，只能給出語焉不詳的簡答，卻極少有扎根於歷史的論述。經過前文的梳理，我們在此作一周全些的闡釋。一般而言，社會主義憲法要在文本內規定國家的根本制度和根本任務，而"根本"之意就要求只要寫入憲法，則輕易不可變——非要變，也必須經

---

[1] 《彭真文選》，第435-436頁。

過比修法要求更嚴格的修憲程序才能實現。而對於憲法的起草者來說，要保證新憲法可以歷時久遠，則文本裏所承載的應當是最大範圍的共識，換言之，不能把尚有爭議的內容寫入憲法，因為入憲即意味著用法律的形式把某種意見"定型化"，但意見的分歧卻可能會顛覆憲法文本，一種不同意見在政治領域內的勝出就意味著現行憲法又可能要做舊。然而問題是憲法需要以共識為材料，但僅憑修憲的過程是無法創制共識的。而如秘書處這樣的苦力班子更是沒有權威去解決分歧，修憲需要共識先行，秘書所承擔的文本工作只是把已經形成的統一認識凝練成法條，表述為法言法語。歸根到底，修憲工作本身不可能從無到有地變造出共識來。在這一邏輯中，《歷史問題決議》就是憲法修改草案在形成時所需的共識，當這個文本以《決議》的形式在中央全會上一致通過後，當然就意味著若干重大問題得到了解決，修憲已經有了權威的依據。既然如此，彭真階段的修憲工作一方面是不能再等了，另一方面也是不必再"等"了。根據《彭真年譜》記載，7月上旬彭真剛接手修憲，就開始審閱工作人員彙總的材料，其中就有《對修改憲法提出的主要問題和不同意見》。[1] 雖然我們無法得見這些文件，但"新憲法要不要序言"作為胡喬木階段一直存有爭議的問題，一定位列其中。然而序言問題可以說是彭真接手後解決的第一個大問題。最早在

1　《彭真年譜》第五卷，第 106 頁。

7 月 15 日，彭真就做出決定，"序言要有"，"寫歷史，寫馬列主義、毛澤東思想，寫中國共產黨的領導"。[1] 到了 10 月初玉泉山會議時，修改草案在分工時就多出了一個序言部分，負責人員有胡繩、龔育之、盧之超。[2] 在修憲這條線索上，龔和盧都是此時加入的新面孔，關於他們的加入，王漢斌在回憶中也點出了其中關鍵，"他又覺得力量不夠，向耀邦同志提出把參加歷史問題決議的龔育之、鄭惠、有林、盧之超要來參加修憲工作⋯⋯憲法要體現歷史問題決議的精神，調這些同志參加有利於工作。"[3] 如此看來，當修憲接近期限，需要爭分奪秒時，《歷史問題決議》就因其"決議"的性質成為了未來新憲法的重要依據。

某種意義上，在 1981 年《歷史問題決議》和 1982 年憲法之間的這種政法有機關係，非常接近在 1863 年林肯葛底斯堡演說和美國憲法在內戰後的三條重建修正案（1865 年至 1870 年）之間的關係。簡言之，林肯的葛底斯堡演說就是對美國建國以來歷史問題的決議，作為一種對新共識的表述，它形成於戰場的血與火之間，而重建修正案就是對戰場決議的國家法表達，美國有憲法學者因此將林肯的演說比作美國憲法的新序言。借用這種思維，《歷史問題決議》也構成了八二憲法的隱藏序言或者歷史導論。事實上，為了起

---

1 《彭真年譜》第五卷，第 106 頁。

2 《彭真年譜》第五卷，第 117 頁。

3 《王漢斌訪談錄：親歷新時期社會主義民主法制建設》，第 55 頁。

草序言，彭真專門從胡喬木的決議起草班子裏調來專家，從中國共產黨的決議到國家的憲法序言，就文本形成而論出自相同的手筆，它們之間的有機關係也起因於此。明白了這一關聯，那麼《歷史問題決議》及其所承載的統一認識也就構成了八二憲法背後的正統史觀。《決議》是關於中國共產黨的指導思想的，是對歷史作結，鄧小平就說過，先有決議，"十二大就講新話，講向前看的話"。[1]若我們把那些點綴修憲簡史的重要事件貫通起來，那麼1982年憲法發生在《決議》之後，發生在1982月9月的中共十二大之後，它們次第展開於國家上一個歷史新時期的開端。國家在當時經歷偉大歷史轉折，轉入一條新路，也即鄧小平所說的"從十一屆三中全會到十二大，我們打開了一條一心一意搞建設的新路"，[2]而在1982年12月所通過的新憲法，其"面貌一新"，歸根到底在於它是以國家根本法而對大國新路的一種表述、確認和保障。

| 三 |

釋"定"：憲法修改草案形成的文本策略

八二憲法之誕生，根本在於"立新"，但寫在法條上的

---

1 《鄧小平年譜》（一九七五——一九九七），第668頁。
2 鄧小平：《鄧小平文選》第三卷，人民出版社1993年版，第11頁。

"新"不可能憑空而來，破舊才能立新，從邏輯上說，"新"也必定要依"變"而生。彭真在修憲報告中就講過，之所以要啟動對 1978 年憲法的全面修改，其歷史背景在於"從那時以來的幾年，正是我們國家處在歷史性轉變的重要時期"。[1] 就此而言，在憲法學界曾風靡一時的"憲法時刻"這個概念至少放在八二憲法誕生的語境裏並不準確，因為憲法變動從來都不是發生在一個極端的瞬間，轉變需要一段延展的時期。對於八二憲法來說，其前端的歷史敘事在於"從十一屆三中全會到十二大"，只有在這一延續的時間尺度內，我們才能把握引導出新憲法的"歷史性轉變"，也才能深刻認識到《歷史問題決議》和中共十二大文件何以成為新憲法的"重要的依據"。

然而，"新"並非一種絕對的價值或邏輯，社會主義的法制不可能追求"日日新"，成文憲法的存在本身也就表明政治必須要有章可循，建章立制不可能靠凌虛蹈空，政治生活的運轉總需要一些白紙黑字或約定俗成的規則，它們往往形成於歷史上的政治鬥爭，故而不同國家的憲法並不能通約。八二憲法之誕生，在歷史背景上接續的是一段相對而言變動頻仍的憲法歷史，當年修憲的重要參與人王漢斌就曾說過："我國從 1975 年到 1982 年，七年中間接連搞了三部憲法，反映了當時國家處於極不穩定的狀態。"[2] 對於身處歷

1　《彭真年譜》第五卷，第 435 頁。
2　《王漢斌訪談錄：親歷新時期社會主義民主法制建設》，第 134 頁。

史行程中的人們來說，"未來"在他們視野中要籠罩著一層"無知之幕"，一個問題必然貫穿於修憲過程：當本次修憲而成的新憲法確立後，如何保證這一部憲法的穩定性？如果說法條和現實之間早晚會形成一定程度的"不相適應"，既然無法改變未來的實踐，那麼如何設計文本才能讓這種不適應來得慢一些，也平緩一些？如下文可見，諸如此類的問題並非我們今天的腦補，從修憲當年參與者的言與行中間，讀史者可以發現非常清晰且自覺的表述。畢竟，七年中間三部憲法對於當時的人們來說就是此次修憲最直接的歷史背景，那麼檢驗新憲法是否成功就有一個關鍵標準，就是新憲法要能穩定，不僅經受實踐的檢驗，也要經歷時間的驗證，要擺脫"七五、七八、八二……"的歷史"週期律"。成文憲法的奧秘就在於它往往脫胎於歷史上的大變動，但又要對變動頻仍的歷史週期說不，從而探索某種發生在憲制框架內、因而具有延續性的政治生活。通俗地說，既然有了八二憲法，那麼接下來就不要再有什麼八五或八八憲法，變動頻仍的時期到此為止，自八二憲法起，社會主義法制要以現行憲法為基礎，構建出一種有延續性的政治。對於四十年後的我們來說，穩定性當然是八二憲法的一個基本事實，但我們卻不能逆推歷史，想當然地認為這種"恆紀元"就是理所應當的，是由某種普遍歷史規律或憲法原理所決定的。對於當年修憲者來說，晚近的憲法歷史如果說有任何慣性，反而穩定不是規律，而是例外。在此語境內，對穩定性的追求既是當年修憲者的渴望，在相關材料中這種情緒可以説是溢於言表；同時又是他們的擔憂，高度的歷史責任感讓他們在形成草案時即"相當認真、慎重和周到"，[1] 讓他們在修憲時就開始摸索確保憲法穩定性的文本策略。如果我們帶著這一問題意識去梳理歷史文獻，就能打開一種別開生面的視野。以此去理解八二憲法誕生的歷史，本章在理論層面上也能作某種由史入經的嘗試。

　　本部分討論八二憲法穩定性的問題，也就是説，八二憲法何以穩定，何以開啟中國憲法政治的恆紀元。這個問題本身就是要被提出來，要形成具有理論自覺的解釋的。當然，八二憲法的穩定作為一個要予以解釋的現實，沿著歷史的脈絡，我們可以辨識出若干項的必要原因，缺任何一項即不可能成就它的穩定。但本章限於篇幅無法面面俱到，我的策略仍是聚焦於修憲者在八二憲法草案形成階段的自覺努力，尤其是他們在憲法文本意義上的策略思考。當然，法律之外的因素，本部分也將簡要述及，但更詳細的討論則要留待它處。

1."最怕憲法不穩定"

　　一部憲法能不能穩定，對於行走在歷史進程中的文本起草者來說，他們所能做的就是"盡人事"，至於最後凝聚成

1　《彭真文選》，第 436 頁。

型的憲法能否經受時間的歷練，並非完全取決於文本。其間的邏輯也許可以這樣表述：好的文本未必可以保證一部成文憲法歷時恆久；然而沒有好的文本，則憲法則很容易不斷與現實產生急劇摩擦，故而難以穩定。對於當年的修憲者來說，這個道理或許很難表述為純粹的法言法語和法理，但確是他們在修憲過程中的一大憂思。尤其是隨著草案文本逐步走向完善，距離提交全國人大會議審議並通過的日子越近，從現有的文獻材料來看，彭真對憲法穩定問題的論述就越多，也越直接。五屆人大五次會議是 1982 年 11 月 26 日開幕的。11 月 22 日，彭真就同《人民日報》的負責人談到憲法通過後的宣傳問題，其間指出："十億人民的中國，如果沒有一個穩定的憲法，國家一定不安定。"[1]11 月 27 日，也即在彭真長篇報告的次日，彭真出席北京市代表團的小組討論，熱烈討論的議題就是"如何保持憲法的長期穩定"。[2]談的是穩定或者如何保持穩定，擔心的當然是新憲法能不能穩定，尤其是在七五憲法、七八憲法更迭的歷史語境下，這種憂思當然不是杞人憂天，擔心憲法不穩定可以說是當時普遍且合理的心理狀態。蕭蔚雲教授當年曾以秘書處成員的身份參與憲法修改，在憲法通過當月，他在北京市的學習新憲法輔導報告中就談到："在全民討論時，不少同志提出，最怕憲法不穩定。一九七五年憲法到現在已經改了三次。我們

1　《彭真年譜》第五卷，第 163 頁。

2　《彭真年譜》第五卷，第 163、170 頁。

希望憲法在這個世紀能夠不改，能夠穩定，這是最起碼的要求。"[1] 這種新憲法出爐後的"輔導報告"中的表述，才是來自歷史現場的聲音。根據王漢斌的回憶，在憲法修改委員會舉行第二次全體會議討論草案時，程思遠委員有個"講得很好"的發言："要教育子孫後代……維護憲法尊嚴。憲法一經制定，就不要輕易修改。"[2] 提到程思遠的此次發言，當年參與秘書處工作的另一位憲法學家許崇德也留下了更詳細的記錄：程思遠的這次發言是在 1982 年 3 月 13 日，關於"維護憲法的尊嚴和穩定"，他說道，"現在，我們國家形勢大好，安定團結。這次修憲，有了三十二年正反兩方面的經驗，應該也完全有可能制定一個剛性憲法，奠定中國共產黨領導建立的中華人民共和國長治久安的基礎。"[3]

既然新憲法接續的是一段以變動為常態的憲法歷史週期，那麼新憲法要穩定，自然是合情的期盼和合理的期待，在此我們不必繼續列舉材料去論證一個合乎常理的判斷了。上文所引從彭真到憲法修改委員會再到全民討論，某種意義上也呈現出了當年修憲過程所涉及的一個縱寫剖面，由上到下都在思考新憲法的穩定問題。當然在此亦要指出，正如"新"並非是一種絕對價值，憲法應當穩定，但"穩定"也不可能是唯一的價值，一部憲法並不是越穩定越好，在現實

1　蕭蔚雲：《論憲法》，北京大學出版社 2004 年版，第 189 頁。

2　《王漢斌訪談錄：親歷新時期社會主義民主法制建設》，第 139 頁。

3　許崇德：《中華人民共和國憲法史》下卷，福建人民出版社 2005 年版，第 406 頁。

發生變化後，好的憲法也要有某種與時俱進的機制。其實對於當年的修憲者來說，展望未來他們希望"新憲法"能夠穩定下來，實現國家的長治久安；但著眼現在他們正在做的就是"全面修憲"的工作，在此意義上，他們不可能是穩定性的教條主義或原旨主義者，即便是追求憲法文本的穩定，也是要在具體的歷史階段實現某種變與不變之間的動態平衡。

2. 全面修憲中的加法和減法

不妨從最基本處開始思考，既然是修憲，即便是全面修，"修"字的語義也就規定了修憲者並不是從零開始做起，修憲當然也不是實現憲法從零到一的創制。從常規的邏輯上講，修憲所要修正的基礎文本是修憲時的現行憲法，然而八二憲法卻在譜系上直接追溯至我國第一部憲法，也即五四憲法。這聽起來當然有悖法理中的常例，但卻是當事人在具體歷史情境中所做出的判斷和選擇。從現有文獻材料可以看到，"要以一九五四年憲法為基礎"來形成憲法修改草案，可以說是彭真在接手修憲後最早作出的一個實質決定。[1]1981年7月8日，此時彭真剛剛接手修憲，前述方案就已經形成，"和小平同志談過，憲法修改要以一九五四年憲法為基礎"。回溯到五四憲法，在時間線上就是捨近求遠。之所以如此選擇，一方面當然因為五四憲法是"比較好的"，[2]另

1　《彭真年譜》第五卷，第 103 頁。

2　《彭真年譜》第五卷，第 105 頁。

一個原因則是"一九七八年憲法失之過簡"。[1]事實也的確如此,僅以條文數量來比對共和國的四部憲法,則五四憲法一共 97 條,七五憲法只有 30 條,七八憲法變為 60 條,八二憲法在 1982 年通過時有 138 條,如此對比,八二憲法相對於七八憲法是做了加法的,文本體量做了擴容,從 60 條到 138 條,也就意味著某些在此前沒有入憲的問題在此次修憲中增加了進去。這也就對應著彭真在 10 月 3 日玉泉山會議前的一次重要講話,其中提到"憲法不能太簡單,要盡可能比較完備一些"。在這個語境中,無論"不能太簡單",還是"盡可能比較完備一些",其參照系都是當時作為現行憲法的七八憲法。

八二憲法在文本上作了加法,這是將它與它所取代的七八憲法進行對比可以得出的結論。不過在此我們還可以把問題想得複雜些。我們現在所見的是 1982 年 12 月 4 日"定稿"版本的憲法,一共有 138 條,若是在進行某種"版本學"的考證,則我們所能見到最早的草案版,則是 1982 年 4 月 26 日的版本,也即經全國人大常委會同意,公佈並交付全民討論的版本,這一版草案的條文數目是 140 條。無論是 140 條的全民討論版,還是 138 條的最終通過版,對於我們來說只能呈現為一個結果,也即經過修憲過程的各種權衡、取捨和決定。什麼東西最終寫進了憲法,成為我們可

---

1 《彭真年譜》第五卷,第 107 頁。

見的白紙黑字；但什麼沒有寫進去，我們卻沒有直接的文本證據——在此意義上，我們很容易研究八二憲法中有什麼，比如對比七八和八二憲法，我們可以列舉出增加了什麼內容；卻很難研究八二憲法中沒有什麼，修憲過程中是否曾有過什麼文本建議，但卻在定案中被捨掉了，這種關於“無”的問題就很難研究。然而對於修憲者來說，取和捨實際上是文本形成的一體兩面：一方面是取，要把某些內容放到憲法中來，這是做加法；但只有“取”，憲法會無限擴容，所以同樣甚至更重要就是要捨，要決定某些內容不應放在憲法裏，這就是要做減法。八二憲法在草案形成過程中是如何做減法的？難就難在只用最終版本來比對，我們仍只知道加了什麼，而要弄清楚減去了什麼，就必須深入到修憲的全過程，要學會於無聲處進行解讀。

仍從彭真在其修憲報告裏的一句話開始看。在這份極重要的文獻中，有一處極易被忽略的細節：當彭真提到歷時四個月的全民討論時，“大量的各種類型的意見和建議”最後彙總到憲法修改委員會，“秘書處根據這些意見和建議，對草案又進行了一次修改”，“許多重要的合理的意見都得到採納”，具體規定的補充和修改“總共有近百處”；緊接著就是一個很有意思的表述，“還有一些意見，雖然是好的，但實施的條件不具備、經驗不夠成熟，或者宜於寫在其他法律和文件中，不需要寫進國家的根本大法，因而沒有寫上。”[1] 所

1　《彭真文選》，第 437 頁。

謂減法，當然就是原本曾考慮過寫上去，但最終還是"沒有寫上"。十億人民歷時四個月的有組織討論到底提出了多少意見和建議，彭真所說的"大量"到底有多少，蕭蔚雲作為秘書處工作人員曾在新憲法輔導報告中有所透露，"提出的各種意見，有的省市提了一萬多條，有的提了幾千條。報到憲法修改委員會秘書處的材料很多，有好幾大堆。同時還收到兩千多封來信，也提出了很多意見。"[1] 成千上萬大概只是形容意見建議之多，當然可以想見，這種格式的文本不可能直接轉化為修改方案，一定要經過去粗取精、去偽存真的處理，才可能交到修憲的文本案頭。按彭真的說法，其中有些意見融入草案，在具體規定的層面形成修改近百處，但還有一些意見，"雖然是好的"，但最終還是"沒有寫上"，在彭真的這個表述中，隱藏著一個非常明確的區分，也即"好的"意見和宜寫進憲法的意見。若某個意見是不好的，則當然不能寫進憲法，但某些意見是好的，也未必就意味著必須或應當寫進憲法。當然如何定義"好"，同時如何區分宜於或不宜於入憲，彭真在此處未加闡釋，但至少在"好的"和"寫進憲法的"之間的區分是很清楚的。這也就意味著彭真及其所代表的憲法修改委員會對憲法的理解，就是作為國家的根本大法，它不可能是一種雜燴，不能是好的意見就請到憲法文本裏來，這種只取不捨的態度就會造成新憲法自身成

1　蕭蔚雲：《論憲法》，第 188-189 頁。

為不可承受之重。當然，減法不可能憑空做出，它必定表現為對某種修憲意見的回應和處理，那麼繼續追蹤這個問題，我們尚需找到區分宜寫入或不宜寫入的標準——有沒有這個標準，以及當年修憲者對這個標準是怎麼表述的。

3. "定" 字何意？以《彭真年譜》為中心的探討

在彭真公開出版的文選中，以憲法修改為主題的文章收入不多，除了 1982 年 11 月 26 日報告之外，僅有兩篇，分別是在 1982 年 4 月 22 日和同年 5 月 4 日的講話，前一篇題名為《關於中華人民共和國憲法修改草案的說明》，後一篇為《認真組織全國各族人民討論憲法修改草案》。[1] 為何修憲如此重大的事情，也是彭真在當時傾注全力的工作，最後收入文選的篇目卻如此之少？一個可能的解釋是 11 月 26 日的報告構成了對修憲全過程以及成果的系統且權威的闡釋，這一篇在相當程度上可以涵蓋此前在不同階段的相關論述了，且此篇在定稿前也曾分送中央主要領導審閱，[2] 在此意義上，彭真雖然是這一報告的作者，但作為理解八二憲法的關鍵文獻，其權威在政治意義上仍來自憲法修改委員會以及中共中央。對於我們研究者來說，彭真的這個報告起草於憲法修改草案完成之際，其敘事基調必定是向前看的，主要

1　在這裏我所檢索的是彭真公開出版的三本文選，也即《彭真文選》、《論新時期的社會主義民主與法制建設》（中央文獻出版社 1989 年版）、《論新中國的政法工作》（中央文獻出版社 1992 年版）。

2　參見《彭真年譜》第五卷，第 163 頁。

是分六個方面來談"草案的基本內容",相較之下,對草案的形成過程以及文本策略論述並不多。也許我們可以認為,這個文獻對於理解八二憲法而言,其價值是經學而非史學意義上的。如要梳理彭真在草案形成時的相關論述,我們必須回到他的年譜,輔之以官方傳記以及修憲親歷者的回憶或記錄。如果同文選的文本相比,年譜會顯得零散,有時需要我們從隻言片語中構想出一個整體。在這裏,我們從 1981 年 10 月 3 日這一天進入彭真關於修憲的思想世界。此時距離彭真接手修憲已經過去三個月,再過兩天就要開始至關重要的玉泉山草案攻堅,"把'門市'擺脱,集中精力修改憲法"。[1] 雖然我們看不到 10 月 3 日彭真講話的全文,但年譜和傳記都對這篇講話有詳細的轉述,《彭真傳》對當日講話還有一個評價,"彭真發表了長篇講話。這是他接手修改憲法的工作以來,瞭解各方面情況,看到、聽到各種不同意見後,第一次系統地發表自己對修憲工作的意見。"[2] 很顯然,這次長篇講話及其所包含的系統意見,就是接下來玉泉山集中後修憲工作的指導,考慮到八二憲法在草案階段的第一個完整初稿就完成於玉泉山,則彭真這篇講話自然也對憲法文本有著舉足輕重的影響。

根據《彭真年譜》,10 月 3 日的講話主要內容有四點,要點摘錄如下:(一)修改憲法,要從中國的實際情況出發。

---

1 《彭真傳》第四卷,第 1445 頁。
2 《彭真傳》第四卷,第 1445 頁。

（二）憲法要有穩定性，規定了是要執行的，只能寫現在能定下來的、最根本最需要的東西。憲法不能太簡單，要盡可能比較完備一些。（三）先考慮內容，內容定了，再仔細斟酌文字，文要稱意，意要稱實。[1]（四）我們約定，不管誰說的話，又算數又不算數，對的算數，不對的不算數，最後要經過憲法修改委員會修改，全國人大會議通過才算數。[2]

上述四點是對年譜當日所述按一級標題的抄錄，在此我們主要關注第二點"憲法要有穩定性"。分析彭真關於穩定性的要點闡釋，矛盾就浮現在表面：為了新憲法的穩定，一方面要做加法，"盡可能比較完備一些"，另一方面則是要做減法，"只能寫現在能定下來的、最根本最需要的東西"，所謂的矛盾就是前者指向體量更大的草案，後者顯然要求精簡。然而一部草案在形成時如何既做加法又做減法，其間的矛盾如何化解？大概就需要我們補全年譜編者為求簡練而省略的參照系。如前所述，"完備一些"的加法，是相對於當時現行的"失之過簡"的七八憲法來說的；而"只能寫……"的減法，則是相對於來自方方面面的修憲意見和建議而言的。修憲如此大事，我們當然可以想像四面八方送達修憲者案頭的意見，其中有些可以輕易排除，但很多必定是可以寫（也可以不寫）的，"只能寫……"大概應當沿著

1　在這個部分，彭真又提出了六個主要問題，也即當時修憲在文本形成上所要解決的實體問題，在此不轉述，參見《彭真年譜》第五卷，第 116 頁。

2　《彭真年譜》第五卷，第 116 頁。

這個邏輯來理解，可以寫也可以不寫的，那就不要寫，因此"只能寫⋯⋯"那些必須要寫、不寫不可以的內容。簡言之，最終寫入憲法的就是那些必須寫、不寫不行的，如此起草的憲法文本當然就是減一字而不可的。那麼哪些是只能寫也即必須寫的呢？根據彭真這裏的表述，就是"現在能定下來的、最根本最需要的東西"，而《彭真傳》在記錄這次講話時，比年譜又多說了一句，"彭真說：用憲法的形式，把全黨和全國人民基本一致的東西定型化，正確地表達出來，向憲法修改委員會提出一個大體可以用的初稿，不是一件容易的事。要準備反覆討論，多次修改。"[1] 揣摩彭真的這句話，有助於我們體察修憲者的處境，他們所要制定的憲法是一個"形式"，他們要決定什麼必須／什麼可以／什麼不能往裏放，也即在草案形成階段，他們面臨著諸多可能，也有一定程度的裁量權，憲法要在他們手裏凝結成型，然而一旦寫入憲法且憲法生效，那麼憲法這個形式裏的內容也就定型化。打個比方，成文憲法這個形式就好像一個"容器"，原本無形無狀的內容會因為裝進容器內而獲得了自己的形狀。那麼現在的問題就是什麼必須放進這個容器裏？彭真的標準就是"現在能定下來的、最根本最需要的東西"。事實上，"最根本最需要"原本就是題中應有之義，則關鍵就在"現在能定下來的"。歸納以上的推論，就是為了"新憲法"的

1　《彭真傳》第四卷，第 1446 頁。

穩定，修改草案只寫現在能定下來的東西。大約一年後，也就是全民討論階段過後，應當是面對著各方面湧來的意見和建議，彭真也說過："到了這個時候，修改憲法採取什麼態度？一句話：定。"[1] 這個不止一次出現的"定"字應作何解呢？在這裏，基本的方法不是"我注六經"，而是"六經注我"，具體而言就是我們可以用彭真的闡釋來界定他所強調的"定"，在理解"定"字時，彭真本人的言與行當然是直接且權威的證據。下文是一個表格樣板的陳列，根據《彭真年譜》的記載，我們找到彭真所論中與"定"有關聯的內容，並標示出日期。需要指出，彭真的論述當然並不是為了給"定"字下嚴格的定義，但把這些論述一一擺出來後，則可見與"定"相關或相通的表述從始至終，構成彭真階段指導草案形成的基本策略。

表 4　彭真論憲法文本形成中的"定"

1981 年	
7 月 15 日	可以大改，但可改可不改的，不改；改了可能會引起問題的，不改。規定戰略問題，宜粗不宜細。
7 月 18 日	憲法是根本法，在綱不在目，在要不在繁，不搞不必要的創新。實踐經驗包括正反兩方面，成熟的用法律形式定型化。注意不要引起不必要的爭論。
7 月 21 日	憲法是根本法，必須穩定，除非常必要的，不要輕易修改。憲法要規定根本的東西，在綱不在目，在要不在繁，不寫枝節的問題。

1　《彭真傳》第四卷，第 1475 頁。

8月8日	現在黨內意見有些分歧，是好現象，不要怕問題。同時，不要把黨內爭論放到憲法裏，憲法只寫已經證明的東西。
9月18日	經濟方面問題不少，要瞭解在一些根本性問題上的不同意見。強調起草時，只寫那些成熟的、定下來的東西；還在實驗的東西，最必要的，看得準的，行得通的可以寫，看不準的不寫。
10月3日	憲法要有穩定性，規定了是要執行的，只能寫現在能定下來的、最根本最需要的東西。
1982年	
3月16日	大家提了很多、很好的意見，要很好地考慮。有的意見要直接吸收，有的可以間接吸收。
3月24日、26日	憲法是規定國家根本性問題。要從中國的實際出發，要能經得起實踐的檢驗。
3月29日、30日	修改憲法要從中國實際出發，而且說了就要做到。隨著形勢的發展，要盡可能經得起實踐的檢驗。
5月4日	討論要抓住主要問題……主要問題意見一致了，次要和枝節問題就好辦了。討論中，切不要被次要的、枝節的問題所干擾、糾纏，轉移了目標，轉移了重點。討論中會有各種不同意見，我們要用事實去說話，要有理有據，以理服人。
9月上旬、中旬	討論中也提出不少修改意見，我們要加以認真研究，凡是能夠吸收的，都要盡量吸收。 （在談到有的要求增加內容，有的希望簡化內容的問題時說，）要保持和突出憲法的根本法性質，力求保持它的穩定性。根本的、原則的問題要保留，還可適當補充，非根本的、原則的問題可移到或補充到其他法律中規定。憲法只確定成熟的、確定無疑的，國家或全國人民必須執行的；不成熟的，有爭議尚難作結論的不寫。

9 月 29 日、30 日	憲法是根本法，只解決根本問題，只解決全體人民（包括政府）必須共同遵守的根本問題，在全民討論中提出的不屬於這個範圍的意見，可以寫入其他相關的法律中去。
9 月 30 日	凡是重要問題，在黨內有關各方面負責同志還不能基本取得一致意見時，就不能寫進憲法。
11 月 22 日	十億人民的中國，如果沒有一個穩定的憲法，國家一定不安定。
11 月 26 日	它將成為我國新的歷史時期治國安邦的總章程。憲法的權威關係到政治的安定和國家的命運。
11 月 27 日	憲法能不能穩定，取決於憲法是否正確、完備，正確了、完備了，就一定更有威力。廣大人民群眾理解得越充分，掌握好這個武器，憲法的長期穩定性就更有保證。

　　以上表格簡單明瞭，時間跨度從彭真接手修憲當月一直到憲法通過的前一週，所列內容全部摘自《彭真年譜》，未作任何文字編輯處理。[1] 大致以 1981 年 12 月為分界點，我們可以把表格時間分成兩個階段：第一段是 1981 年的下半年，憲法修改的任務此時在於拿出一部能送審、能公佈、能討論的草案版本，主要工作是由秘書處承擔的；而進入 1982 年後，則是草案初稿完成後的各種程序，介入的主體就更高級也更多元。繼續用寫學位論文的比喻來說，憲法修改草案最後的通過當然就是答辯成功，那麼 1981 年下半年就好比在開題後的初稿寫作，而 1982 年就進入了初稿完成

1　《彭真年譜》第五卷，第 106-170 頁。具體頁碼可根據日期進行定位。

後的導師閱讀、匿名外審、預答辯等一系列程序。我們先看"寫作初稿"的階段，1981 年下半年，彭真好像論文導師，不斷地給草案工作班子提出指導意見。彭真所強調的，首先是憲法是根本法，"在綱不在目，在要不在繁"，"宜粗不宜細"——規定太細了，太糾纏於枝節問題，自然難免要因應形勢變化而作修改，所以有損穩定；其次，就是對"定"的釋意，正面的界定就是"憲法只寫已經證明的東西"，"只寫那些成熟的、定下來的東西"，"只能寫現在能定下來的……東西"，而反面的界定就是"不搞不必要的創新"，"注意不要引起不必要的爭論"，"不要把黨內爭論放到憲法裏"，"看不準的不寫"，如此歸納"只寫"和"不寫"的對比，"定"字的涵義也就清晰可見了。作為指導憲法草案形成的"定"字方針，它並不是法律解釋意義上的文本確定，消除模棱兩可的語義模糊，而是要排除爭論，也即彭真所說的，黨內有爭論是好事，但爭議不能寫進憲法裏，這時的"定"是成熟的而非實驗的，已經證明的而非尚有爭論的。如此用"定"的標準來約束入憲事項，其用意仍是要確保憲法的穩定性，以防實踐在未來所證明的方案與憲法在當前的選擇有所衝突。

1982 年下半年，特別是四個月的全民討論結束後，彭真作為修憲負責人面臨一個問題，即如何處理討論中所提出的大量意見？"有的要求增加內容，有的希望簡化內容"，翻譯一下就是前者是要做加法，後者是要減法。而彭真在此時仍延續了此前的標準，用這個標準來辨別出那些雖然好但卻不宜寫進憲法的意見，也就是"憲法只確定成熟的、確定無疑的"，反過來"不成熟的，有爭議尚難作結論的不寫"。在此意義上，"確定無疑"大致是彭真"定"字的一個執行標準，好像刑法要疑罪從無，定罪要超越合理懷疑，那麼"確定無疑"也就是疑事不寫，只寫沒有疑問已經證明的東西。憲法只把成熟的東西確定下來，一方面有助於憲法本身的穩定性，另一方面也為理解八二憲法及其相關規定提供了一個新的角度。根據《彭真傳》記述，1982 年 11 月 11 日，此時修憲工作已進入尾聲，憲法修改委員會第四次會議剛結束，彭真就曾説過："凡是有懷疑、沒有把握的就不寫，勾去十條沒有什麼了不起；除非十分必要和非加不可的，也一律不加。只有十多天功夫了，臨時加上去，沒有好好考慮，會出毛病。"[1] 這句話説得非常生動，個別表述更像是領導人講話的修辭，未必非要咬文嚼字地理解，歸根到底仍是要表達憲法要簡約，文本要審慎，疑事不寫。

假設我們是當年的修憲者，憲法的概念對我們而言可不是一部實施近四十年的好憲法，而是一個草案仍在形成中、故而高度可塑的"東西"。彭真曾説過，草案工作要"先考慮內容，內容定了，再仔細斟酌文字，文要稱意，意要稱實"，這裏區分了憲法文本的三層，由表及裏分別是"文"、

1　《彭真傳》第四卷，第 1477-1479 頁。

"意"和"實"。在一部憲法通過後,學者的思考往往要在"意"和"文"之間展開,憲法解釋就是要"格文致意",很少且在大多情況下也無需下探到"實"這一層;然而在憲法文本的形成過程,"意"與"實"的匹配卻是更重要的。如此說來,解釋憲法要以寫在憲法裏的文字為依據,起草一部憲法卻有相當大的自由度——當然,自由並不等於放任,反而意味著更大的責任,如彭真所言,修改憲法"不能主觀,不能疏忽,不能粗心大意,不能自以為是"。[1]在起草一部法律時,立法者主要解決的是"實"和"意"的關係,此時文本尚且不存在,仍是一個高度可塑的"東西"。自由就意味著選擇或決策,他們必須決定哪些是必須寫的,哪些是不能寫的,哪些是可以寫(也可以不寫)的;關於要寫的,他們必須決定怎麼寫,哪些要寫得"堂堂正正、理直氣壯",[2]哪些要"宜粗不宜細"、"在要不在繁"。可以想見,當年修憲者在草案形成階段一定要回答這些問題,這些問題不作答,最終的文本也出不來,而我們所見到的憲法很大程度上取決於修憲者對這些問題的作答。但對於後來的研究者來說,我們面對的是一部穩定已久的憲法,所能看到的也就限定在最終的結果上,也就是說我們大概只能在一個單薄的平面上做文章,無法打開現行憲法的"史前史",難以重返歷

1　《彭真年譜》第五卷,第 128 頁。

2　彭真曾反覆多次提到要"理直氣壯地寫上'四個堅持'",也即四項基本原則,可參見《彭真年譜》第五卷,第 112-123 頁。

史的行程去理解一部正在生成的憲法的高度可塑，我們的思維因此被凍結了。在此意義上，越是接近八二憲法誕生的開端，也就越能理解其文本形成時的問題和策略。蕭蔚雲先生的《我國現行憲法的誕生》出版於 1986 年，書中講到"怎樣才能保持憲法的穩定性"時，蕭先生列舉了六點"主要作法"，在本篇語境中，蕭先生的論述不僅有其完備的體系，也閃爍著歷史親歷者的某種理論自覺。以下用表格的形式轉錄蕭先生的六點論述。

表 5 蕭蔚雲論保持憲法穩定性的文本策略 [1]

內容	寫入文本的作法	例子
關於多年行之有效、有經驗的而又必須規定的內容	寫入憲法	人民民主專政、民主集中制、人民代表大會制
在經過充分研究和調查的基礎上，有些問題也積累了一些經驗，但還需要進一步探索，而為憲法所必須規定以符合將來的發展的	憲法也作出了規定	國家舉辦各種學校，普及初等義務教育
正在發展中的一些制度和事物，需要規定而又難於作出很具體的規定的	作比較靈活的規定	關於農村集體經濟組織的形式
有些問題和事項憲法應當作規定，而又不宜作太具體規定的	只作籠統的規定	關於全國人大常委會的副委員長和委員……規定了"若干人"

1　蕭蔚雲：《我國現行憲法的誕生》，北京大學出版社 1986 年版，第 18-20 頁。

有些問題，顯然經常在變動中，憲法也不必作具體規定的	不列入憲法	國務院包括哪些部、委，憲法未作規定
正在試驗階段的制度、政策和方法，一時尚難有定論的	不寫入憲法	如何具體劃分中央和地方的國家機構的職權

　　按表格第二列的呈現，蕭先生區分的六種作法一目了然，分別是（1）寫入憲法；（2）憲法也作出了規定；（3）作比較靈活的規定；（4）只作籠統的規定；（5）不列入憲法；（6）不寫入憲法。當然，這六種方法能否再形成若干大類，"靈活"或"籠統"是什麼意思，"不列入"和"不寫入"之間有何區別，如此提問，並非咬文嚼字。老一輩憲法學者在親歷修憲後的著述，原本就是我們應當自覺去接續的學術傳統，只是這種"接續"並非是泛泛而談就能實現，而是要完成對學術傳統的再發現，這就要求我們把學術的論述放回到修憲歷史的語境中。做不到這一點，我們未必就能讀懂那個八二憲法之為新的歷史時期的著述。

　　回到"定"與憲法穩定性的關聯，最後不妨用一個例子來結束本部分的討論。八二憲法創制於改革開放歷史階段的初期，經濟特區作為改革開放的"窗口"可追溯至1979年4月，鄧小平著名的"殺出一條血路來"即為當時所講，1980年"經濟特區"正式得名。[1] 在這一歷史線索中，現行憲

1　《鄧小平年譜》（一九七五——一九九七），第510頁。

法於 1982 年 12 月 4 日通過時，經濟特區的法律建制已經存在，[1] 且自啟動之初就是改革開放的關鍵一步。然而問題在於，我們翻遍八二憲法，也找不到關於經濟特區的一個字，經濟特區並未入憲，1982 年的憲法對 1979 年開啟的經濟特區未置一詞。與之形成對比的是與深圳僅一河之隔的香港，八二憲法通過時，香港回歸的問題剛剛提上議程，中英雙方才坐下來開始談判，此時距離《中英聯合聲明》在 1984 年末的簽署還有兩年多的時間，然而八二憲法卻在總綱部分用第三十一條專門規定了"特別行政區"制度。為什麼作為現實的經濟特區未入憲，反而是作為構想的特別行政區卻寫入了憲法總綱？答案只可能在於有沒有"定"。八二憲法通過時，經濟特區雖然存在，也有合法地位，但仍只是試驗的窗口，只有等到鄧小平在 1984 年春節為深圳題詞，"深圳的發展和經驗證明，我們建立經濟特區的政策是正確的"，經濟特區才最終得到政治意義上的"定"。如此展開時間線，就可以理解為什麼現行憲法作為改革開放年代的根本法卻未提到經濟特區，就是因為經濟特區在 1982 年時仍屬於黨內有爭議的實驗，而任何東西寫進憲法就意味著"定型化"，那麼就可以想見一種狀況，新憲法已經成型，然而改革和開

1　在 1980 年 8 月 21 日的五屆全國人大第十五次會議上，時任國家進出口管理委員會、國家外國投資管理委員會副主任兼秘書長的江澤民同志受國務院委託，就廣東福建兩省設置經濟特區和《廣東省經濟特區條例》作說明，該說明文本收入《江澤民文選》，為三卷本的第一篇，參見江澤民：《江澤民文選》第一卷，人民出版社 2006 年版，第 1-4 頁。

放卻是日新月異的，文本和現實之間一旦出現摩擦，就是成文憲法的不穩定因素。以"定"字來限定新憲法的內容，就意味著憲法相對於當下以及未來而言是有所為有所不為的，疑事不寫的策略必定會形成一部簡約的憲法，一方面在確定的問題上有所為，另一方面就是在尚有爭議的問題上有所不為。這樣一來，改革開放的歷史行程也許不斷形成新現實，但憲法文本卻有前所未有的包容度，而憲法的穩定性也從一開始就內生於這個文本結構之中。歷史的後續發展也證明了這一點，八二憲法是由五屆全國人大最後一次會議通過的，自 1983 年就開啟彭真任委員長的六屆全國人大任期。在此指出一個基本事實，六屆人大在其五年任期內沒有修改過憲法，眾所周知，現行憲法的第一次修改發生在 1988 年 4 月 12 日，形成修正案兩條，由七屆全國人大第一次會議通過。此前研究現行憲法的歷次修改時，我們往往習慣於從第一次修憲開始談。然而向前追溯從現行憲法通過到其第一次修改的五年間，在這個憲法尚且為新的階段，彭真主持的六屆全國人大以非常隱蔽的方式加強了新憲法的穩定性。之所以說隱蔽，是因為此時最大的作為就是沒有修憲。新憲法在五年沒有改動，這在今天看來是常規，是憲法原理的一次顯現，然而在歷史行程中卻是新的氣象，謹始以正開端，彭真於無聲處培育了新憲法的品格。[1] 要講述新憲法階段的穩定性問題，就要求我們把五屆和六屆全國人大連續起來，由此貫通八二憲法的起草和作為新憲法的實施，從憲法沒有修改的"無"中提出問題。當然這已經是另一篇文章才能展開討論的題目了。

| 四 |

"歷史"：中國憲法研究的祖國大地

在構造"新"的延續性這個命題下，本章由兩個主要部分構成：首先探討通過全面修憲以"立新"的問題，進而思考"新憲法"何以穩定的問題。在這兩個問題所構成的板塊內，基於我們可見的歷史材料，前文又依次提出若干問題，問題從材料中來，答案也從材料中來。如彭真講修憲"不能自以為是"，本章也從實際出發，最大的實際當然就是修憲過程的材料以及歷史。理解八二憲法之誕生，可以先設想一段時間軸線，從 1980 年 9 月起至 1982 年 12 月止，前端是五屆人大三次會議決議全面修憲，末端則是憲法修改草案

1　當然，1988 年修憲的基本程序是由中共中央在 2 月 28 日將修憲建議提交至六屆全國人大常委會，六屆人大常委會第二十五次會議在 3 月 12 日討論了中共中央的修憲建議，依照憲法第六十四條的規定，提交七屆人大第一次會議審議，具體可參見《中華人民共和國制憲修憲重要文獻資料選編》，第 118-131 頁。

在五屆人大五次會議上得到通過，但這段通過全面修憲而成就八二憲法的過程並不是前無歷史、後無將來的，在共和國的歷史上，我們可以就這一單元講述一段以修憲為主題的故事，但它必定又內在於更縱深也更寬廣的一段時空情境內。八二憲法開創了屬於它自己的歷史紀元，"未來"迄今已接近四十年，其歷史意義自不待言；而八二憲法作為共和國第四部憲法，誕生於改革開放歷史階段的初期，無論"立新"還是"連續性"的構造，其政治前提都在於撥亂反正後的新路打開。在此意義上，本篇關注的是全面修憲的兩年半，但視野卻安放在從 1978 年至 1988 年的十年，從 1978 年 12 月的十一屆三中全會開始，到 1988 年 4 月七屆人大第一次會議對八二憲法的修改而結束。本章在這種新的歷史視野內重新講述了八二憲法誕生的過程，提出了若干屬於四十年後才能提出的學理問題，而這段憲法修改的歷史，當然也是嵌入在共和國歷史的起承轉合之中的，是"改革開放史"的一部分。

必須承認，關於八二憲法的誕生過程，從前"簡史"加"概論"的方法忽略了很多問題，本章的重新講述也因此有其必要和可能。沉浸在近年來出版的大量官方材料中，我們就有了超越"簡史"筆法的本土資源。在此意義上，這段歷史過程以及相應的支撐史料，就是中國憲法研究者要寫作於其上的祖國大地。面對著這些材料，要讓原本的簡史複雜起來，方法是要讓材料自己來說話，認真對待歷史當事人的言與行，在局部和細節中看到整體，善於發現不尋常的地方或者此前被遺忘的角落，甚至是要於無聲處聽到隱藏的旋律。公允地說，"簡史"的敘事既有自身合理性，當然也難免局限，本章所標籤的"再論"，就是希望能展示出這段歷史的複雜之處，而以上所提出的若干問題也是為了這一目的，故而最重要的不是給這些問題找到正確的答案，而是提出問題這個動作本身。"簡史"所要清理的混沌、糾結和反覆，也正是本章希望帶回來的。

關於這段歷史，憲法學界總有一種誤解，認為親歷修憲的先生們已經知無不言言無不盡了，甚至把他們的著述直接當作歷史本身，只有感歎再無題目可做。這種觀點不能說錯，以許崇德先生晚年出版的《中華人民共和國憲法史》（以下簡稱《憲法史》）為例，其學術價值可以說是怎麼評價都不為過，如果沒有許先生留下的"歷史"，八二憲法起草過程中的很多材料都是我們看不到的。然而我們也不能就此認為先生的著作已經讓後來學者無事可做了，事實上，如果我們對照《彭真年譜》和許先生的《憲法史》，按彭真的官方材料，1981 年下半年是憲法修改草案形成的關鍵階段，然而許先生在寫作《憲法史》時卻對這六個月沒做任何記錄，一片空白。[1] 如許先生對憲法的深情告白，後來人只有"洞悉

---

1 為何留下如此重大的空白？很難推測出具體原因。但許先生《憲法史》初版於 2003 年版，而《彭真年譜》和《彭真傳》是在 2012 年出版的，這也就意味著許先生寫作時是沒有這些權威材料備查的。構成許先生主要信息來源的，應當是他當年在秘書處留下的工作記錄以及回憶，這是一個在邏輯上比較合理的原因。

史情，瞭解今日憲法與憲政之所由來"，才能形成對我國憲法的"熱愛"。[1] 讀史至此，我們沒有理由在前輩先生的著述上躺平，對他們真正的致敬在於延續他們的精神，繼續研究憲法史，而不能得其形而忘其神。他們的獨家資料是參與修憲而留下的工作記錄，但我們則可以站在他們的肩膀上，以彭真的年譜和傳記為代表的官方史料，則是他們在著書立說時無法備案參考的。

歷史從來都是紛繁複雜的，如果只是從中尋找隻言片語，用來支持我們頭腦中固有的觀念，這是一種蹩腳的方法。真正有意義的是反其道行之，把材料連貫起來，打開進入修憲者思想世界的門徑，由此拷問我們寫在學科書本上的概念和學說。當然，相對於真實歷史，史料注定是不完備的，但在研究八二憲法的誕生及其四十年的歷史時，與其用材料不足來掩飾我們的偏見和無知，不如有幾分材料說幾分話，而且千萬不要以為關於現行憲法的原始文獻只有彭真就憲法修改草案所作的報告，至少本章腳注就可以呈現出一個關於八二憲法起草文獻的"書架"，上面分門別類擺放著各種類型的材料。任何歷史學的研究都無法先行做到材料的窮盡，即便我們看到的只是文獻冰山的一角，那麼這一角的展示也是有意義的推進。事實上，以本篇寫作為例，我多數時候感到的並不是材料太少，而是太多，最難的不是取，而

1　許崇德：《中華人民共和國憲法史》上卷，第 2 頁。

是捨 —— 就像當年彭真主持修憲一樣，意見從四面八方湧來，但要秉持 "只能寫……" 的策略。最後也要承認，材料確實總有窮盡時，在構築整體的拼圖時，我們經常會遇到某個版塊的缺失，在這個單元環節無法繞開時，就要求我們基於全部已知對 "空白" 進行腦補，即便小心翼翼，也難免會出錯，或許未來公開的材料會證明我們某處推斷並不準確，就好像歷史研究中出土材料證偽了傳世文獻。關於這種風險，我的辯護意見是，只要展示出小心求證的過程，犯錯又有何妨呢？就學術研究而言，不斷以各種姿勢重複絕對正確的理念並沒有什麼意義，與其像個複讀機那樣一遍遍地重複所謂 "普世" 真理，不如進入歷史，敢於提出未來有可能被推翻的論述。"不管誰說的話，又算數又不算數，對的算數，不對的不算數"，要 "暢所欲言，知無不言"，[1] 這是彭真1981 年 10 月在玉泉山集中前對修憲工作的指導。四十年後，當我們對中國現行憲法的誕生進行追根溯源的研究時，重溫這種精神以開展我們的工作，也許正當其時。

1　《彭真年譜》第五卷，第 116 頁。

叁

湧現

中國憲制的「反定型化」戰略

合理的必然為自己開闢道路。

———
李灝，曾任中共深圳市委書記

中國憲法學長期以來不斷自我重複著一種迷思，中國有憲法卻無憲制。這一迷思之所以具有學術市場，主要原因在於我們並未確立一套行之有效的憲法審查制度，我們的“八二憲法”未能像美國或德國憲法那樣被“司法化”，因此不是一部“活”憲法，未能“動”起來。這讓憲法學者自我想像為難為無米之炊的巧婦，一邊時刻準備著構建一種一般將來時態的憲法學，一邊等待戈多式地憧憬著一種據説終會降臨的“憲法時刻”。本章的出發點是反其道而行之的，在我看來，中國與其説是沒有憲制，不如説是沒有自己的憲法理論。假如憲法學者帶著外國憲法學的理論西洋鏡觀察中國的憲制實踐，那麼他們注定是“看不見”中國憲制的。

　　“一個民族的生活創造它的法制，而法學家創造的僅僅是關於法制的理論”，[1] 但中國憲法學者近年的工作卻是角色錯位的，他們更願意把自己想像為現狀的批判者、法制的革命者或靈魂深處的工程師。但在這個大眾民主的時代，知識

1　蘇力：《法治及其本土資源（修訂版）》，中國政法大學出版社 2004 年版，第304 頁。

可以改變命運，但卻不能帶來權力，也不意味著德性。憲法學者只是憲法的研究者，他們能講述馬伯里訴麥迪遜的故事，研讀過德沃金、波斯納或阿列克西的著作，發表過憲法如何解釋的論文，但僅此並不能賦予學者進行憲法決策的權力或做出憲法判斷的能力。在此意義上，中國憲法學者所要做的與其說是要改造我們的憲法，不如說是反求諸己——改造自己的憲法觀，思考如何將中國的憲制實踐理論化。本章即是在"重新發現中國憲法"[1]的理論自覺下所進行的一次學術探索，它旨在總體性地、結構性地把握中國憲制實踐的模式。借用蘇力教授多年前在司法化高峰期所提出的一個論斷，"每個相對長期存在的國家，不論其結構組合和治理是否為你我所欲，都必定有其內在結構和相應權力配置，都有其制度邏輯，這就是我要研究的實在憲法"，[2]那麼本章所要做的就是研究中國政制的內在結構組合及其制度邏輯。

"差序格局"、反定型化、未完全理論化合意，依次構成本章三個關鍵詞。應予說明的是，這三個概念均非此時此地的原創，而是分別取自於費孝通的《鄉土中國》、諾齊克的《無政府、國家與烏托邦》和桑斯坦的《法律推理與政治

1　關於"重新發現中國憲法"的必要性和可行性的一個論證，可參見田雷：《重新發現憲法》，載強世功主編：《政治與法律評論（2010 年卷）》，北京大學出版社2010 年版。

2　蘇力：《當代中國的中央與地方分權——重讀毛澤東〈論十大關係〉第五節》，載《中國社會科學》2004 年第 2 期，第 53 頁。

衝突》。[1] 就原初出處而言，這三個概念是風馬牛不相及的，但它們在我看來共享著極豐富的空間結構感，只要進行簡單的"創造性轉換"，就可以非常直觀地組織起我們在中國憲法問題上所具有的一些常識性認知，從而建構起一種"中國憲制模式"。需要特別指出的是，我在這裏借用的是這三個概念本身的論證結構，而不是進行近年來常見於憲法學論述的"美國憲法及其對中國的啟示"的作文。在此意義上，本章要求一種基於政治空間的思維和想像，因此要求憲法研究者暫時放鬆他們作為"文字腦"的左腦，啟動作為"圖像腦"的右腦，以進入由這三個概念所塑造的更感性也更直觀的空間性意涵和構造。[2]

作者有自己的理論追求，在寫作過程中反覆追問的是"什麼是你的貢獻"；但一篇文章不可能解決所有問題，它只能解決它所提出的問題，本章充其量是中國憲制模式的一種論綱。首先要強調"一種"，因為中國作為一個共同體是"遼闊博大"和"包羅萬象"的，也因為任何理論化的工作都必然是對現實世界的"去粗取精"和"去偽存真"，我並不認

1　費孝通先生的《鄉土中國》市面上流行著多種版本，我所用的是費孝通：《鄉土中國‧生育制度‧鄉土重建》，商務印書館 2011 年版。另外兩本書則為 Robert Nozick, *Anarchy, State, and Utopia*, Basic Books, 1977；Cass Sunstein, *Legal Reasoning and Political Conflict*, Oxford University Press, 1996。

2　這裏所說的"右腦"的憲法學，可參見勞倫斯‧卻伯的一個說明，"我所特有的用'右腦'思考法律材料的方法"，"運用可視的視覺材料來描述在美國憲法內看不見的物質"，參見〔美〕勞倫斯‧卻伯：《看不見的憲法》，田雷譯，法律出版社 2011 年版，第 143 頁。

為本章三個關鍵概念所建構起來的中國憲制結構可以覆蓋中國憲制的方方面面，但重要的是，這個三合一的概念組合至少指向了我所感知的中國憲制的主要矛盾。其次應強調本章只是一種"論綱"，它的主要努力只是在於給出一種開放性的結構，展示一種至少在我看來仍需努力的學術路徑，提供一種可想像的學術討論空間。事實上，我從未奢望本篇的論證可以說服每一位讀者，在一個健康的學術市場內，憲法學的研究者有時不得不面對"道不同，不相為謀"的立場和方法選擇問題，更戲謔地說一句，那就是"至於你們信不信，反正我信了"。

｜　一　｜

中國政治空間的"差序格局"

中國是一個超大型的政治文化共同體。作為一個大國，中國有著全世界最多的人口，十四億的總數已經超過了歐洲、中北美洲、非洲和大洋洲的人口總和；就疆域而論，中國有九百六十萬平方公里的國土，僅次於俄羅斯和加拿大，與美國大致持平；在民族問題上，中國有漢族與五十五個少數民族，各民族的分佈呈現出"大雜居、小聚居"的格局；就社會經濟發展程度而論，各個地區之間的發展很不平衡。以上不僅是國情教育的最基本事實，也是"八二憲法"所面對的現實格局。

法學理論的思考與法制建設的探索不可能脫離一個國家的基本國情，正因此，中國是一個複雜多元的超大型政治共同體，這一命題應當像孫悟空的緊箍咒一樣時刻規定著學者的思考。但我們的現狀卻並非如此，法學者看起來在中西古今之間自由穿梭，早已忘記了此命題對中國論述所具有的無處不在的約束力。蘇力教授曾為這一病態現狀歸納出兩點原因，首先是此命題"不是法言法語"，其次是"柏拉圖或霍姆斯從來沒說過"。[1] 我在這裏再加上第三點，即憲法學者還未能將這一國家學說或國情論述轉變為一種憲法學理的表述。相應地，本節希望完成三重任務，首先是用憲法的語言來闡釋本命題，將其法言法語化；其次是從經典以及當代的中國論述中重新發現本命題；最後也最重要的是，借用費孝通的差序格局的概念，概括中國政治空間所具有的複雜、多元、差異的結構性特徵。

1.“差序格局”命題的提出：法言法語的表述

“差序格局”如要得以提出，憲法理論首先應當走出在國家結構形式上由單一制和聯邦制所設置的認識論誤區。首先，中國憲法學的通說認定中華人民共和國是一個單一制的

1　參見蘇力：《崇山峻嶺中的中國法治──從電影〈馬背上的法庭〉透視》，載《清華法學》2008 年第 3 期，第 8 頁。

國家，主張單一制乃是中國憲法的一項基本原則。[1]但問題在於，"八二憲法"並未在文本內規定單一制的基本原則，而學者們所給出的教科書體例的論證實際上理論化程度並不高，憲法序言中出現"統一的多民族國家"並不能成為單一制中國的直接理據。近年來，憲法學以及相關學科在中央與地方關係上的論述開始挑戰中國作為單一制國家的通說。在對單一制學說進行修正之時，學者的常見策略就是為單一制或聯邦制加上前置的修飾詞。例如，經濟學家錢穎一和其美國合作者在 1995 年就提出了"中國風格的聯邦制"這一概念，認為它是中國經濟改革成功的政治基礎；[2]政治學家鄭永年近年來提出了"事實聯邦制"或"行為聯邦制"的概念。[3]而憲法學界更是有豐富多彩的創新，近年來有不少論者在單一制前加上了"中國特色"這個一勞永逸的形容詞。這些論述一方面確實豐富了我們對中國國家結構形式的認識，但另一方面，這種修正論述的策略也在表明，單一制和聯邦制只能是我們認識的起點，我們的理論探索應當突破這種在理想型概念中植入修飾詞的方法，而中國政治空間結構的

---

[1] 一種具有權威性和代表性的論述，可參見胡錦光、韓大元：《中國憲法》（第二版），法律出版社 2007 年版，第 80 頁。

[2] Gabriella Montinola, Yingyi Qian, and Barry Weingast, "Federalism, Chinese Style: The Political Basis for Economic Success in China", *World Politics*, 1995, vol. 48, pp. 50-81.

[3] Yongnian Zheng, *De Facto Federalism in China: Reforms and Dynamics of Central-Local Relations*, World Scientific Publishing, 2007.

"差序格局"就是在這一理論自覺之下所提出的。[1]

"中國"本身就是一個在空間上得以定義的政治概念，而在"八二憲法"的結構內，中國由 34 個省級行政區所構成，包括 4 個直轄市、23 個省、5 個自治區與 2 個特別行政區。在省以下，地方建制還包括 15 個副省級城市、333 個地級行政區劃單位、2856 個縣級行政區劃單位、40906 個鄉級行政區劃單位。但本章的討論並不是要一竿子插到底，而是選擇在中央與省級地方之間的"條塊"關係處進行縱剖橫切。[2] 應當指出，將差序格局的適用範圍限定在北京[3] 與省級地方之間的空間關係，並不是要否認它在現實中並不適用於省級地方內部。事實上，我們知道，無論就規模還是內部複雜性而言，中國的大省都超出了世界上大多數民族國家，差序格局在此意義上應當是可以繼續"下沉"的。但本章的論述視角限定在北京與省級地方的組合結構上，一方面是為了節約論述的成本，另一方面則是要再次顯現出中國憲制內所蘊含的"跨省結構"，這構成了作者重新發現中國憲

1　費孝通先生在《鄉土中國》中對差序格局有比較嚴格的界定，正文用這個概念用來概括中國多元複雜的、具有差異性的政治空間。嚴格說來，本節所闡釋的政治空間的"差序格局"與此概念的原初意圖並不能呈現為結構性的吻合。但在我看來，拿來主義在這裏是一個論證成本較低的可行選擇。

2　在中央與地方關係以至中國憲制的敘述中，條塊關係也應是突破單一制和聯邦制之二元對立的一個方向。關於條塊關係的一次理論化努力，可參見劉忠：《條條與塊塊關係下的法院院長產生》，載《環球法律評論》2012 年第 1 期。

3　"北京"在這裏並不是作為直轄市的北京市，而泛指中國的政治中樞。

法的一種切入視角。[1]而在這一跨省視角內，中國政治空間的
"差序格局"表現為下述三個方面。

首先，在國家結構形式上，"八二憲法"設定的是"一
國多制"的基本格局。根據憲法第三十條，"全國分為省、
自治區、直轄市"，緊接著的第三十一條則規定"國家在必
要時得設立特別行政區"。因此，第三十條中的"省"是作
為常規的省級地方而存在的，相比之下，自治區、直轄市以
及在第三十一條進行專項處理的特別行政區都展示出了程度
大小不等的"例外性"。就此而言，北京與香港、西藏或山
東不會是均質性的關係，它們之間的憲制關係必定呈現出不
同的結構性邏輯。因此，"一國多制"所指向的就是這種由
常規到例外或"特別"的有等差的憲制格局，由於這一判斷
有著堅實的文本基礎，因此應當不具有理論上的爭議性。事
實上，一國多制的提法現已散見在不少憲法學者的論述中。
最近，香港憲法學者朱國斌就將中國國家結構形式界定為
"一國多制"的"複合制國家"，其所指向的就是在北京與不
同省級地方之間多元的、有等差的憲制關係。[2]

其次，在一國多制的基本格局內，憲法名義上的同類項

1　跨省作為方法，不僅可以適用於憲法學體系內的國家結構問題，也可適用於基
　　本權利的論述，因此可以說是一種總體性的視角。關於跨省結構與言論自由，
　　可參見田雷：《跨省監督：中國憲法體制內的表達自由》，載《北大法律評論》第
　　13卷第1輯，北京大學出版社2012年版。

2　Guobin Zhu, "The Composite State of China under 'One Country, Multiple
　　Systems': Theoretical Construction and Methodological Considerations",
　　International Journal of Constitutional Law, 2012, vol. 10, pp. 272-297.

實際上會展示出不同的問題，由此呈現出不同的憲制關係。假如對比中國和美國的行政區劃地圖，最顯而易見的區別即在於中國省區劃分的「犬牙交錯」和美國的「橫平豎直」，這或許就是「差序格局」的一種形象化再現。例如，同為狹義的常規省，中央與雲南之間的關係必定不同於其與河北之間的關係；同為民族區域自治下的自治區，廣西和西藏在北京眼裏必定呈現出不同的憲制結構；同為直轄市，重慶和上海也各有自己的「差序格局」；而香港和澳門之間唯一的憲制性同構或許就在於它們都是「一國兩制」格局下的特別行政區，而若未來在「一國兩制」的憲制原則下實現海峽兩岸的和平統一，那麼臺灣必定也會實現對港澳模式的一種突破。因此，形式憲法上的同種類不應掩蓋在現實政治運轉中所展示出的差異性，這裏面包含著一種行為上的、事實意義上的「一國多制」意涵。美國政治學者白霖在《中國憲法的現狀》中有過一段精彩的論述：

> 中國的一般省份不是全都以相同的方式與中央政體對接。例如，黑龍江或甘肅自然比安徽和河北與石油部或國防部的關係更密切。天津和重慶都是省級「直轄市」，但天津毗鄰北京，而重慶遠離北京，……就產生了差異。它也不涉及像廣州、廈門或溫州這些城市，這些城市在地理上遠離中國政治體制的核心，被認為是合乎情理地與某些政策習慣上分開的。那裏的人們能夠說

中國北方人聽不懂的語言。為少數民族設立的省級"自治"區只有涉及並不危害它們與中國其他地區的融合政策時才是自主的。如果中國是一個清一色的單一制國家，將會很難治理。[1]

最後，應當也是最為複雜的在於，中國政治空間的"差序格局"並不完全體現在行政區劃的標尺上。憲法學者還應當想像超越既定行政區劃的新差序格局，而且，在前述的基於行政區劃的格局和超越區劃邏輯的複雜網絡之間產生了最接近費孝通先生原意的交迭局面。在汪暉的"區域作為方法"的相關論述中，我們就可以發現多種超越既定區劃的空間想像路徑。[2]例如，由於省內差異性所形成的地緣性的局部跨省合作，在面對中央政策時跨省合作的行為性的大區聯盟，由地區經濟中心所催生的跨省的經濟整合，全國市場形成後所產生的橫向的省際交流和互動。而在更為制度化和結構性的意義上，建國以來在軍區設置上有別於地方行政建制的另一種犬牙交錯，朱鎔基主政國務院時期對國家金融權力所進行的跨省區的重新配置，以及法學者經常提出的司法權區劃與行政權區劃的相互交叉，這些體制或行動上的憲制格局實際上展示出了另一種"差序格局"，它既超越既定的行

1　Lynn White III：《中國憲法的現狀》，載《開放時代》2009 年第 12 期，第 73 頁。

2　汪暉：《跨體系社會與區域作為方法》，載汪暉：《東西之間的"西藏問題"（外二篇）》，生活·讀書·新知三聯書店 2011 年版，第 147-204 頁。

政區劃邏輯，又與在既定邏輯下的憲制格局形成了複雜的新差序網絡。

美國政治學者許慧文在解釋中國的政治身體（body politic）時曾提出過"蜂巢政體"的概念。[1] 就突破中國政治鐵板一塊論而言，[2] 蜂巢政體這一富有空間感的概念的提出無疑是一次進步。但如果中國是一個"蜂巢體"政治組織，那麼這個"蜂巢"並不是模制化的，首先蜂巢內部的各個單位是各不相同的，由此也塑造了中樞與地方之間極具差異性的關係結構。借用費孝通先生的差序格局概念，正是為了描述這種在空間上有等差、在關係上有複雜交迭的政治組織體。

2. 中國敘述中的"差序格局"：簡要的回顧

中國之所以形成以上所述的差序格局的政治空間，其物質基礎還是要回溯至中國是一個超大型的、區域之間差異極大的共同體。眾所周知，這是一個可見於有關中國敘述的各種理論傳統中的判斷。毛澤東作為新中國的締造者，早在大革命轉入低潮的 1928 年，就曾提出了中國的紅色政權為什麼能夠存在的問題。而且毛澤東對此問題的表述極具憲法空間感："一國之內，在四圍白色政權的包圍中，有一小

---

[1]　Vivienne Shue, *The Reach of the State: Sketches of the Chinese Body Politic*, Stanford University Press, 1988.

[2]　鄒讜先生在形容中國共產黨的政黨國家時曾經提出過著名的"同心圓"結構，同心圓結構自然並不構成一種差序格局，但應指出，同心圓結構實際上指向了下文所要處理的政治整合問題，而不是中國的物質性的政治空間。參見鄒讜：《中國革命再闡釋》，牛津大學出版社（中國）有限公司 2002 年版，第 8-9 頁。

塊或若干小塊紅色政權的區域長期存在",這種格局如何可能形成?更進一步,紅色區域的星星之火如何可以燎原?[1]在全面抗戰前夕的 1936 年寫成的《中國革命戰爭的戰略問題》一文中,毛澤東給出了他在中國現代史上留下舉足輕重地位的著名論斷:"中國是一個政治經濟發展不平衡的半殖民地的大國",而毛澤東在該文中也寫下了對此命題的經典闡釋:

> 微弱的資本主義經濟和嚴重的半封建經濟同時存在,近代式的若干工商業都市和停滯的廣大農村同時存在,幾百萬產業工人和幾萬萬舊制度統治下的農民和手工業工人同時存在,管理中央政府的大軍閥和管理各省的小軍閥同時存在,反動軍隊中有隸屬蔣介石的所謂中央軍和隸屬各省軍閥的所謂雜牌軍這樣兩部分軍隊同時存在,若干的鐵路航路汽車路和普遍的獨輪車路、只能用腳走的路和用腳還不好走的路同時存在。[2]

也正是因此,毛澤東指出:"中國是一個大國——'東方不亮西方亮,黑了南方有北方',不愁沒有迴旋的餘地。"[3]如果觀察中國革命和社會主義建設的總體歷史進程,

---

1　毛澤東:《毛澤東選集》第一卷,人民出版社 1991 年版,第 48 頁。
2　《毛澤東選集》第一卷,第 188 頁。
3　《毛澤東選集》第一卷,第 189 頁。

我們其實不難發現這一"迴旋"策略是由始至終貫穿的。這就是説，唯有深刻理解了毛澤東的這一判斷以及由此所塑造的憲制策略，我們才能真正理解中國社會主義革命和建設所展示出來的獨特性。即便是在中共建政後，毛澤東大量的理論論述以及政治決斷，特別是那些走中國道路的自覺思考和探索，在一定程度上還是要回到這一判斷。無論是歷史證明為正確的如《論十大關係》，還是錯誤的如"大躍進"和"文化大革命"，均是如此。直至中國的經濟改革之所以走上一條不同於蘇聯的道路，具體地説，鄧小平及其政治盟友之所以可以通過向省級地方放權讓利來繞開保守的中央官僚，找到經濟改革在既定體制內的動力，還是根源於中國改革者所繼承的一個由毛澤東所塑造的具有迴旋餘地的憲制格局。[1]

在經典的政治論述之外，中國學術界也留下了大量關於"差序格局"及其物質性基礎的論述。其中最重要的當數費孝通先生 1989 年在香港中文大學泰納講座上提出的中華民族"多元一體格局"命題。費孝通先生認為，中華民族的主流"是由許許多多分散存在的民族單位，經過接觸、混雜、聯結和融合，同時也有分散和消亡，形成一個你來我去、我來你去，我中有你、你中有我，而又各具個性的多元統一體"。[2] 而近年來，在文化自覺和體制自信的感召下所出

1　Susan Shirk, *The Political Logic of Economic Reform in China*, University of California Press, 1993.

2　費孝通：《中華民族的多元一體格局》，載費孝通：《論人類學與文化自覺》，華夏出版社 2004 年版，第 121-151 頁。

現的中國敘述，實際上從不同方面闡發了這一經典命題。例如，甘陽近年來反覆強調，中國的敘述要走出民族國家的邏輯，而重建一個文明國家的格局："21世紀的中國能開創多大的格局，很大程度上將取決於當代中國人是否能自覺地把中國的'現代國家'置於中國源遠流長的'歷史文明'之源頭活水中。"[1]在此意義上，他著名的"通三統"命題乃是在創制中國歷史的連續性，因此具有憲制意義。歸根到底，當代中國基本維持了前帝國格局時期的人口和疆域，民族國家的敘述範式在此意義上應當加以修正，否則就會製造理論和實踐上的扭曲。汪暉近期的寫作自覺接續了費孝通的多元一體論，在民族區域自治這一傳統憲法問題的論述中，汪暉的新意就在於他展示出憲法學者普遍缺失的政治空間感，他所提出的"跨體系社會"以及"區域作為方法"，實際上再次指向了民族國家範式與中國區域間時空結構差異性之間的緊張。[2]在《中國香港》文集內，強世功實際上已經提到政治差序格局的問題，他在定義中國政制結構時曾有"一國多制下的政制差序格局"的表述，只是未能繼續加以專門的定義和闡釋："費孝通先生將儒家傳統的倫理原則概括為'差序格局'，而這種差序格局與中心和邊緣之間從郡縣向封建不斷過渡的'一國多制'格局形成了重疊和同構"。[3]由此看來，

1　甘陽：《文明·國家·大學》，生活·讀書·新知三聯書店2012年版，第1頁。

2　汪暉：《東西之間的"西藏問題"（外二篇）》，第179-188頁。

3　強世功：《中國香港（增訂版）：文明視野中的新邊疆》，三聯書店（香港）有限公司2022年版，第375頁。

強世功正是在空間結構的維度上來理解中國，"中國要把一個帝國的內容納入到一個現代民族國家之中"，這就已經構成了一個憲法學的命題。

回到法學界，蘇力是在思考中國法律問題時最具政治空間感的學者。他在題為《崇山峻嶺中的中國法治》一文中曾經寫道："中國的法學人和法律人必須面對和理解中國。要把中國這個高度抽象的概念轉化為具體的山山水水和在上面生活的具體的人，要冷峻直面這塊土地上的城市鄉村，平原水鄉，重巒疊嶂，雪域高原，要使所有這些沒有體溫的詞和詞組都在某種程度上與法治的想像和實踐相勾連。"從文章標題中的"崇山峻嶺"，再到蘇力所說的"這塊土地上的城市鄉村，平原水鄉，重巒疊嶂，雪域高原"，實際上最具象地表達出了中國政治空間的差序格局以及內含的時空差異性，這正如惠特曼在《自我之歌》中的那句話："我遼闊博大，我包羅萬象！"

3. "差序格局"的成本與收益

在《鄧小平時代》的開篇，傅高義上來就講了一個小故事。1979年3月，港督麥理浩訪問北京，在人民大會堂得到鄧小平的接見。會見結束後，鄧小平起身向麥理浩招手示意，告訴這位身高超過六英尺的港督先生："你如果覺得統治香港不容易，那就來統治中國試試。"[1]如要理解鄧小平的這句話，還是要回到"香港"和"中國"之間存在的主要變量，即中國在差序格局內所包含的內部差異性與複雜性，遠非香港這一"島嶼"所能比擬。正因此，在嚴肅討論中國問題時，我們不能忘記這一基本的"中國性"，即中國是一個超大型並且極複雜的政治體。離開了這一判斷，我們事實上無法充分解釋中國的歷史、現實和未來，包括中國在改革時代所形成的獨特的憲制模式。本節在此簡要概述大國治理所具有的成本和收益。

大國治理有其成本。世界各國都會面臨著一些共同的治理問題，但相同的社會治理問題在大國內要經歷一種量的倍增，由此就導致了質的突變。例如，中國和瑞士都要解決藥品安全的問題，但瑞士在全國範圍內只有兩家大型的製藥企業，假若我們可以設想中國只有兩家或一家製藥廠，那麼藥品安全治理就不再是一道難題。事實上，我們可以以此類推下去，假若中國只有一家或兩家食用油或奶製品的生產企業……但問題在於，中國是一個大國，因此不具有只有一家"＿＿"的條件。

而對於本章的論述而言，更重要的還在於，超大型並且內部差異多元的共同體還要面對同質性較高的小共同體無需面對的整合難題。事實上，這不僅是如何治理中國的公共政

1　〔美〕傅高義：《鄧小平時代》，馮克利譯，生活·讀書·新知三聯書店 2013 年版，第 17 頁。

策問題，還涉及到中國如何可能的存在性危機和結構性挑戰。面對著"中國只是一個偽裝成國家的文明"，有著"世紀之久的身份危機"的西方學者論述，[1] 整合問題無論在理論還是現實中都是一個最急迫的憲法問題。由是觀之，"治大國若烹小鮮"作為一種策略最多只可能具有有限的合理性，無為而治或放任自由只可能適用於雞犬相聞、老死不相往來的簡單共同體。在這一問題上，我們可以參考西方經典政治理論中關於治理、政體和疆域的論述。憲法學者也都知道，麥迪遜所寫的《聯邦黨人文集》第十篇之所以具有里程碑式的地位，就在於它在理論和實踐上駁斥了孟德斯鳩所代表的小國共和論。

但我們也應看到"硬幣的另一面"，即大國在生存和發展問題上所獨具的優越性。自中國這個古老帝國與歐洲現代民族國家遭遇以來，中國之所以沒有"亡國滅種"，只是淪為"半"殖民地，而後竟奇跡般地保持了前帝國時代的基本格局，不正是因為大國特有的迴旋餘地讓我們"東方不亮西方亮，黑了南方有北方"嗎？具有同樣道理的還有抗日戰爭以空間換取時間的"持久戰"戰略。在中國共產黨的軍事史中，"分兵以發動群眾，集中以應付敵人"，"打得贏就打，打不贏就走"，"農村包圍城市"，這些鬥爭策略都需要大國的版圖才能得以成功實踐。中共建政後，"一方有難、八方

1　See, e.g., Pamela Kyle Crossley, "China's Century-Long Identity Crisis", *The Wall Street Journal*, Oct. 9, 2011.

支援”的危機應對方針，“由點到線，由線到面”的制度擴散過程，“五湖四海”的幹部選拔政策，“南水北調”和“西氣東輸”的跨省資源“再分配”工程，以及八縱八橫的高鐵佈局，凡此種種，它們得以施行不僅是單一制國家“全國一盤棋”的要求，也不僅是社會主義國家有集中力量辦大事的國家能力，還要得益於中國差序格局所具有的縱深空間。因此可以説，在中國所走過的每步路上，一方面承擔著大國所規定的成本，另一方面也享受著大國所具有的收益，這種一體兩面或許正是中國作為一個超大型政治共同體的“天定命運”吧。

| 二 |

中國改革的反定型化策略：重讀鄧小平南方談話

“反定型化”是一個應予簡單交待的概念，它取自於諾齊克的政治哲學名著《無政府、國家與烏托邦》。[1] 應當指出，諾齊克的政治理論與中國的社會主義憲法是完全不同的兩個東西。首先，政治理論探討的是眾人應當如何更好地生活在一起，在此意義上，憲法理論可以參考政治理論，但不應以政治理論馬首是瞻。美國憲法學曾有言：“憲法可能跟

---

1 Robert Nozick, *Anarchy, State, and Utopia*. 關於定型化（patterning）的問題，可參見該書第 155-160 頁。

著國旗轉，但它是否真的應該追隨《紐約書評》？"[1]其次，諾齊克主張一種最小國家，根據他的理論，只有保證治安和契約執行的守夜人國家才能得到正當性的證成，而"八二憲法"第一條就宣佈中國是一個社會主義國家，社會主義則要求"共同富裕"，因此必定需要一種跨省區、跨階層、跨越城鄉二元結構的再分配。[2]

但本章所借用的"反定型化"概念並不涉及諾齊克本人或其理論的實體偏好，而是諾齊克進行理論批判的論證結構和手法。諾齊克認為，以羅爾斯的正義論為代表的分配正義理論都存在一種"定型化"（patterned）的範式，即理想的分配狀態必定表達為一種基於（____）的分配，這道填空題的答案可以是勞動、智力，也可以是羅爾斯的兩個正義原則。但問題在於，只要存在（市場）交易，任何定型化的理想分配狀態都只能呈現為一種轉瞬即逝的格局，事實上就會出現諾齊克所說的"自由顛覆定型"的難題。若要保持定型化的理想現狀，則需要一種（來自於國家）的干預之手，從不間斷地將自由所顛覆的定型化狀態進行撥亂反正，但這是任何一種分配正義理論都不可能允許的。而作為本章的關鍵

---

1 參見 John Hart Ely, *Democracy and Distrust: A Theory of Judicial Review*, Harvard University Press, 1980, p.58。因此，伊萊認為憲法解釋絕不能是"我們喜歡羅爾斯，你們喜歡諾齊克。6 比 3，我們贏了，立法撤銷"，參見該書第 58 頁。在此意義上，中國憲法理論的一個最大誤區就在於未能區分憲法理論和政治理論。

2 "社會主義的本質，是解放生產力，發展生產力，消滅剝削，消除兩極分化，最終達到共同富裕。就是要對大家講這個道理"，參見鄧小平：《鄧小平文選》第三卷，人民出版社 1993 年版，第 373 頁。

概念，反定型化主要借用了諾齊克原初概念的形式結構以及所可能表現的憲法意涵。

1. 為什麼要讀鄧小平？

在紀念"八二憲法"頒行四十週年之際，憲法學者應當意識到這部憲法是共和國歷史乃至中國憲法史上一部成功的憲法。而偉大的憲法從來都不只是一種文本（text），其制定過程必定也隱藏著史詩性的政治作為（deed）。[1] 假如未能理解制憲舞臺後的政治作為，也就難以真正把握憲法文本的時代精神。在此意義上，"八二憲法"實際上誕生於 1978 年乃至更早：設若沒有中共十一屆三中全會這一"歷史大轉折"，未發生作為其思想基礎的真理標準問題的大討論，也就不可能制定出作為"改革憲法"的"八二憲法"。因此，既然我們說中國自 1978 年開始的是一個鄧小平的時代，那麼"八二憲法"實際上就是一部鄧小平憲法。由是觀之，中國憲法的研究者與其"言必稱希臘"，滿篇盡是盧梭、康德或羅爾斯，不如重新回到鄧小平以及他的同事們，重讀鄧小平在中國改革時代的相關重大論述。

誠然，鄧小平的大部分論述既沒有做到"法言法語"，又未直接涉及形式上的法律或憲法議題；而且，即便是鄧小

---

1 "每一部憲法背後，都有一部史詩"，參見 Robert Cover, "Nomos and Narrative", *Harvard Law Review*, 1983, vol. 97, pp. 4-68；"建國者的'憲法'不只是一種文本，也是一種作為——一種構成（constituting）"，參見 Akhil Reed Amar, *America's Constitution: A Biography*, Random House, 2005, p. 5。

平在就法制問題談話時所給出的"法言法語"，在今天也很有可能被形式主義者或法條主義者歸為"錯誤"或"違憲"的。[1]但這些論述既是解釋"八二憲法"文本時必須參考的"外部資料"，也是中國憲法研究的第一手文獻材料。《鄧小平文選》所收入的幾篇長文，包括1980年的《黨和國家領導制度的改革》，鄧小平八十年代關於香港問題的一系列談話，以及1984年《在中央顧問委員會第三次全體會議上的講話》，都可以說是中國憲法研究者應予認真對待的政治文獻。在此意義上，中國憲法學的困境絕不是巧婦難為無米之炊，突破點在於要以重新發現中國憲法的自覺去打破憲法學作為概念、學說和理論殖民地的現狀。本節就選擇了鄧小平在1992年初的南方談話，[2]這一在今年迎來三十週年紀念的談話有著豐富的、但尚待發掘的憲制意涵，我們可以說，它構成了一種對"八二憲法"的不成文更新，其影響力要遠遠超過任何正式的文本修改。

1　例如，在1983年7月19日，鄧小平在談到"嚴厲打擊刑事犯罪活動"時曾指出，"現在是非常狀態，必須依法從重從快集中打擊，嚴才能治住……要講人道主義，我們保護最大多數人的安全，這就是最大的人道主義！嚴厲打擊刑事犯罪活動是一件大快人心的事。先從北京開始，然後上海、天津，以至其他城市。"鄧小平這段不長的談話，顯然有著多處不符合自由主義、形式主義法治理論的表述。但憲法學者必須學會認真對待這些文字，既不能視而不見，也不應因"食洋不化"而"今是昨非"。參見《鄧小平文選》第三卷，第33-34頁。

2　《在武昌、深圳、珠海、上海等地的談話要點（一九九二年一月十八日—二月二十一日）》，載《鄧小平文選》第三卷，第370-383頁。南方談話實際上是三卷本《鄧小平文選》所收入的最後一篇文獻，在研習中國憲法時，我們有必要像美國憲法學者對待華盛頓的告別演說或林肯的葛底斯堡演講一樣來對待鄧小平的南方談話。

南方談話的表現形式是文本，但南方視察本身則是一種政治作為。[1]它一方面是鄧小平這一位八十八歲的老人帶有高度歷史使命感和責任感的自覺行為，另一方面也鑲嵌在中國差序格局的政治空間之內。也就是說，南方視察本身非但不是中國憲制中的"例外"，反而是由既定的憲制結構所決定的合理行為選擇。在北京的政治動力不足或者難以啟動之時，共和國的最高領導人通常都會選擇到地方上尋找變革的原動力，這種在共和國歷史上反覆出現的行為方式有著內嵌於差序格局之政治空間的合理邏輯。由是觀之，無論是歷史證明錯誤的憲制決策，諸如毛澤東時代的"大躍進"或"文化大革命"，還是正確的憲制決策，諸如鄧小平時代的經濟體制改革以及在南方談話後啟動的市場化改革，中國憲法的研究者應當發現它們在實體差別掩蓋下的高度同構的決策結構形式。毛澤東需要下到上海才能發動"文化大革命"，鄧小平則通過南方視察找到了繼續市場化改革的政治動力，這兩段歷史在實體政策的意義上有著不可能再大的差別，但在憲制結構意義上卻有著基於政制差序格局的隱蔽暗合。這也正指向了共和國前三十年與之後四十年之間的憲制連續性，

1　關於鄧小平南方視察的過程及其在中國現代史上的地位，可參考《鄧小平時代》第 23 章"鄧小平時代的終曲——南巡：1992"，見〔美〕傅高義：《鄧小平時代》，第 593-615 頁。

鄧小平在憲法決策結構的意義上是毛澤東的繼承人。[1]

在進入南方談話的具體分析前，本篇還要指出，反定型化非常貼近我們對鄧小平改革的常識性認知。例如，中國改革時代的序曲是關於真理標準問題的大討論。在這場討論中，"兩個凡是"作為一種國家學說就預設了諾齊克意義上的定型化範式，這表現在它為理想的憲制和公共政策提供了一種實體性的判準，即"凡是毛主席作出的決策，我們都堅決維護，凡是毛主席的指示，我們都始終不渝地遵循"。相比之下，鄧小平支持的實踐論認為"實踐是檢驗真理的唯一標準"。雖然從表面上看來，這一學說仍將"實踐"設定為標準，但由於中國改革時代的實踐有其自發性、非計劃性、多中心性，隨處可見實踐的"非預期效果"，因此實踐論的主張作為中國改革的基本認識論前提，實際上已經具有了反定型化結構的味道。我們知道，鄧小平的改革從一開始就未設定一個標準化的藍圖，我們常說鄧小平是一個務實主義者，中國改革是"摸著石頭過河"，所表達的就是這種開放式的改革路線圖。中國民眾婦孺皆知的"貓論"，不管黑貓還是黃貓，抓住老鼠的就是好貓，實際上就是一種"反定型化"的表述。

在《鄧小平文選》第三卷內，我們隨處可見鄧小平對地

1　憲法學應當建構歷史的連續性，美國憲法學者在此方面的經典努力可參見：〔美〕布魯斯·阿克曼：《我們人民：轉型》，田雷譯，中國政法大學出版社 2014 年版。而關於共和國歷史在前三十年和後三十年之間的連續性，一個政治理論的論綱可參考甘陽：《中國道路：三十年與六十年》，載《讀書》2007 年第 6 期。

方由下而上的創造性改革的鼓勵，諸如我們所熟知的"大膽地試，大膽地闖"，而"闖將"或"試驗"一定是反定型化的。如果借用法理學中所區分的"標準"（standard）和"規則"（rule），[1] 我們或許可以認為，在經濟改革的最初十多年中，北京很少為差序格局內的各個省級地方設定行為規範，許可、禁止或指令地方從事規範指向的行為，相應地，北京在"與省博弈"（playing to the provinces）的過程中經常沿用了一種"包乾制"的邏輯，即只要求地方可以完成北京所設定的指標任務，至於地方是如何完成的，則不在北京的考慮範圍內。由此我們才能理解廣東省當時所提出並且流傳全國的"遇到紅燈繞著走，遇到黃燈闖著走，遇到綠燈搶著走"，這一地方政府的邏輯還是根源於北京在這一時期的反定型化策略以及由此包容的巨大政策空間。也因此，我們才能解釋，為何在一個形式單一制的"政黨—國家"體制內包容著"地方政府公司制"、"地域競爭"、"良性違憲"或"憲法變通"的空間。

2. "大膽試"和"允許看"的再闡釋

2022 年不僅是"八二憲法"頒行四十週年，同時也是鄧小平發表南方談話的三十週年。十年之前，曾有論者將鄧小平南方談話概括為"允許看、大膽試、不爭論"，這是本

1　關於法理學理論中的"標準"與"規則"的論述，可參見 Kathleen Sullivan, "The Justices of Rules and Standards", *Harvard Law Review*, 1992, vol. 106, pp. 22-123。

章可以認同的一個歸納。但問題在於，相當一部分對"允許看、大膽試、不爭論"的闡釋實際上已經泛化了鄧小平的原意。例如，"允許看，是對懷疑或反對者的寬容。大膽試，是對改革者的鼓勵。不爭論，是避開'姓社姓資'的責難"，[1] 這樣的解讀不能說是錯誤，但如此籠統泛化的闡釋卻失於抓住問題的根本。在這些解讀中，鄧小平實際上被想像為或打扮成"自由主義者"，但應看到，南方談話共有六節，第二節雖然講到"不爭論"，即不進行姓資姓社的理論爭論，但並不說中國改革道路無所謂姓資或姓社，不爭論只是"為了爭取時間幹"，[2] 這裏"幹"的還是社會主義。而鄧小平在接下來的第四節談到"始終注意堅持四項基本原則"，在第五節內談到"黨的基本路線要管一百年"，因此，鄧小平是一位社會主義者，這是蓋棺論定的判斷。[3]

至於將"允許看"闡發為"知情權和監督權"，"大膽試"泛化為"參與權"，"不爭論"演繹為"可討論"並進一步生造出"表達權"，這種斷章取義、各取所需的解讀首先是沒有必要，因為中國現行憲法早在文本內就寫入了相應的基本權利，而且 2004 年的修憲也已將"國家尊重和保障人權"寫入憲法；更重要的是，這種解讀極易遮蔽南方談話的真正歷史經驗。憲法解釋者最應避免的就是將解釋者本人的價值

---

1 《允許看，大膽試，可討論》，載《炎黃春秋》2012 年第 1 期。
2 《鄧小平文選》第三卷，第 374 頁。
3 《鄧小平文選》第三卷，第 380 頁。

偏好混入文本之內。因此，既然鄧小平的南方視察是向地方尋找中國改革的進一步動力，那麼"大膽試"和"允許看"都是對政制差序格局內的（省級）地方所言的。換言之，在鄧小平理論的體系內，它關係著中央與地方的縱向分權問題，而不是國家與社會的邊界界定問題。

關於"大膽試"，鄧小平在深圳時曾指出："改革開放膽子要大一些，敢於試驗，不能像小腳女人一樣。看準了的，就大膽地試，大膽地闖。深圳的重要經驗就是敢闖。沒有一點闖的精神，沒有一點'冒'的精神，沒有一股氣呀、勁呀，就走不出一條好路，走不出一條新路，就幹不出新的事業。"[1]因此，只要回到"大膽試"的語境，我們即可看到，"大膽試"是鄧小平向中央統一領導下的地方政府所發出的一個信號。對於同時期反覆強調"穩定"、"中國不能亂"、"反和平演變"的鄧小平來說，大膽試是確有所指的，既非一窩蜂似的"大幹快上"，也不是什麼"參與權"。而且在講話的同一段落內，鄧小平實際上已經給出了為什麼要試、闖、冒的說明：

> 恐怕再有三十年的時間，我們才會在各方面形成一整套更加成熟、更加定型的制度。在這個制度下的方針、政策，也將更加定型化。現在建設中國式的社會主

---

1 《鄧小平文選》第三卷，第 372 頁。

義，經驗一天比一天豐富。經驗很多，從各省的報刊材料看，都有自己的特色。這樣好嘛，就是要有創造性。[1]

這是一段非常關鍵的憲制論述，綜合鄧小平的這段談話與他在八十年代的相關論述，我們至少可以認定，在鄧小平這位改革開放的總設計師的設想中，自 1978 年到大約 2022 年（即從南方談話向後推三十年）的這一時間段，是中國社會主義建設的“制度”、“方針”和“政策”的不完全定型化時期。為什麼不可能在短期內將社會主義建設的制度、方針和政策加以定型化，這還是要回到鄧小平對這場改革的基本認知。在《鄧小平文選》第三卷內，我們可以讀到鄧小平就這一問題在不同場合進行的不厭其煩的論述：“現在我們幹的是中國幾千年來從未幹過的事。這場改革不僅影響中國，而且會影響世界”；改革是“中國的第二次革命”，是“革命性的變革”；改革“搞的是天翻地覆的事業，是偉大的實驗，是一場革命”；“我們現在所幹的事業是一項新事業，馬克思沒有講過，我們的前人沒有做過，其他社會主義國家也沒有幹過”。[2]

更重要的還在於，鄧小平作為中國共產黨和國家實際上的最高領導人，他所面對的問題自始至終都是“怎麼辦”，

1　《鄧小平文選》第三卷，第 372 頁。
2　本段五處引述分別出自《鄧小平文選》第三卷，第 118、113、135、156、258-259 頁。

而不是"怎麼說"。在中國這個大國內,"改革涉及到人民的切身利害問題,每一步都會影響到成億的人",在最高決策者眼中,每一步改革都是在闖關,並不存在學者們在事後根據某種理論判準所區分出的淺水區和深水區。摸著石頭過河,並不是只在淺水區漫步或"只摸石頭不過河",[1] 它更多地體現了政治家在面對歷史和人民時的高度責任感以及所要求的審慎。《鄧小平文選》第三卷的最後一段話,也即南方談話的最後一段,就最大程度地表達出鄧小平的歷史責任感:

> 我們要在建設有中國特色的社會主義道路上繼續前進。資本主義發展幾百年了,我們幹社會主義才多長時間!何況我們自己還耽誤了二十年。如果從建國起,用一百年時間把我國建設成中等水平的發達國家,那就很了不起!從現在起到下世紀中葉,將是很要緊的時期,我們要埋頭苦幹。我們肩膀上的擔子重,責任大啊![2]

既然改革是一項全新的事業,不可能從馬克思、前人與其他國家那裏找到現成的答案,而是要"在幹中學",那麼

1　王紹光教授曾對此有過一段很精彩的描述,"這個過程好比穿行在一條沒有航標的河道上,水流湍急、暗礁密佈、險象環生。如果缺乏適應能力,隨時都會有翻船的危險。"參見王紹光:《學習機制、適應能力與中國模式》,載《開放時代》2009 年第 7 期,第 37 頁。

2　《鄧小平文選》第三卷,第 383 頁。我將鄧小平的這一段話理解為對全黨、全國人民的政治告誡,一種憲法性的交代。

就不可能在短期內加以定型化，而是要進行“試驗”。在此意義上，中國政治空間的差序格局一方面要求一定階段內的反定型化，另一方面也為走向定型化提供了最佳試驗場所。大膽試實際上就是在鼓勵省級地方作為“試點”或“特區”可以先行一步。早在 1985 年 6 月，鄧小平就談到：“深圳經濟特區是個試驗，路子走得是否對，還要看一看。它是社會主義的新生事物。搞成功是我們的願望，不成功是一個經驗嘛……這是個很大的試驗，是書本上沒有的。”[1] 但既然是試驗，也就要求地方只能先行“一步”，進行一種理論上“淺”和幅度上“窄”的地方性創新，[2] 換言之，大膽試並不是任由地方政府信馬由韁，而是鄧小平反覆指出的“膽子要大，步子要穩，走一步，看一步”。在《鄧小平文選》第三卷中，我們可以讀到多處相關的論述：“有不妥當的地方，改過來就是了”；“重要的是走一段就要總結經驗”；“步子要穩，就是發現問題趕快改……我們不靠上帝，而靠自己努力，靠不斷總結經驗，堅定地前進”；“我們現在做的事都是一個試驗。對我們來說，都是新事物，所以要摸索前進。既然是新事物，難免要犯錯誤。我們的辦法是不斷總結經驗，有錯誤就趕快改，小錯誤不要變成大錯誤”；歸納起來就是，“我們

1　《鄧小平文選》第三卷，第 130 頁。

2　我在這裏的淺（shallow）和窄（narrow）借用了桑斯坦關於美國最高法院司法最小主義的模型，參見 Cass Sunstein, *One Case at a Time: Judicial Minimalism on the Supreme Court*, Harvard University Press, 1999。

只能在幹中學，在實踐中摸索"。[1]

　　還要看到，在鄧小平的論述中，"膽子要大"和"步子要穩"之間從來都是一種具體的、動態的平衡。在改革欠缺動力時，他會更強調膽子大，鼓動地方的"闖"和"冒"；在改革熱情高漲時，他會更強調步子穩，摸索前進。例如，在進行物價闖關改革時，鄧小平就不失時機地指出："改革沒有萬無一失的方案，問題是要搞得比較穩妥一些，選擇的方式和時機要恰當。不犯錯誤不可能，要爭取犯得小一點，遇到問題及時調整。這是有風險的事情，但我看可以實現，可以完成。這個樂觀的預言，不是沒有根據的。同時，我們要把工作的基點放在出現較大的風險上，準備好對策。這樣，即使出現了大的風險，天也不會塌下來。"[2] 這就再一次限定了"大膽試"，這種在差序格局內因地制宜的走一步看一步的試驗，就是要盡可能地降低錯誤代價。[3]

　　既然改革是一種試驗，在差序格局的時空差異性中，"允許看"和"大膽試"可以說是相輔相成的。即便從"控制變量"這一試驗最基本的要求出發，有大膽試的省級地方，自然就有允許看的省級地方，兩者之間以及在允許看的地方內部均有一種時空序列上的差異。

1　以上五處引文分別出自《鄧小平文選》第三卷的第 78、113、118、174、258-259 頁。

2　《鄧小平文選》第三卷，第 267 頁。

3　除了錯誤代價，決策成本的問題也是本章未及展開，但在現實政治中同樣重要的考慮。鄧小平雖然是中國共產黨的第二代領導核心，但他在整個八十年代都無法脫離黨內的保守派領導人以及中央技術官僚的制約。

允許看，但要堅決地試。看對了，搞一兩年對了，放開；錯了，糾正，關了就是了。關，也可以快關，也可以慢關，也可以留一點尾巴。怕什麼，堅持這種態度就不要緊，就不會犯大錯誤。

……

搞農村家庭聯產承包，廢除人民公社制度。開始的時候只有三分之一的省幹起來，第二年超過三分之二，第三年才差不多全部跟上，這是就全國範圍講的。開始搞並不踴躍呀，好多人在看。我們的政策就是允許看。允許看，比強制好得多。我們推行三中全會以來的路線、方針、政策，不搞強迫，不搞運動，願意幹就幹，幹多少是多少，這樣慢慢就跟上來了。[1]

由此可見，允許看並不是泛泛而論的“對懷疑和反對者的寬容”，它的主體主要是政制差序格局內的省級地方。早在 1986 年 6 月，鄧小平其實就基於農村改革的現實進程提出了允許看的說法：農村改革“開始的時候，並不是所有的人都贊成改革。有兩個省帶頭，一個是四川省，那是我的家

1　《鄧小平文選》第三卷，第 373-374 頁。還應指出，鄧小平是這麼說的，也是這麼做的。韓國學者鄭在浩就在其研究改革時代中國農村去集體化的專著中記錄下這一過程，他將省級單位在這一過程中的行為分為三種類型。第一種是改革先鋒，以安徽省為代表；第二種是改革的順應者，以山東省為代表；第三種就是改革的抵制者，則是以黑龍江省為代表的。參見 Jae Ho Chung, *Central Control and Local Discretion in China: Leadership and Implementation during Post-Mao Decollectivization*, Oxford University Press, 2000。

鄉；一個是安徽省，那時候是萬里同志主持。我們就是根據
這兩個省積累的經驗，制定了關於改革的方針政策。還有一
些省猶疑徘徊，有的觀望了一年才跟上，有的觀望了兩年才
跟上。中央的方針是等待他們，讓事實教育他們。"[1] 我們知
道，農村改革，即由農業生產集體化向家庭承包責任制的大
變革，乃是中國改革最重大的標誌之一，但它也不是"一夜
之間"的江山易色或美國左翼作家韓丁所稱的"大逆轉"，[2]
而是一個讓事實教育，讓實踐檢驗，最終慢慢跟上來的"允
許看"的過程。

因此，無論大膽試，還是允許看，都是北京最高決策人
向省級地方給出的信號。但必須指出，在這一"試"和"看"
的過程中，中央政府一方面不是操辦一切的家長，地方政府
也並不僅僅是中央在地方的"行在"，但另一方面，中央政
府也不是袖手旁觀者，因此並不存在著地方制度競爭的"自
由市場"，假如真是由一支神秘莫測的"看不見的手"來指
引著制度的優勝劣汰，這既不可行，也不可欲。中央在關鍵
時候要現身，要表態。就這一問題，鄧小平在 1988 年物價
闖關時期有一篇專論中央權威的談話，即收入於《鄧小平文
選》第三卷的《中央要有權威》：

---

1   《鄧小平文選》第三卷，第 238 頁。

2   William Hinton, *The Great Reversal: The Privatization of China, 1978-1989*, Monthly Review Press, 1990.

我的中心意思是，中央要有權威。改革要成功，就必須有領導有秩序地進行。沒有這一條，就是亂哄哄，各行其是，怎麼行呢？不能搞"你有政策我有對策"，不能搞違背中央政策的"對策"……

　　……

　　這一切，如果沒有中央的權威，就辦不到。各顧各，相互打架，相互拆臺，統一不起來。誰能統一？中央！中央就是黨中央、國務院。

　　……

　　這幾年我們走的路子是對的，現在是總結經驗的時候。如果不放，經濟發展能搞出今天這樣一個規模來嗎？我們講中央權威，宏觀控制，深化綜合改革，都是在這樣的新的條件下提出來的……現在中央說話，中央行使權力，是在大的問題上，在方向問題上。[1]

　　表面上看起來，"中央說話"必然會與"大膽試"和"允許看"之間存在張力，但改革不只是一部機器，更像一曲樂章。李侃如就曾將鄧小平比作偉大的指揮家，而不只是設計師。[2]因此，改革何時應該放和闖，何時應該控和收，鄧小平

1　《鄧小平文選》第三卷，第 277-278 頁。

2　"雖然鄧對於國家的發展方向有一個總體概念，但在他頭腦裏並沒有一個具體的計劃。他進行的改革往往需要做出大幅調整，以應對先前的計劃措施所產生的交互壓力。實際上，鄧的天賦與其說在於他對必要的措施的預見能力，不如說在於他非凡的政治技巧。"參見〔美〕李侃如：《治理中國：從革命到改革》，胡國成、趙梅譯，中國社會科學出版社 2010 年版，第 143 頁。

從來沒有給出一種四海皆準的判準，有的只是具體的、動態的平衡。

更重要的還在於，改革本身就意味著對現存秩序和既定法制的變動，是一種“新起點”，因此在改革之初，中國的法制空間內存在大量介於守法和違法之間的廣泛“灰色”地帶。換言之，中央在這時很少給出含義明確的紅燈和綠燈信號，大多時間都是曖昧不明的黃燈信號，這也賦予了地方政府進行試點式試驗的政策空間。中國憲法學界在九十年代關於“良性違憲”的爭議，實際上所討論的就是大變革時代嚴守法條和變通試驗之間的問題。[1] 而且，即便是在強調中央權威時，鄧小平還是指出：“現在中央說話，中央行使權力，是在大的問題上，在方向問題上。”這也就意味著中央不是家長主義的中央，它有所為也有所不為，管得少是為了管得更好。

3. 反定型化在實踐中的展開

在論述抗日戰爭的戰略反攻形態時，毛澤東曾寫道：“根據中國政治和經濟不平衡的狀態，第三階段的戰略反攻，在其前一時期將不是全國整齊劃一的姿態，而是帶地域性的和此起彼落的姿態。”[2] 如果回到鄧小平的反定型化，我們也可以認為，在中國改革開放時代的大約五十年時間內，

1　張千帆：《憲法變通與地方試驗》，載《法學研究》2007 年第 1 期。

2　毛澤東：《毛澤東選集》第二卷，人民出版社 1991 年第 2 版，第 469 頁。

即由 1978 年到南方視察的後三十年，地方的制度、政策和方針的"反定型化"或不完全定型化將是"五十年不變"的（憲制策略）。前面的論述已經表明，這一反定型化的策略是由政治空間的差序格局、改革本身的試驗性、實踐認識論、以及改革的政治動力所共同決定的。而毛澤東和鄧小平作為中共兩代領導核心在此問題上再次展示出了結構性的一致。無論是毛澤東所預設的抗戰之反攻，還是鄧小平的改革闖關，反定型化都意味著"不是全國整齊劃一的姿態，而是帶地域性的和此起彼落的姿態"。中國的社會主義體制也許確實可以做到"全國一盤棋"，但這盤大棋局並不是"鐵板一塊"的整齊劃一，而是基於地域性差異的"犬牙交錯"和"此起彼落"。

在全國大棋局內，此起彼落就意味著既定的時空差異性會轉化為"以空間換時間"的問題。回顧三十多年的改革歷程，我們可以看到，在改革初期，廣東因為其特有的地緣優勢（或劣勢[1]）成功地"先行一步"，[2]成為了改革的排頭兵，而深圳"經濟特區"在"殺開一條血路"後也承擔著改革開放的"窗口"功能。一旦政治氣候允許，改革開放的試驗就在 1984 年由廣東和福建擴展至十四個沿海城市。鄧小平曾在當年的一次高級幹部會議上指出，他在這一年辦了兩樁

---

1 例如參見陳秉安：《大逃港》，廣東人民出版社 2010 年版。

2 參見〔美〕傅高義：《先行一步：改革中的廣東》，凌可豐、丁安華譯，廣東人民出版社 2008 年版。

大事，一是用“一國兩制”的辦法解決香港問題，另一樁就是開放了十四個沿海城市。[1]但改革的前沿不可能總是停留在（東南）沿海，鄧小平在南方談話的第二節也對地區差異的問題以及應對進行了闡釋。可以說，不理解這種全國一盤棋內的“此起彼落”的戰略構想，就無法理解為何鄧小平會在南方視察前後多次表示“上海是我們的王牌”，“1979年開放四個經濟特區時沒有開放上海，是他犯的一個錯誤”。[2]更進一步，2000年開始的西部大開發戰略部署即是一個富含空間感的憲制縱深，改革前沿和開放高地由此開始了從沿海向內陸的轉移。[3]而這一空間的位移和擴展實際上也完成了時間上的接續。

同時，改革在時空上的縱深並不意味著第一波改革排頭兵所形成的模式應當套用於後來者，深圳有著自己行之有效的模式，但這並不能否定西部省份基於自身條件所進行的探索。由是觀之，反定型化的憲制策略是植根於中國內部的多元性和差異性之上的。正是基於此，地方制度的參差多態才成為一種合理的選擇。在此意義上，有關中國模式的討論，如要落實在憲法理論的建構上，就表現為中國本身就是反模式的，即中國內部包容、允許、甚至是鼓勵了地方政治基於自身條件的探索，而不預設一種可在不同地區加以不斷複製

1　參見〔美〕傅高義：《鄧小平時代》，第366頁。

2　〔美〕傅高義：《鄧小平時代》，第596頁。

3　關於西部大開發這一憲法性決策的過程，可參見曾培炎：《西部大開發決策回顧》，中央黨史出版社、新華出版社2010年版。

的實體模式。如果用任何一種可定型化的實體政策取向來歸納中國模式，那麼它必定有英文中所說的"太大了，以至於相互矛盾"（big enough to be inconsistent）[1]的問題，而反定型化這一概念也正因其所具有的結構性、動態性、以及內容中立性而成為中國憲制模式的一個關鍵詞。可以說，中國因其包羅萬象的差異性而生長出了參差多態的諸模式，而這種因地制宜式的創造、競爭和學習正是通過反定型化的過程得以完成的。由此看來，在我們經常轉述的"一抓就死，一放就亂"並不是中國故事的全部。在中國的政制差序格局中，反定型化的憲法策略實際上在一定程度上解決了法制統一和多元競爭之間的關係。正如下一節所示，這是中國崛起的憲法機制。

　　本節所運用的反定型化是一個新概念，也是有可能做出理論貢獻的地方。但反定型化並不是孤立存在的，而是與許多學者在相關問題上的理論建構有著或多或少的重疊。例如，王紹光有關"學習機制"和"適應能力"的論述；甘陽關於"同中有異，異中有同"的亞洲模式的設想；張千帆由"良性違憲"出發所提出的"憲法變通"和"地方試驗"；德國學者韓博天在論述中國決策機制時指出的"反覆試驗，不斷學習，持續調整"；在經濟學中，張五常最早提出的"縣

1　美國歷史學家喬治·弗里德里克森就曾這樣來形容過林肯，參見 George Fredrickson, *Big Enough to Be Inconsistent: Abraham Lincoln Confronts Slavery and Race*, Harvard University Press, 2008。

際競爭"以及近期學者加以闡釋的"地方政府競爭",姚洋所敘述的由地方分權到地區間競爭再到地方創新和制度試驗的邏輯,[1] 所有這些研究都以不同的理論路徑和資源確認了本章提出的"反定型化"。或許更準確的表述應該是相反,本章之所以可能提出反定型化,正是將理論探索建立在前人研究的基礎之上。

| 三 |

未完全理論化合意:政治整合問題

1. 兩種共識策略

政治是眾人之事,在星期五到來之前,魯濱遜所在的荒島是沒有政治的。由於物質資源的稀缺以及眾人之間的分歧,政治成為一種必需;與此同時,因為眾人之間存在共識,政治才得以成為可能。以上都是政治學的最基本道理。夫妻之間假若無法達成一丁點共識,家庭就會破裂,推而廣

1　正文中所述學者的觀點,可分別參見潘維、瑪雅主編:《人民共和國六十年與中國模式》,生活·讀書·新知三聯書店,第 278-283、273-278 頁;張千帆:《憲法變通與地方試驗》,載《法學研究》2007 年第 1 期;〔德〕韓博天:《中國經濟騰飛中的分級制政策試驗》,《開放時代》2008 年第 5 期;《通過試驗制定政策:中國獨具特色的經驗》,《當代中國史研究》2010 年第 3 期;張五常:《中國的經濟制度》,中信出版社 2009 年版;馮興元:《地方政府競爭》,譯林出版社 2010 年版;姚洋:《作為制度創新過程的經濟改革》,格致出版社、上海人民出版社 2008 年版。

之，假如國家作為一個政治共同體無法取得最基本的共識，那麼國家就會瓦解或者分裂，這通常表現為地域性的少數群體脫離原本的共同體，往往伴隨著殘酷的內部戰爭。但另一方面，多元社會不可能實現全體成員的絕對共識，因此共識也只能是相對而言的，它有範圍上的寬和窄，程度上的深與淺，時間上的長遠與短期。在此意義上，現代政治往往就是一種"求同存異"的過程，更準確地説，如何在多元的差異中尋求可合併的同類項。

正是因為其在現代政治中的重要性，共識作為一個學理概念也就成為當代西方政治理論的一個關鍵詞。而在理論界對共識的討論中，羅爾斯的"交迭共識"（overlapping consensus）無疑是最具影響力的。在此無需進入羅爾斯設定的理論語境，而只需指出，合理多元主義的現代社會格局之所以能夠形成"交迭共識"，策略就是讓共識盡可能地抽象化甚至空洞化，由此政治各方都能基於自己的整全立場形成對抽象原則的想像以及認同。[1]中國政治語言中經常提到的"宜粗不宜細"，就是對這種求同存異策略的一種表述。鄧小平本人即是此中高手。在起草《關於建國以來黨的若干歷史問題的決議》這份憲制文件時，鄧小平就指出："這個總結宜粗不宜細，總結過去是為了引導大家團結一致向前

1　See John Rawls, *Political Liberalism,* Expanded Edition, Columbia University Press, 2005.

看。"[1]1987 年，鄧小平在會見香港基本法起草委員會時也曾指出，基本法的起草"不宜太細"，[2]這是讓香港同胞形成對基本法認同的一種政治策略。

而"未完全理論化合意"（incompletely theorized agreements）作為本節的核心概念，最初來自美國法學家桑斯坦對羅爾斯的一個批判。[3]羅爾斯認為，抽象性越高，就越容易形成共識。未完全理論化合意卻是反其道而行之的，桑斯坦認為，根本的方向性問題經常會撕裂社會，但下一步向何處去卻可以形成合意，因此，為了節約決策成本和錯誤代價，政治社會有時有必要形成"窄"和"淺"的共識。雖然兩種共識策略在理論上是相反的，但它們在實踐中卻不是彼此排斥的。事實上，鄧小平同樣是"未完全理論化"的策略大師，他在南方談話中所發明的"不爭論"就是"未完全理論化"的經典戰例。之所以不爭論，既不是不能爭論，也不是不許爭論，而是避免在姓社還是姓資這一根本的方向問題上製造不必要的衝突和分裂，從而失去了發展的機遇。因此不爭論就要求"埋頭苦幹"，要理解並實踐"空談誤國，實幹興邦"。

---

1 "這個總結宜粗不宜細，總結過去是為了引導大家團結一致向前看。爭取在決議通過以後，黨內、人民中間思想得到明確，認識得到一致，歷史上重大問題的議論到此基本結束。"參見鄧小平：《鄧小平文選》第二卷，人民出版社 1983 年版，第 292 頁。

2 《鄧小平文選》第三卷，第 220 頁。

3 Sunstein, *Legal Reasoning and Political Conflict*；Cass Sunstein, "Incompletely Theorized Agreements", *Harvard Law Review*, 1995, vol. 108, pp. 1733-1772.

2. 中國憲法中的未完全理論化合意

中國是一個超大型的政治共同體，由此所塑造的政治空間的差序格局也為憲法性共識的形成提出了最大的挑戰。在現實政治中，求同存異就要求政治整合，尋求各種立場的最大公約數。但現代社會可能沿著階級、種族、宗教、性別產生不同的分裂，相應地，政治整合也因此存在不同的維度。[1]本章不擬探討最吸引眼球的精英和大眾之間的"階級"分歧，而主要關注政治空間內的地域間區分。這種區分或"分裂"是平展在一張中國政區圖之上的，這就決定了它不可能完全對應當代中國的階級分佈，因為最簡單地説，香港也會有赤貧者，西藏也會有大富翁，我們經常提到的貧富、城鄉、種族乃至性別差異在政區圖上都不可能是平均分佈的。另一方面，就論述目的而言，我們也沒有必要將地域區分的邏輯再向前推進，將之抽象為中國的南北問題、內地與邊疆或中心與邊緣之間的問題。

先看一般意義上的憲法理論，憲法是一種將共同體各個地域部分連在一起的紐帶。而憲法之所以可以承擔起這一莊嚴功能，是因為憲法代表著一種歷史時刻發生的高級法政治所形成的共識。美國大法官霍姆斯在洛克納案的反對意見中

---

1 現代憲法學往往只設定國家統一和國家分裂兩種結果性狀態。這種非此即彼的對比實際上是在預設，一個政治共同體要麼是處於分裂、內戰或生存危機的"例外狀態"，要麼就是國家統一的常規政治，而基本上忽略了政治整合這樣一個過程性的概念。憲法學者其實無需自問自答地討論我們到底處於一個什麼樣的憲法時代，政治整合和國家建設乃是一個永無止境的過程，憲法歷史不可能終結在任何一處。

曾指出，憲法是為具備根本不同政治理念的人所制定的，這實際上就要求憲法應當是高度抽象的，唯有如此才能具備基本的包容性，才能承擔起比普通法律更加廣泛的團結功能。而對於那些在制憲時刻無法解決、但又不能迴避的分歧，只能在憲法文本中作抽象化和空洞化的處理。[1] 由是觀之，中國憲法要真正擔當起政治整合的功能，[2] 憲法文本就要進行去理論化的處理，任何厚重的意識形態在憲法文本內的確認都會產生某種排斥效應，讓那些無法對此產生最起碼認同的人選擇出走。[3] 至少在理論上，憲法承諾的深度與憲法整合的廣度存在著一種相反相成的關係。正因此，中國憲法如要承擔起更重的整合功能，至少在一定歷史時期內，其內容也要做相應程度的去理論化處理。

更重要的是，在反定型化作為一種憲法策略尚未完成其歷史使命之前，我們在憲法框架內所追求的共識必定只能是

---

1 在此意義上，我們或許可以從理論上區分四種政治議題：第一種是在制憲時即已取得高度共識的議題；第二種是在制憲時無法形成共識，但又不可能迴避，因此只有在憲法文本內作模糊化的表述；第三種是可以留待時間和未來解決的議題；第四種則是不需進入憲法決策過程的常規政治問題。一個富有啟發性的分類，即憲法審議的層次（levels of constitutional deliberation），可以參見 Keith Whittington, *Constitutional Construction: Divided Powers and Constitutional Meaning*, Harvard University Press, 1999, p. 5。

2 本章基本上沒有處理中國憲法中的黨國結構問題，但應指出，中國共產黨目前實際上承擔著最基本的政治整合功能。一個相關的論述，可參見鄒讜：《論中共政黨國家的形成與基礎》，載鄒讜：《中國革命再闡釋》，第 1-76 頁。

3 關於 voice、exit 和 loyalty 三者之間的關係的經典論述，可參見 Albert Hirschman, *Exit, Voice and Loyalty: Responses to Decline in Firms, Organizations and States*, Harvard University Press, 1970。

未完全理論化的，在此意義上，任何一種政治共同體不可能總是處於"政治化的政治"狀態，很多時期反而需要"去政治化的政治"。[1]從憲法理論的立場出發，這種未完全理論化的共識模式是一種合宜的政治整合策略，至少在反定型化尚未退出歷史舞臺前是如此。換言之，在中國內部各地域的時空差異性尚未抹平之前，[2]任何追求完全理論化或徹底政治化的衝動都有自身的危險，這一方面體現在完全理論化有可能造成共同體在根本政治議題上的分歧乃至分裂，由此讓憲法失去了政治整合的基本功能，另一方面就在於它可能危及鄧小平在改革之初就設定的憲法策略，因此不適當地壓制了由下至上的制度空間試驗。在此意義上，未完全理論化合意拒絕任何一種意識形態的暴政，它實際上還是在告訴中國的決策者以及學者，在相當長的一段時間內，唯一要加以定型化的就是反定型化本身，地方試驗主義的憲制反對任何以一種實體模型進行整齊劃一的整合。如果回歸憲法的實質性定義，即那些常規政治過程所不能改變的規範或命令，那麼反定型化及其所要求的未完全理論化共識乃是中國在改革時代的結構性憲法。

1　關於"去政治化的政治"，可參見汪暉：《去政治化的政治：短 20 世紀的終結與 90 年代》，生活‧讀書‧新知三聯書店 2008 年版。

2　新物質技術的出現可以推平時空的差異性。例如，高鐵一方面讓社會時間得以提速，另一方面也使得空間在縮小；互聯網的普及實際上也推平了原有的以省為單元的政治信息傳播和溝通結構，可參見田雷：《跨省監督：中國憲法體制內的表達自由》，載《北大法律評論》第 13 卷第 1 輯。

3. 中國做對了什麼？——基於憲法理論的一種簡答

近年來，尤其是在紀念改革開放三十週年前後，海內外學界在討論中國崛起和中國模式時經常會提出一個問題，中國到底做對了什麼。[1] 既然本章定位為中國憲制模式的一種論述綱要，在即將結束主體部分的論述時，我有必要從憲法理論的立場和方法來簡要回答這一問題，即中國的憲制實踐到底做對了什麼。

至少在本章的論述脈絡中，問題的答案可以歸結為中國在改革時代所運轉的一種反定型化的憲制系統。正如相關論述中所闡釋的地方試驗、憲法變通、區域競爭、學習和適應能力，反定型化在一定程度上解決了同一性和差異性、中央控制和地方試驗之間的矛盾，中央和地方"兩個積極性"作為憲法策略擺脫了時間維度內的"一放就亂、一抓就死"，而充分有效地利用了空間維度內的"遼闊博大"和"包羅萬象"，由此實現了各得其所的調適。貝淡寧有一篇題為《中國可以教給歐洲什麼？》的評論文章，在比較了重慶和成

1　例如參見周其仁：《鄧小平做對了什麼？——在芝加哥大學"中國改革 30 年討論會"上的發言》，載《經濟觀察報》2008 年 7 月 28 日。關於這一類問題的正當性與理論挑戰，張五常在《中國的經濟制度》中有一段精彩的說明："一個跳高的人，專家認為不懂得跳。他走得蹣跚，姿勢拙劣。但他能跳八英尺高，是世界紀錄。這個人一定是做了些很對的事，比所有以前跳高的做得更對。那是什麼？在不同的內容上，這就是中國的問題。""不要告訴我什麼不對。我可以在一個星期內寫一本厚厚的批評中國的書。然而，在有那麼多的不利的困境下，中國的高速增長持續了那麼久，歷史上從來沒有出現過……中國一定是做了非常對的事才產生了我們見到的經濟奇跡。那是什麼呢？這才是真正的問題。"參見張五常：《中國的經濟制度》，第 117 頁。

都兩地解決城鄉差距的不同探索後，貝淡寧指出："最終，中央政府將決定何者走得通，而何者走不通。而這並不是一件壞事；它鼓勵了地方性的變通和內部間的競爭。歐洲的領導人應該記錄下這一點。中央權威不僅應該有權懲罰'失敗者'，如歐洲在希臘問題上所做的那樣，還應該有權獎勵那些為歐盟其餘國家設定一種良好示範的'成功者'。"[1]首先應該指出，貝淡寧對"地方性變通"和"內部競爭"的概括並不具有太多新意。[2]之所以選出貝淡寧的這篇報紙評論文，原因在於他自覺地找準了憲法比較的參照系。具體地說，他不是在中國和歐洲任何一個民族國家之間做比較，而是在比較中國和歐洲，這一參照系可以讓我們更好地理解中國憲制模式及其實踐。

眾所周知，中西方在十九世紀的重遇，讓中國被動地納入了歐洲人所定義的國際政治秩序。為了擺脫落後就要捱打的局面，更為了避免中華民族的"亡國滅種"的危機，中國在二十世紀的根本歷史任務就是要將自己建設成一個現代民族國家，無論共產黨還是國民黨，也包括一切進步的政治力量，此任務均構成它們為之努力奮鬥的政治目標。追根溯源，現代民族國家起源於歐洲，原因即在於歐洲的列國割據

1　Daniel Bell, "What China Can Teach Europe", *The New York Times: Sunday Review*, Jan. 7, 2012.

2　例如，汪暉近期也提出了"中央的整合能力"與"地方的適應能力"，參見汪暉：《革命、妥協與連續性的創制》，載《社會觀察》2012 年第 1 期，第 15 頁。

局面及其所內生的戰爭、國家建設和制度擴散。[1]反過來說，中國之所以在近代陷入落後就要捱打的境地，原因之一就在於中國在長期大一統的政治格局內失去了區域間競爭的壓力和制度創新的動力。因此，中國早在公元前就建立起一種準現代意義上的國家，[2]這種政治早熟一方面護衛著中國古代燦爛奪目的文明，但另一方面也導致中國政治無法內生性地完成向民族國家體制的轉型。

綜合地看，無論是中國式的"四海一家"的大一統，還是歐洲式的"分疆裂土"的列國或戰國狀態，都各有其憲制意義上的利弊。簡單地說，大一統可以保證一種最低限度的政治秩序，既然內部不會發生戰爭，也就能團結一致對外以維護國家安全，但弊病在於，大一統格局下的政治發展很可能進入"超穩定"的停滯狀態。反過來說，列國或戰國格局必定會催生國家間的制度競爭，但列國體制不僅會造成內部戰爭，更重要的是，列國體制本身就意味著最基本的政治秩序的失敗。也是因此，憲法學者切勿做簡單的反向推理，既然多元格局可以允許精英"用腳投票"或製造"競爭機制"，就因此應該人為製造出群雄逐鹿中原的分裂格局。尤其是現代中國不再是"位於中央的王國"，而是世界民族之林中的一員，換言之，競爭性的格局早已不只是中國的內部問題，

1　例如參見 Charles Tilly, *Coercion, Capital, and European States, AD 990-1992*, Wiley-Blackwell, 1992。

2　See Francis Fukuyama, *The Origins of Political Order: From Prehuman Times to the French Revolution*, Farrar, Straus & Giroux, 2011.

而是中國作為一個國家所必然面對的世界格局，因此斷然沒有分裂中國以求得制度競爭動力的道理。[1]

由是觀之，中國憲制模式最大的成功就在於，自 1978 年開始的改革開放時代以來，中國的憲法決策者因應中國政治空間的差序格局，以自覺的反定型化策略作為一種實在的憲法規範，在中央控制的前提下允許並且鼓勵地方因地制宜的試點和試驗，並且允許地方之間的制度競爭和學習，接下來才在憲法框架內審慎地進行未完全理論化的合意。這既構成了本章對中國憲制模式的一種概括，又正是本章認為中國模式或中國奇跡的憲法基礎。

| 四 |

憲法理論的一點檢討

總結我們的討論，本章以中國憲制模式為題，以"差序格局"、反定型化和未完全理論化合意為關鍵詞，層層遞進發現了中國憲制的一個結構性面向。具體地說，"差序格局"是中國憲制模式的物質基礎，是中國憲法實踐以及理論思考的立足點。有關"差序格局"的討論要求中國憲法的研究者必須自覺地面對中國，也就是說，中國憲法學在建構面向

1　關於這一命題的精彩論述，可參見張翔：《列國競爭、鄉邑自治與中央集權——康有為海外遊記中的"封建—郡縣"問題》，載《開放時代》2011 年第 11 期。

未來的理想圖景之時，首先必須"腳踏實地"回到中國的國情。反定型化是由差序格局所決定的中國改革的憲制策略，至少根據鄧小平的論述以及我們當下的實踐，中國改革在相當長的時間內包含並且包容著參差多態的地方模式，我將此概括為一種基於地方試驗主義的憲法。[1] 它允許由下至上的因地制宜的制度創新和政策試驗，地方政府"大膽試"，中央政府則"允許看"。在此基礎上，中國憲制作為一種整合機制，一方面要盡可能地形成可以團結最大多數人的共識，另一方面也要自覺地保持共識的未完全理論化。之所以反對完全理論化的憲法共識，不僅是建設一個各得其所的自由社會的要求，還是由差序格局政治空間及其內部差異性與反定型化作為特定時期的憲法策略所共同決定的。在論述過程中，這三個概念在理論邏輯上是層層遞進的，它們所共同建構的憲法實踐模型，構成了理解中國憲制的一個重要維度。同時也應指出，我在論述時力求回到婦孺皆知的國情通識和可見於學界的一些中國論述，這是因為理論必須來自於實踐，並回到實踐，為實踐所檢驗。

正如我在本章一開始就批評中國憲法學未能看見中國憲制，在本章的主體論證完成後，我在此有必要回應一種可預期的批評，即前文對中國憲制模式的討論也未能看到《憲

1　在美國憲法語境內的一種相關思考，可參見 Michael Dorf and Charles Sabel, "A Constitution of Democratic Experimentalism", *Columbia Law Review*, 1998, vol. 98, pp. 267-473。

法》。應當承認，本章既未解釋"八二憲法"的單個或多項條款或者文本結構，也沒有探索憲法作為一種文本的解釋方法或實施機制。之所以選擇這麼做，原因還是在於我對憲法特別是中國憲法所特有的一種理解：我從不否認憲法是並且首先是一種文本，但更希望探討憲制作為一種積極的政治作為是如何實踐的。而在本章的論述中，憲法既不是法院解釋《憲法》所形成的判例或司法學說，也在一定程度上超越了憲法對政體的建構和對政治過程的塑造，即我們通常所說的憲法政體問題，而是最大程度上回到了憲法的概念原意，即政治共同體的根本結構方式。[1]

憲法作為共同體的根本構成方式這一命題，可以從積極和消極兩個方面加以理解。其積極方面表現為通過制憲這種政治作為的"合眾為一"，即原本生活棲居在同一塊土地上的多個共同體通過制憲這種政治作為，將各個共同體合併在一起，"憲法"由此取代了"國際法"，成為調控彼此間關係的根本大法。其消極方面實際上就是"合眾為一"的反向運動，它要求統一的共同體絕不能退回到"列國體制"的分裂格局，這通常表現為共同體的四分五裂或地域性的脫離，由此原本由憲法所規範的內部事務退回到由國際法調控的國際問題。

從歷史上看，多個共同體通過憲法實現合併，最成功的

1　關於憲法概念原意的一個探討，可參見章永樂：《舊邦新造：1911—1917》，北京大學出版社 2011 年版，第 14 頁。

案例莫過於美利堅"合眾國"的創制。憲法學者經常因為馬伯里訴麥迪遜就為美國憲制貼上司法憲制主義的標籤，這其實是對美國憲制史的一種誤讀。事實上，從《聯邦黨人文集》前九篇的論述中，我們可以發現美國制憲者的積極且自覺的政治作為。具體地說，美國之所以要制憲，就是要實現"聯合國在北美"的憲制合併，要在公民個體為本的基礎上進行統一憲制立國。在聯邦黨人看來，這既是要防止新大陸重蹈歐陸舊世界的政治覆轍，又是要學習英倫三島在1707年憲制合併的經驗。[1] 這裏的基本憲制原理就是經由制憲作為的合眾為一，對內杜絕列國體制和內部戰爭，對外團結一致保家衛國。在經由制憲而建國後，美國憲制的連續性就體現在它是在一部憲法的框架內完成了國家建設和重建。例如，我們知道，美國在建國之初只有十三個州，現在卻有五十個州，正如蘇聯解體的根據為蘇聯憲法是一種憲法過程，美國擴張也是一個憲法過程。[2] 就此而言，如果説美國的憲制發展表現出一種例外主義，那就是這一憲制建國和擴張的過程從根本上有別於歐洲的割據、邊界、戰爭、條約的政治發展邏輯。國際法來自歐洲，憲法來自美國，但它們實際上都是在處理國家統一和"國際關係"的問題，只是國際法是在處理

---

1 See Akhil Reed Amar, "Some New World Lessons for the Old World", *University of Chicago Law Review*, 1991, vol. 58, pp. 483-510.

2 一個相關的討論，可參見 Sanford Levinson and Bartholomew Sparrow, *The Louisiana Purchase and American Expansion, 1803-1898*, Rowman & Littlefield Publishers, 2005。

敵我之間的你死我活的鬥爭，而憲法卻是在處理同胞之間的內部矛盾。[1] 歐洲只是在經歷了兩次大戰的淬煉後，才發現民族國家體系的國際法無法解決歐洲問題，這才啟動了由"條約"到"憲法"的"合併"過程。在大歷史的視野內，歐盟制憲不正是要建立起一個歐羅巴合眾國嗎？[2]

在經由制憲實現"合眾為一"後，共同體時刻都要準備著防止它自身的裂變和崩潰，杜絕在原有的政治區域內重新出現一種新"列國體制"。一旦出現這種"最糟糕的情形"，就意味著憲法的退場和國際法的出場。在此意義上，"去列國體制"乃是一國憲法首先要加以解決的問題。現代憲法可以在多個層面上解決這一問題。首先，憲制理念和脫離權本身是相互衝突的，這也就意味著地方絕對不可能單方面帶著它的土地離開共同體，因此國家統一和反分裂是同一問題的兩個方面。[3] 其次，國家統一和分裂都表現為一種結果性的狀態，在常規時期，憲法每時每刻要進行政治共同體的整合，不能指望在例外狀態下的畢其功於一役。由於共同體存在著不同的分歧可能，其整合也相應具有不同的邏輯和技術。再次，作為政治科學的一種研究，憲制設計和工程學也有關於

<hr>

1　參見 Jack Goldsmith and Daryl Levinson, "Law for States: International Law, Constitutional Law, Public Law", *Harvard Law Review*, 2009, vol. 122, pp. 1791-1868。

2　參見 Bruce Ackerman, "The Rise of World Constitutionalism", 1997, *Virginia Law Review*, vol. 83, pp. 771-798。

3　參見 Cass Sunstein, "Constitutionalism and Secession", *University of Chicago Law Review*, 1991, vol. 58, pp. 633-670。

政治整合的思考。例如，比較政治學內的"統和性民主"實際上就是在探索多元社會的政治穩定性問題。[1]歸根到底，任何憲法改革都必須考慮到它對政治整合是否會有反作用。[2]

在這裏還應簡單説明，以上將內和外及其相對應的憲法和國際法進行了一種非此即彼的處理。但在具體問題上，尤其是在中國差序格局的政治空間之內，憲法作為對內治理的技藝並不就必然排斥國際法的方法和認識論上的啟示。也就是説，在政治實踐中，兩者之間不是簡單的非此即彼，而是在相當程度上相互流變和借鏡的。

現代憲法學充斥著關於權力切割術的討論，在預設國家是必要之惡的前提下，憲法的功能被理解為如何對國家權力結構進行縱剖橫切，如何讓權力制衡權力，讓權利制約權力。在此意義上，現代憲法學的體系建構實際上是在進行解構的工作。具體地看，聯邦制、三權分立、兩院制、兩黨制（或多黨制）、司法審查、隱私權，這些在現代憲法學中

---

1 關於"統和性民主"（consociational democracy）概念的提出，參見 Arend Lijphart, *Democracy in Plural Societies: A Comparative Exploration*, Yale University Press, 1977。

2 袁世凱的憲法顧問古德諾就曾在中國憲制史上留下一段公案，這位美國的進步主義者認為立憲君主制要比共和制更適合中國。作者認為，古德諾問題的根本出發點就在於共和制在中國有可能滑入一種最壞的政體，但立憲君主制卻更可能避免這種"滑坡"。因此在古德諾這位憲法顧問看來，中國的根本憲制問題不是有沒有皇帝的問題，也不是好皇帝或壞皇帝的問題，而是中國能否自我生存的問題。共和制之所以不適合中國，在於它難以解決接班人的問題，從而走入古德諾反覆指出的"小專制者林立"的政治格局。參見 "Dr. Goodnow's Memorandum to the President", *Papers Relating to the Foreign Relations of the United States*, 1915, p. 57。

被奉為金科玉律的學說都是在不同層次和角度上分解共同體。將憲法還原為政治共同體的根本構成方式，實際上賦予了憲法更重要同時也更莊嚴的功能。在我看來，中國憲法首先並且主要的問題在於如何成為中國這一政治共同體的聯繫性紐帶，發揮其建構性乃至構成性的功能。而且，這裏的構成性也不只是解釋中國為什麼能或做對了什麼，它指向一個理論上更關鍵、實踐中更重要的問題，即中國作為一個共同體的存在合理性。也因此，前文所建構的模型雖然只是一種論綱，只能揭示中國憲制因為理論的傲慢與偏見被遮蔽的一角，但至少在我看來，這是相當關鍵的一角，無論是憲制的實踐還是憲法理論的探索，均為如此。在此意義上，我要感謝所有堅持到這裏的讀者，或許他們會認為本章提出了一個有價值的真問題，並且在努力解決這一問題的過程中提出了一點關於中國憲制實踐的新知。

肆

構造

以「香港」作為方法

讓我去那花花世界吧，

給我蓋上大紅章。

———

《我的 1997》，艾敬作詞，1992 年往事並不如煙。1984 年 12 月 19 日，中英兩國政府在北京簽署關於香港問題的聯合聲明，結束了長達兩年的雙邊談判，基本法的起草隨即提上日程。雖然有鄧小平同志定下宜粗不宜細的指導方針，[1] 但起草工作仍是"字斟句酌"，[2] 歷時五年才在 1990 年初拿出最終草案，交全國人大審議表決。1990 年 4 月 4 日，《中華人民共和國香港特別行政區基本法》（以下簡稱《基本法》）由全國人大通過，對於這部將"一國兩制"法律化的憲制文件，小平同志予以高度評價，認為是"一部具有歷史意義和國際意義的法律"。[3]

本章所要討論的"五十年不變"，出自《基本法》第五條："香港特別行政區不實行社會主義制度和政策，保持原有的資本主義制度和生活方式，**五十年不變**。""五十年

---

1 "過去我曾經講過，基本法不宜太細"，載鄧小平：《鄧小平文選》第三卷，人民出版社 1993 年版，第 220 頁。

2 "字斟句酌"，出自《姬鵬飛主任委員在中華人民共和國香港特別行政區基本法起草委員會第七次全體會議上的講話》，載全國人大常委會香港基本法委員會辦公室編：《中華人民共和國香港特別行政區基本法起草委員會文件彙編》，中國民主法制出版社 2011 年版，第 202 頁。

3 《鄧小平文選》第三卷，第 352 頁。

不變"看起來平淡無奇，實乃一隻可以解剖的麻雀。研究"五十年不變"，不只因為這五個字出現在《基本法》第五條，也不只因為鄧小平在上世紀八十年代曾對這五個字不厭其煩地詳加論述——香港城雖小，但事是大事，如何讓深圳河以南的同胞相信九七之後馬照跑、舞照跳，原有的生活方式保持不變，香港繼續穩定並繁榮，是鄧小平在改革開放之初的"小城大事"，更是因為，"五十年不變"生動地展示出《基本法》這部憲制性文件的規範屬性。為什麼要制定基本法？為什麼要制定一部"管長遠"的憲制文件，甚至自我宣佈五十年不變？只有思考這些問題，我們才能深刻理解"一國兩制"作為憲制安排的歷史意義，它是如何貫通過去、現在和未來的。在《基本法》實施進入"五十年不變"的中期節點之際，選擇以"五十年不變"為題，以此切入"一國兩制"及其在香港的實踐，也是對此最初提出於上世紀八十年代之初的學說的一次中期考核。

"五十年不變"，在"一國兩制"的歷史和實踐中是如此重要。但同這一條之歷史地位形成鮮明對比的是，現有的研究卻近乎空白。即便是就事論事，死摳"五十年不變"五個字的文章也檢索而不可得。也許按照某種憲法學的研究範式，"五十年不變"被遺忘是合乎情理的，畢竟，這一條在《基本法》實施以來並未被"司法化"，即便有朝一日需要司法解釋，這五個字想必也不構成教義學上的難題——"五十年不變"就是五十年不變，白紙黑字寫在第五條。但問題是，只要突破這種憲法學路徑的限定，"五十年不變"的學術缺失就是一個問題。君不見，在《基本法》實施的第二個十年，香港政治出現了我們在 1997 年、甚至 2007 年都不曾想見的變動：極少數極端"港獨"分子粉墨登場，挾裹激進的政治訴求，挑戰由《基本法》設定的香港政治框架和民主路線。為了給這種派性學說包裹上糖衣，"港獨"分子不得不圍繞著《基本法》做文章，但問題在於，若要論"初心"，他們意在顛覆"一國"這一法定的政治底線，這就決定了他們基於法律的論證往往萬變不離其宗，難以自圓其說。以近年一度頗有市場的"香港城邦論"為例，這種學說以香港作為"非國非市"之城邦為立論前提，將《基本法》授予的"高度自治"置換為"完全自治"或"本土自決"，但只要邁出這一步，就未免是在同《基本法》序言和第一條的白紙黑字強詞奪理。還有一種常見的論證，即所謂的"二次前途論"，在鼓吹獨立時就藉"五十年不變"為橋。其基本策略是，從五十年不變直接推出五十年後的大變。基於此主張，五十年大限一到，當時鐘指向 2047 年 6 月 30 日晚 12 點時，香港政治就進入了一個新憲法時刻，可由"香港城邦自決"以擇定未來向何處去——是為"二次前途"。而本章將證明，這種簡單粗暴的解讀是對"五十年不變"的曲解，為法理所不容。

為完成這個理論和現實意義兼具的課題，本章分三個部分來進行論證。第一部分從文意上解讀"五十年不變"，什麼是"五十年"，又如何理解"不變"。第二部分為全篇的主體，從三個層面來分析"五十年不變"，分別是：（1）作為憲法規範的"五十年不變"；（2）作為政治承諾的"五十年不變"；以及（3）作為國家戰略的"五十年不變"。第三部分的討論建立在前兩部分的基礎上，每一部"憲法"都有它的政治時間，香港《基本法》也不例外，從"五十年不變"看香港政治，《基本法》所設定的，不是一種五十年後重新出發的斷裂時態，而是包容著一種在連續性軌道上追求與時俱進的民主政治。不理解這一點，就會從字面意義上無限拔高"港人治港"或"高度自治"，無意識甚或有意地忘記《基本法》之存在就構成對高度自治的限定。這種脫離《基本法》空談自治政治的做派，實乃香港政治種種亂象此起彼伏的社會心理根源。

| 一 |

"五十年不變"的語義解析

《基本法》第五條規定："香港特別行政區不實行社會主義制度和政策，保持原有的資本主義制度和生活方式，五十年不變"。這一部分，我們將"五十年不變"這五個字摳出來，只是就這五個字做文章。從語義上解讀，並不意味著只要手邊有字典，"五十年不變"的問題就能迎刃而解。對"五十年不變"做語義的解讀，只是我們思考的起點而已。

1. "五十年"

先看"五十年"。五十年是多久,在時間軸上佔據多長的位格,往簡單了說這甚至不成其為問題,科學的答案是五十個 365 天(或 366 天)。但在"五十年不變"這一表述中,確定了"五十年"有多長,只是第一步;緊接著還要明確兩個問題:(1)不變的起算點從何時起;(2)"五十年"究竟是個確數,也即上述自然時間的五十年,還是個概數,也即五十年是指一個相當長的歷史時期,因此不僅五十年,還包括了五十年及其以後。到了這一步,死摳字眼已經無益,我們必須回到基本法起草的歷史語境及其篇章結構去尋找線索。

"五十年不變"的起算點,應定在何時?雖然"五十年不變"的提法在上世紀八十年代初就已經基本定型,《中英聯合聲明》簽署當日,鄧小平就對撒切爾夫人談到為什麼是"五十年"的問題,[1] 但我們不能因此就斷定五十年的起算點是聯合聲明簽署時。歸根到底,"五十年不變"是面向未來的,那麼這個"未來"應始於 1997 年 7 月 1 日中國對香港恢復行使主權之時。這是因為,"不變",無論是作為憲制規範,還是政治承諾,其啟動之前提恰恰要求更根本的憲制之變。換言之,如果不是接續某個憲制之變,不變的承諾既毫無意義,也無從理解。繼續咬文嚼字,《基本法》規定的是

1　《鄧小平文選》第三卷,第 101-103 頁。

"保持原有的資本主義制度和生活方式"，既然資本主義制度已經成為"原有的"，亦即一種沒有《基本法》保駕護航就無從繼續保持的社會制度，這就隱含著一種政治時間之斷裂，只有香港歷史掀開新的一頁，才能讓資本主義成為"原有的"。這樣看，"不變"的起算點就一定是在 1997 年 7 月 1 日，也即五星紅旗在香港升起的歷史時刻。[1]

還有，"五十年"到底是確數，還是概數？既然已確認"五十年"的起算點是 1997 年 7 月 1 日，如果這"五十年"就是簡單的五十個年頭，那麼 2047 年 6 月 30 日午夜就構成《基本法》時間的斷點——當然，斷點並不必然意味著斷裂，也可能會有續命；即便單從邏輯上講，也絕非如前述"港獨"所鼓吹的，只要五十年大限一過，香港就可以拋棄《基本法》之規約，無任何歷史負擔地自主決定香港向何處去。《基本法》沒有任何條款表示它只管五十年。若"五十年"只是不多不少的五十年，語義的明確反而會導致現實政治的混亂，這麼講，"五十年"就很可能是一個概數，究其所指就是自香港回歸起算的一段相當長的歷史時期。

而且，這不僅是由邏輯上反推可以支持的結論，至少還有如下三項理據來加持。第一，"五十年不變"的首次官方表述，見於《中英聯合聲明》，其表述是"在五十年內不

1　陳端洪教授將這一歷史性時刻稱為理解香港政治的"元點"，也即"締造時刻"，且"元點的意義是不能通過歷史考證來發現的，而要藉助理論想像來詮釋"，參見陳端洪：《理解香港政治》，載《中外法學》2016 年第 5 期，第 1127 頁。

變"，[1] 如果同之後在《基本法》內定型的"五十年不變"相比，很顯然，前一種表述"在……內"是把不變的時段限定在2047年以內的，而"五十年不變"至少在語義上更開放，沒有直接交待五十年過後要怎麼辦，僅從這一線索作語義推演，五十年之後變還是不變，在《基本法》的文意上就沒有說死，是一個面向未來保持開放的問題。考慮到《基本法》的表述是從"在五十年內不變"的基礎上調整而來，這就是立法者當年的有意之舉，代表著對"以內"的否定。第二，在中英雙方就香港前途問題展開會談前，中央政府在1982年初曾形成對香港的"十二條政策"，醞釀時，一個需予以明確的問題就是中央對港政策"長期不變"，這個長期究竟有多長。"開始時，有的人提出'三十年不變'，大家覺得三十年還太短，主張五十年。於是在新修改的十二條政策中，增加了很重要的一條規定：中國政府對香港的方針政策'至少五十年不改變'。"[2] 這段往事也透露出一點，"五十年"從一開始就不是個確數，也不可能是個確數，只是三十年太短，所以增加至"至少五十年"。由是觀之，從"長期不變"到"至少五十年不改變"，再到"五十年不變"，雖然語言始終在微調，但其用心一也，"至少五十年"作為橋樑，一方

1　"關於中華人民共和國對香港的上述基本方針政策……中華人民共和國全國人民代表大會將以中華人民共和國香港特別行政區基本法規定之，並**在五十年內不變**。"參見《中英聯合聲明》第三條第十二項。

2　李後：《百年屈辱史的終結——香港問題始末》，中央文獻出版社1997年版，第70頁。

面是對長期有多長的現身說法，另一方面也能說明《基本法》內的"五十年"是個概數。最重要的是第三個線索，來自鄧小平的論述。在什麼是"五十年"這個問題上，小平同志的講話並不隱微。在 1988 年 6 月的一次談話中，他就指出："五十年只是一個形象的講法，五十年後也不會變。前五十年是不能變，五十年之後是不需要變。"[1] 雖然有學者始終認為鄧小平此處話中有話，不然為什麼要在一句話裏區分"不能變"和"不需要變"，但就我們這裏所議，也即如何理解"五十年"，這句話講得再清楚不過了：無論是"不能變"還是"不需要變"，總之是五十年過去後也不會變。"五十年"在《基本法》內是一個概數，包括了五十年及其以後。2047年 6 月 30 日，只是《基本法》所預設的長期不變之時間進程內的普通節點而已，絕非如"港獨"分子所鼓吹，五十年不變可以反推出五十年之後的大變。

2."不變"

"不變"是指什麼？在琢磨這兩個字的含義時，不妨從最基本的前提開始思考，"沒有什麼會永垂不朽"[2]——任何一部法律都要有與時俱進的能力，如果完全封閉僵化，這樣的法律反而不可能長久存在，在此意義上，立法者必須注意在穩定性（不變）和調適力（變）之間的平衡。由此即可推

1　《鄧小平文選》第三卷，第 267 頁。
2　王菲歌曲：《紅豆》，Albert Leung 作詞，柳重言作曲，1998 年。

斷，誠然"五十年不變"意味著原有的資本主義制度和生活方式要予以保持，但"不變"不可能是完全的不變，況且人類也不可能通過寫在紙面上的法條就鎖死變動不居的現實政治。真要管得太死，不僅過度限定了中央政府基於"一國"而對香港的管治權，同時也和港人之"高度自治"有所衝突，因此不可能是完全不變，不是在香港回歸那一刻就對現狀完全"凍結"，且在凍結期內，抵禦一切來自北京或香港本地的變革要求。完全不變，在邏輯上不可能，在現實中無法做到，也不符合《基本法》設定的民主框架。

不是完全不變，可不可能是絕對不變？也就是說，無論未來發生什麼變動，"五十年不變"本身都不可變？說得再直接點，假設一個思維試驗，如香港在未來發生了我們都不願看到的動亂，"五十年不變"的承諾是否有可能提前收回？這個問題，在現實政治中複雜且敏感，但並不因此排除我們在此作嚴肅而審慎的探討。在 1987 年 4 月會見基本法起草委員會時，小平同志就講過："如果變成行動，要把香港變成一個在'民主'的幌子下反對大陸的基地，怎麼辦？那就非干預不行。干預首先是香港行政機構要干預，並不一定要大陸的駐軍出動。只有發生動亂、大動亂，駐軍才會出動。但是總得干預嘛！"[1] "干預"，是一個動詞／動作，作為在香港發生"動亂"甚至"大動亂"時的回應手段，從小平同志

1　《鄧小平文選》第三卷，第 221 頁。

的表述可以看出，干預不僅是中央的權力，也是中央的職責（"非干預不行"）。當然，中央出手干預，哪怕是出動駐軍的"大干預"，也不等於收回"五十年不變"的承諾，只要香港社會恢復穩定常態，干預也就隨之中止，並不造成基本憲制的變動。但憲制設計必須考慮到最壞情況的發生，如鄧小平所問，"特別行政區是不是也會發生危害國家根本利益的事情呢？難道就不會出現嗎？那個時候，北京過問不過問？"[1]

歸根到底，《基本法》的基石在於"一國"，一國構成了《基本法》存續和實施的政治前提，這個前提是不言自明的——《基本法》第一條就規定"香港特別行政區是中華人民共和國不可分離的部分"。既然如此，假若某種"大動亂"威脅到"一國"，是不是還要繼續保持"井水不犯河水，河水不犯井水"？[2] 顯然不可能如此僵化。林肯就講過，現在也已成為美國憲法學的共識，憲法並不是一部"自殺契約"。[3] 共同體的存續，無論從歷史上還是邏輯上，都先於憲法文本的存在。《基本法》序言提到在香港設立特別行政區，第一個目的就是"為了維護國家的統一和領土完整"。假若某種"大動亂"威脅到國家統一，中央政府保留著對基本法憲

1　《鄧小平文選》第三卷，第 221 頁。

2　"井水不犯河水"，參江澤民：《江澤民文選》第一卷，人民出版社 2006 年版，第 81 頁。

3　〔美〕理查德·波斯納：《並非自殺契約：國家緊急狀態時期的憲法》，蘇力譯，北京大學出版社 2009 年版。

240

制進行變動的主權，這是不言而喻的。當然，在什麼條件下才可動手干預，這是一個政治判斷問題，但無論如何，這種"干預"權是內在於《基本法》之結構的。它無需來自某個具體條款的明文授權，而是架構性的憲制權力。只要這一權力是正當存在的，那麼"五十年不變"也就不會是絕對的不變。

總結本部分的討論：首先，"五十年"是個概數，它所指的是自香港回歸祖國、《基本法》實施之後的相當長的歷史時期，並不以自然時間的五十年為限，因此並不意味著，當時間到達 2047 月 6 月 30 日，香港政治就進入某種自然狀態，港人可以無歷史負擔地為香港未來進行"立憲"——這是對"港人治港"的惡意曲解，不是沒頭腦，就是不高興！其次，"不變"是相對而言的，既不可能是完全的不變，也不是絕對的不變，《基本法》在文本、結構和立法意圖上都規定了一種在連續性軌道上循序漸進的民主過程。

| 二 |

"五十年不變"的三種面孔

本部分在三重語境內分析"五十年不變"：首先是基於《基本法》的文本來解釋"五十年不變"，在文本結構的語境內，"五十年不變"是作為憲法規範而存在的；其次是根據

《基本法》起草前的歷史文獻來闡釋"五十年不變",在此歷史語境內,這五個字是作為政治承諾而存在的;最終則回到中國憲制全局來把握"五十年不變",也就是作為國家發展戰略的"五十年不變"。三重語境在以下的行文邏輯中是前後相繼的,但它們彼此之間並非相互孤立,而始終表現為同一個實踐的不同面向及其學理呈現。在此意義上,本部分的分析結構是三位一體的,三重語境和視角透視出"五十年不變"的三種面孔,由此最大程度地促進我們理解"一國兩制"這種憲制安排的意義。

1. 作為憲法規範

"五十年不變"出現在《基本法》第五條,是一個副詞加動詞的表達結構。什麼是它所講的"不變"?當然是香港在回歸前"原有的資本主義制度和生活方式"。民間曾用"馬照跑、舞照跳"這種活色生香的表達概括社會生活在九七後的延續,但無論這種通俗易懂的講法在回歸預備階段有多大的安定人心之功,用"跑馬"和"跳舞"來概括資本主義制度和生活始終是膚淺的。但問題是,無論是第五條,還是整部《基本法》,都並未對什麼是"資本主義"下具體定義。僅從《基本法》第五條,我們所能知道的就是,以深圳河為界,資本主義和社會主義作為兩種不同的制度和生活方式,井水河水,互不侵犯,兩制將在相當長的歷史時期內於一國之內"對峙"並共存。

但這仍未回答問題，只是原地踏步！我們應當根據《基本法》的文本來追問一個問題：既然不可能是完全不變，不變若要有現實之規範力，那就必須確定到底什麼是不能變的，也即"不變"這兩個字在《基本法》內控制了哪些條款，或者說，哪些內容屬於長期不變的範圍？在隔離出"不變"之後，餘下的就是可由政治軌道加以改變的——以權力之根據來劃分，可變的又分為兩種路徑和機制，一種是港人治港的自治政治，另一種是中央在一國框架內所固有的憲制性權力。而中央權力又可做進一步的細分，包括：（1）根據《基本法》第一百五十九條修改《基本法》的權力；（2）中央政府在授權高度自治後仍保留的主權權力，其中既有具體特指的國防和外交權，但又不限於此，比如說，根據《基本法》第十八條，全國人大常委會可依法對列入附件三的法律作出增減——列入附件三，就意味著這部全國性法律也要在香港實施，兩制要讓位於一國；（3）全國人大常委會根據《基本法》第一百五十八條所享有的解釋權，只要釋法機制運轉起來，則即便文本不易一字，《基本法》仍可做到與時俱進，且解釋就包含著決定，這一點沒必要避諱。而對於我們而言，需要回答的問題是"不變"的範圍；至於可變的又是因何以及如何變，究竟是授予港人的自治權，還是中央保留的憲制權，暫且擱置不論。

　　回答"不變"的問題，要將《基本法》全部條款貫通起來解讀。在整體視野內，第一百五十九條同第五條的關聯就顯示出來。第一百九十五條共四款，是對《基本法》修改權和修改程序的規定。有趣的是，該條在第一款至第三款規定了《基本法》的修改權以及程序後，還在第四款規定了修改權的限度："本法的任何修改，均不得同中華人民共和國對香港既定的基本方針政策相抵觸。"如果考慮到《憲法》作為《基本法》的規範根據，[1] 並未承認修憲權的限度（按照憲法第六十四條對修憲的規定，符合程序，任何條款都是可以修改的，至少沒有明文列舉不可修改之條款），那麼這裏的第四款就更有匠心獨具之處了，可以説是《基本法》有別於國家憲制傳統的伏筆，是對全國人大依法修改《基本法》之權力所設定的內容限度。根據這一款，"中華人民共和國對香港既定的基本方針政策"是不可改的，也就是説，如果對《基本法》的修改同這些方針政策相抵觸，那麼修正案即便程序正當，也不可生效。

到此為止，我們可以得出一個判斷，在將《基本法》第五條和第一百五十九條放在一起解讀後，在相當長歷史時期不可改變的，甚至是通過《基本法》修改程序也無權改變的，是"對香港既定的基本方針政策"。那麼此條所指的"基本方針政策"到底是什麼？既然《基本法》文本用了"既定的"，這些被稱之為"基本"的方針政策，當然就是先於《基

---

1 中國《憲法》第三十一條規定，"國家在必要時得設立特別行政區。在特別行政區內實行的制度按照具體情況由全國人民代表大會以法律規定"。這是《基本法》的規範依據。

本法》起草即已得到確定的，甚至可以説，《基本法》之制定，正是為了確保這些方針政策在香港回歸後可以不走樣、不變形，得到忠實執行。這一判斷，不只是我們在這裏的邏輯推演，《基本法》序言也是如此宣告的：特制定《基本法》……"以保障國家對香港的基本方針政策的實施"。於是又回到這個問題，到哪裏去尋找這些在《基本法》中被稱之為"既定的"、先於《基本法》而成型的基本方針政策呢？好在《基本法》序言接著就有明文指引，"國家對香港的基本方針政策，已由中國政府在中英聯合聲明中予以闡明。"

現在要將《中英聯合聲明》納入視野了。翻看這份文件，這些由中國政府所聲明的對港基本方針政策，是列舉在第三條的。該條共十二項，而且聯合聲明另附"附件一"，即《中華人民共和國對香港的基本方針政策的具體説明》。這就非常清楚了，由聯合聲明第三條所載的各項基本方針政策，就是《基本法》第一百五十九條所指稱的"對香港既定的基本方針政策"，因為這些方針政策先於《基本法》而成型，故而是"既定的"。

不止這些文本結構的論證，還有一處細節也能確證上面的論斷。《中英聯合聲明》第三條，在前十一項列舉了對港的基本方針政策後，第十二項作為執行條款聲明如下："關於中華人民共和國對香港的上述基本方針政策和本聯合聲明附件一對上述基本方針政策的具體説明，中華人民共和國全國人民代表大會將以中華人民共和國香港特別行政區基本法規定之，並在五十年內不變。”這是“五十年”在《中英聯合聲明》中僅有的一次出現，連同這三個字若干年後在《基本法》第五條再次現身，無論《基本法》起草者是否自覺意識到這一點，文本之間的勾連至少隱含地表明，只有“保障國家對香港的基本方針政策的實施”，才能“保持原有的資本主義制度和生活方式”。在此意義上，“五十年”這三個字就像是隱形的橋樑，勾連起《中英聯合聲明》所載的“國家對香港的基本方針政策”和《基本法》所指的“資本主義制度和生活方式”。

綜上，我們可以探知“五十年不變”作為憲法規範的意義所在，它很大程度上構成了對全國人大《基本法》修改權的限定。理解這一點需要我們把《基本法》作為一個整體來看待，勾連起第五條和第一百五十九條以及序言，再從外部引入《中英聯合聲明》的相關條款。最終“五十年不變”這個表達所控制的範圍就是“國家對香港的基本方針政策”，而“不變”的規範意義就是要限制全國人大對《基本法》的修改權。換言之，“國家對香港的基本方針政策”，在相當長的歷史時期內，是不能變的，不可通過修改《基本法》來改變這些方針政策。這種歷時而不變的政治，很大程度上構成了起草《基本法》的初心和原旨。而所有變的政治，無論是來自北京的常規性管治（甚至包括鄧小平設想的“動亂”發生時的“干預”），還是生發於香港本土的自治，都是接續在這種不變的政治之後的，否則即為無本之木。

2. 作為政治承諾

1984 年 12 月 19 日,《中英聯合聲明》簽署當日,鄧小平會見撒切爾夫人的談話收入《鄧小平文選》,標題就是《中國是信守諾言的》。[1] 直至 1988 年,鄧小平在會見海外友人時還在強調:"對香港的政策,我們承諾了一九九七年以後五十年不變,這個承諾是鄭重的⋯⋯這不是信口開河。"[2] 解讀鄧小平這一時期的談話,可以看到,作為中國共產黨的第二代領導集體的核心,小平同志所傳達出的信息就是"五十年不變"是一項"承諾"——鄭重的承諾,不是信口開河!

什麼是"承諾"?人生意義上的承諾,最為我們所熟悉的莫過於一句電影臺詞:"如果要給這份愛加一個期限,我希望是一萬年。"[3] 這告訴我們,要在時間流動的維度內理解承諾。首先,承諾是事先作出的,是在時點 A 作出針對未來時段 B 的意思表示,是預先確定的對未來行為的約束;也因此,承諾是面向未來的,如西方政治理論中老生常談的"尤利西斯的自縛",尤利西斯預見到自己在經過女妖塞壬的海域時會受到歌聲的誘惑,因此提前讓船員將他綁在桅杆上,用蜜蠟封住他的耳朵,也就是在自己尚且理性的清醒時分,自縛手腳,以避免未來的自我毀滅;最後,承諾,至少是人世間的承諾,往往都是附有期限的,不可能是此恨綿

---

1 《鄧小平文選》第三卷,第 101-103 頁。

2 《鄧小平文選》第三卷,第 267 頁。

3 周星馳電影:《大話西遊之大聖娶親》,劉鎮偉導演,1995 年。

綿 "無絕期"，而是要給愛加一個期限，即便是 "一萬年"，也是 "有時盡" 的天長地久。但問題是，雖然小平同志已經開誠佈公，將 "五十年不變" 界定為鄭重的承諾，但 "承諾" 是不是憲法學的概念，能不能成為憲法分析的工具，尤其是在研討《基本法》時得心應手的學術概念，仍有待討論。

關於 "承諾" 作為一個憲法概念，魯本菲爾德教授進行了系統的論述。[1] 以美國憲法的歷史和實踐為材料，魯本菲爾德搭建起了憲法承諾的分析框架：立法，尤其是民主的立憲，就是要將人民的承諾寫入憲法內；而所謂立憲政治，就是要求政治生活遵循在歷史上凝聚成文的政治承諾，即便當下多數人的意願和這些先定承諾有所衝突。在此框架內，憲制承諾猶如歷史編織出的緊身衣，束縛著民眾意願的即時表達，要更替或否定歷史上人民登場所訂立的承諾，只有呼喚人民重新出場，而在此之前，憲法承諾就構成了政治生活的規矩。立憲政治在此意義上是反當下的，通過這種對眾意波動的制約，它要構築起一種歷時而自治的政治過程。"美國的憲制，就是人民做主的政治民族的自治實踐，它首先訂立本民族歷時不變的承諾，並在之後加以遵循"，在魯本菲爾德看來，基於歷史上形成的承諾來安排一個民族的政治生活，而不是以隨時隨波逐流的民眾意見為治理指標，這才是真實的自治，它要求以 "過往自我訂立的承諾"（self-given

---

1　Jed Rubenfeld, *Revolution by Judiciary: The Structure of American Constitutional Law*, Harvard University Press, 2005.

commitments laid down in the past）作為 "面向未來的法律"（law for the future）。[1] 那麼在這種憲法承諾理論的框架內，我們應當怎麼來理解 "五十年不變" 呢？

首先，為什麼要提出 "五十年不變" 的承諾，尤其是在面對來自國境外的賓客以及香港人士時要反覆強調："我們說這個話是算數的"；[2] "泱泱大國"，"作為一個大國有自己的尊嚴"，要 "講信義"；[3] "中國是信守自己的諾言的"？[4] 如小平同志親口所言，當然是 "為了安定香港的人心"。[5] 在談到 "不變" 之承諾及其所保證的制度延續性時，我們不可忘記，在不變之承諾生效前埋伏著一個更大的 "變"。1984 年國慶，小平同志告誡前來觀禮的港澳同胞不要盲目怕變："中國收回香港不就是一**種變**嗎"？[6] 確實，中國對香港恢復行使主權，本身就是憲制之變，是對延續百年的政治格局的否定。所謂 "硬幣上那尊容，變烈士銅像"，[7] 唱的就是政權交接的旋律。當然，值得思考的是，這一場憲制之變首先是用保守主義的話語表達出來的：是香港回歸祖國，中國對香港恢復行使主權。在這種敘事中，自 1840 年開始的英佔狀態，只是中國香港的一頁終究要掀篇的黑暗歷史——甚至

1　Jed Rubenfeld, *Revolution by Judiciary*, pp. 96-98.

2　《鄧小平文選》第三卷，第 58 頁。

3　《鄧小平文選》第三卷，第 72-73 頁。

4　《鄧小平文選》第三卷，第 102 頁。

5　《鄧小平文選》第三卷，第 267 頁。

6　《鄧小平文選》第三卷，第 73 頁。

7　羅大佑歌曲：《皇后大道東》，Albert Leung 作詞，羅大佑作曲，1991 年。

英國人也認為香港只是"借來的時間，借來的空間"，既然是借，就總有交還出去的一天。[1]但即便是在這種以恢復為基調的敘事內，當五星紅旗在香港會展中心升起時，歷史顯然翻開新的一頁，《基本法》開始實施，香港的新憲制秩序也自此開啟。深圳河以北，內地也有一首曾家喻戶曉的歌曲，"一九九七快點到吧，我就可以去香港"，[2]這是中國生活在社會主義制度內的十億人口對 1997 年的期盼，唱出了對資本主義"花花世界"的想像。這種以 1997 年作為香港乃至中華民族歷史之新起點的社會心態，由此可見一斑。

"'一國兩制'就是大變"，[3]面對著 1997 年的憲制之變，回到香港前途懸而未定的上世紀八十年代初，九七問題成為香港民眾心裏的頭等大事。"燈光裏飛馳，失意的孩子，請看一眼這個光輝都市；再奔馳，心裏猜疑，恐怕這個璀璨都市，光輝到此"，[4]這種九七情結的歌曲當年比比皆是。此一時彼一時，回到中英雙方就香港問題進行談判的歷史時期，深圳河一水之隔，內地和香港的社會經濟發展水平不可同日而語，在政治制度和生活方式上的差異也涇渭分明，香港人的惶恐可想而知。某些歷史細節也能證明這一點。上世紀七十年代末，隨著九七大限迫近，是英國人首先到北京"投

1　例如參見 Richard Hughes, *Borrowed Place, Borrowed Time: Hong Kong and Its Many Faces*, Andre Deutsch Ltd, 1968。

2　艾敬歌曲：《我的 1997》，艾敬作詞，艾敬、埃迪作曲，1992 年。

3　《鄧小平文選》第三卷，第 73 頁。

4　達明一派歌曲：《今夜星光燦爛》，陳少琪作詞，劉以達作曲，1987 年。

石問路"。[1] 1982 年 9 月，面對前來試探中方底線的撒切爾夫人，鄧小平從容不迫地給出一個不容置疑的判斷："關於主權問題，中國在這個問題上沒有迴旋餘地。坦率地講，主權問題不是一個可以討論的問題。"[2] 更有戲的一幕發生在此次會談結束之後，撒切爾夫人走出人民大會堂，回答香港記者提問時一時出神，竟跌倒在臺階上，膝蓋著地——這個鏡頭在香港電視上反覆播出。

"五十年不變"作為鄭重的政治承諾，出發點是要安定港人之心。也正因人心大過天，是最大的政治，我們才能理解為什麼鄧小平作為最高領導人要三番五次地對這五個字詳加闡釋。做出"五十年不變"之承諾，並用《基本法》將國家對港的基本方針政策固定下來，讓香港人相信九七之後"馬照跑，舞照跳"，香港可以保持繁榮和穩定，這就是"五十年不變"在上世紀八十年代的政治意義。有了"五十年不變"的承諾，就是在回歸後將資本主義制度和生活方式保護起來，既防止內地社會主義的河水沖決了香港資本主義的井水，同時也限定了港人高度自治的範圍——凡是承諾不變的，都不可以因一時衝動所糾集起的民眾意見而更替。桑斯坦曾這樣概括憲法承諾的功能："憲法寫入先定承諾，

1　關於麥理浩爵士訪問北京，可參見〔美〕傅高義：《鄧小平時代》，馮克利譯，生活·讀書·新知三聯書店 2013 年版，第 17 頁。

2　《鄧小平文選》第三卷，第 12 頁。

用意就是要去克服集體的短視或意志脆弱。"[1]

　　站在原旨主義的立場，憲法就是要通過先定承諾去拒腐防變，用立憲者的決斷去克服子孫後代的"腐"和"變"。[2]這樣看，凡屬憲制承諾，就不可能僅限於某個短促的歷史階段，必須能歷時而存續，"五十年"從語義上就鮮活地表達出承諾必須要長遠。但多長才算長，永遠是相對而言的，五十年的時間，在一個人的生命歷程中可以説是走過漫長歲月，但在地球往事的歷史中卻不過短暫一瞬。在憲法意義上，承諾如要成立，就要有能力超越立憲者個人的政治生命，表現為立憲者這一代對子孫後世的立法約束。也就是説，憲制承諾在時間維度上是要能跨越代際的。絕非巧合的是，小平同志也是從跨代際的角度來闡釋"五十年不變"的。

　　鄧小平最頻繁解釋何為以及為何"五十年不變"，是在1984 年。那年國慶，在會見港澳同胞國慶觀禮團時，素有"鋼鐵公司"之稱的鄧小平顯得有些兒女情長："就我個人來説，我願意活到一九九七年，親眼看到中國對香港恢復行使主權。"[3]小平同志最終還是未能實現這個願望，他在香港回歸祖國的半年前逝世。但在此我們要追問的是，即便只按字

1　Cass Sunstein, "Constitutionalism and Secession", *University of Chicago Law Review*, 1991, vol. 58, p. 641.

2　相關的論述，可參見田雷：《憲法穿越時間：為什麼？如何可能？》，載《中外法學》2015 年第 2 期，第 398-399 頁。

3　《鄧小平文選》第三卷，第 72 頁；四年後，小平同志這樣講過，"我的最大願望是活到一九九七年，因為那時將收回香港，我還想去那裏看看。"見《鄧小平文選》第三卷，第 273 頁。

面意思來理解，"五十年不變"的承諾也要管到 2047 年，遠遠超出了鄧小平以及當時中國共產黨和國家領導人的生命週期。因此當承諾"五十年不變"時，小平同志不只是代表活著的這代人立誓，還要為子孫後世確立不可輕易逾越的法度。就在表達了活到香港回歸的意願後，小平同志隨即對這種承諾的跨代際做了具體闡釋：

> 現在有些人就是擔心我們這些人不在了，政策會變。感謝大家對我們這些老頭子的信任。今天我要告訴大家，我們的政策不會變，誰也變不了……我們在協議中說五十年不變，就是五十年不變。我們這一代不會變，下一代也不會變。到了五十年以後，大陸發展起來了，那時還會小裏小氣地處理這些問題嗎？所以不要擔心變，變不了。[1]

在這段談話中，鄧小平始終是在跨代際的視域內來承諾"五十年不變"的。如他所講，即便"我們這些老頭子"不在了，政策也不會變，"我們這一代不會變，下一代也不會變"。從舶來西方的憲法承諾概念到中國領導人的政治言行，其中的契合顯然不是巧合。小平同志做出這些極具憲制意義的判斷，是為了做事，做成大事。香港問題在他手中

1　《鄧小平文選》第三卷，第 72-73 頁。

是不容有失的，有失就會成為"李鴻章"。[1] 這種西方理論和中國政治實踐之間的"暗合"應該讓憲法學者有所警醒，必須在本國政治領導人的言與行中去發現共同體的憲制，而且任何長期存在的大型共同體，其憲制運轉在各美其美的基礎上必定存在著美美與共之處。偉大的立憲者都懷有開闊且縱深的歷史感以及由此而生的政治責任感。[2] 同樣是在香港問題上，毛澤東晚年在會見英國前首相時也講過："都成了歷史了。你們剩下一個香港問題。我們現在也不談。到時候怎麼辦，我們再商量吧。是年輕一代人的事情了。"[3]

立憲政治的複雜也就在這裏。一方面，立憲當然是為子孫後世訂立他們不可逾越的法度，但另一方面，立憲也不能搞"兩個凡是"，要充分相信後來人有他們自己的智慧、意志、以及運氣，要讓每一代人在憲制承諾構築起來的政治框架內有充分的自治權，如毛澤東所言"是年輕一代人的事情了"，也如鄧小平在 1984 年談到釣魚島問題時所講的，"這個問題可以把它放一下，也許下一代人比我們更聰明些"。[4]

---

1 "如果不收回，就意味著中國政府是晚清政府，中國領導人是李鴻章。"《鄧小平文選》第三卷，第 12 頁。

2 更悠長的政治責任感往往並不來自選舉中的許諾，而根源於對歷史負責。偉大的政治家更追求歷史的評價，而未必那麼在乎一時的得失以及譽與謗。在這個問題上，古今中西皆然。"沒有哪個法庭在處理這樣的問題時不會深深感到它的重要性，因此要敬畏其手握的決策責任"，這出自馬歇爾在 1819 年美國銀行案中的判詞，*McCulloch v. Maryland*, 17 U. S. (4 Wheat.) 316 (1819)。

3 中華人民共和國外交部、中共中央文獻研究室編：《毛澤東外交文選》，中央文獻出版社、世界知識出版社 1994 年版，第 606 頁。

4 《鄧小平文選》第三卷，第 87 頁。

別忘記鄧小平倡導的"不爭論"，如果我們意識到"不爭論"的實踐智慧仍是在堅持四項基本原則以及中國憲法的政治前提之下，那麼這種在不變的根本法和變動的政治之間的複雜辯證關係，可以說是理解共和國憲制的關鍵所在。

回到"五十年不變"作為一種憲制承諾，還有兩個問題要追問。首先是基於政治實效的發問：為什麼鄧小平可以做出管五十年的承諾？為什麼香港人、全體中國人乃至全世界都相信這位以及這些"老頭子"的話？五十年之後，"我們這些人不在了"，為什麼他們所作出的承諾以及由此所構築的政治保險仍有現實的約束力？其次是基於政治正當性的追問：無可否認，"五十年不變"是對港人之高度自治權的高度限制，那麼這種對自治的設限為什麼會被認為是民主且正當的呢？接下來首先回答第一個問題，第二個問題留給本章第三部分。

"五十年不變"何以可能？對於這一首先見於領導人口頭、之後才由《基本法》予以確認的承諾，為何利益相關方始終報以最大程度的信任？當鄧小平說兩制並存要五十年不變時，沒有人質疑他的話，不僅相信他說話算數，不會"剛剛聽到望到便更改"，[1] 而且斷定他的話能算數，哪怕他不可能活到 2047 年。說到底，我們必須追問"一國兩制"這種憲制安排何以長存。也許有人會認為這麼思考只是庸人自

1　陳百強歌曲：《一生何求》，潘偉源作詞，王文清作曲，1989 年。

擾，為什麼不能長存呢？但如此發問只能表明觀察者還是事後諸葛亮，我們不能因為"一國兩制"成功運轉了二十五年，也勢必能延續更久，就忘記這種憲制安排不僅來自於慎思和選擇，還根源於偶然與強力，是在一個時間當口從逼仄的現實中找到的出路。鄧小平在 1984 年講，"一國兩制""不是一時的感情衝動，也不是玩弄手法，完全是從實際出發，是充分照顧到香港的歷史和現實情況的"。[1] 這裏的"從實際出發"以及"充分照顧"歷史和現實，只不過是不得不然（law of necessities）的另一種表達而已。小平同志自己也在不經意之間講過，"總要從死胡同裏找個出路"。[2] 當然，逼出來的出路未必就走不通，未必就是崎嶇的羊腸小道，也有可能具有歷史意義和國際意義。但無論怎麼講，"一國兩制"都是實踐中的憲制難題。如何在一國之內包容兩制，不光是井水不犯河水式的並存，兩制之間到底要維繫什麼樣的關係才能長期共存，站在 1984 年，即便是鄧小平這樣的偉人也無法給出完整的答案。

　　"一國兩制"之難，如果同美國早期憲法實踐加以對比，頓時可以看得更真切。"'自我分裂的房屋，不可能站立起來'，我相信，這個政府不可能永遠一半奴隸制，另一半自由制地持續下去……它將會變成要麼全部是奴隸制，

1　《鄧小平文選》第三卷，第 60 頁。

2　《鄧小平文選》第三卷，第 49 頁。

要麼全部是自由制”，[1] 這是林肯在 1858 年的經典演講《分裂之屋》中的核心判斷，短短幾句話概括出了美國面對的憲制難題。1787 年的立憲者，為他們的子孫後代確立了“一國兩制”的憲制安排：北方自由制，南方奴隸制。到林肯發表“分裂之屋”演說時，這種在一國內兩制相殺的局面已延續了七十年，為什麼到了 1858 年，林肯會認為這種“一國兩制”的政治不可能長存，最終——可能就在不遠的將來，不是北方吞併南方，就是南方壓倒北方，“自我分裂的房屋，不可能站立起來”？這就是問題：比較林肯和鄧小平的政治判斷，為什麼美國的“一國兩制”最終要定於一，而我們的“一國兩制”構架卻能維持長期不變呢？應當承認，如此簡單地進行中美之間的比較，遮蔽了真實的歷史語境，甚至連問題都算不上嚴肅的學術設問。所以以下的討論不是為了探求答案，只是接入美國憲法的某些背景，打開此前被忽視的某些面向，拓展我們對本國憲制問題的思考。

兩相比較首先可看出，美國的“兩制”在一國之內始終是等量齊觀的，大致歸結為南北問題；不僅如此，在建國憲法秩序內，甚至連國家的存續都取決於兩制之間的勢力均衡可否得到維繫。而中國憲法框架內的“兩制”，是九個指頭和一個指頭的關係。香港在回歸後保留資本主義制度，但只是特別行政區。既然有特別，當然就有一般。這個相較於香

1　轉引自〔美〕麥克弗森：《林肯傳》，田雷譯，中國政法大學出版社 2016 年版，第 28 頁。

港特區的"一般"，就是有著十億人口、實行社會主義制度的大陸。面對撒切爾夫人，小平同志就闡釋過這種主流和支流之間的關係：

　　"一國兩制"除了資本主義，還有社會主義，就是中國的主體、十億人口的地區堅定不移地實行社會主義。主體地區是十億人口，臺灣是近兩千萬，香港是五百五十萬，這就有個十億同兩千萬和五百五十萬的關係問題。主體是很大的主體，社會主義是在十億人口地區的社會主義，這是個前提，沒有這個前提不行。在這個前提下，可以容許在自己身邊，在小地區和小範圍內實行資本主義。[1]

　　這段話很清楚地表明了兩制在一國內的關係：在法律上未必有等差，但在現實政治和國家發展戰略中卻有主次之分。兩制之間雖然"和平共處"，[2] 但借用著名的"井水河水論"，[3] 資本主義始終是"小地區"和"小範圍"內的存在，無論香港抑或臺灣，都是特別行政區之"井水"，而中國的主體，也即十億人口的內地是實行社會主義的，是為"河水"。兩制在一國內的實力差異，是中美憲制的第一個重大

1　《鄧小平文選》第三卷，第 103 頁。
2　"我們提出'一個國家，兩種制度'的辦法來解決中國的統一問題，這也是一種和平共處"，《鄧小平文選》第三卷，第 96-97 頁。
3　《江澤民文選》第一卷，81 頁。

區別。

　　進一步觀察，第二個區別也不難發現。美國的兩制，也即自由制和奴隸制，是相互敵對的，奴隸制作為一種社會制度，完全站在現代性的對立面。這兩種正邪立判的社會制度，又以南北之間的地域分割共存在一個政治民族內，整個共同體的存續甚至也要指望著動輒就會傾覆的勢力均衡，最終的結局也只能如林肯所言，兩制遲早要併為一制。而在中國憲法的框架內，兩制之間誠然有區別，否則"五十年不變"的承諾也就不需要了，但即便有別，社會主義和資本主義仍是走向現代化的不同發展道路。也是在 1984 年，鄧小平在另一場合指出："社會主義的優越性歸根到底要體現在它的生產力比資本主義發展得更快一些、更高一些"；[1] 在此兩年前，同國家計劃委員會負責同志的談話時，鄧小平給出了更有所指的判斷："社會主義同資本主義比較，它的優越性就在於能做到全國一盤棋，集中力量，保證重點。"[2] 從以上這些論斷可以看到，至少在上世紀八十年代的國內國際局勢背景下，小平同志的基調是兩種制度在對立中的統一。

　　事實上，沒有這種戰略思維以及對和平和發展作為時代主題的判斷，也不會有"一國兩制"構想的落地。1984 年是農曆鼠年，鄧小平在春節前後視察深圳經濟特區，返京後特別提到蛇口工業區令他印象深刻的口號："時間就是金

1　《鄧小平文選》第三卷，第 63 頁。
2　《鄧小平文選》第三卷，第 16-17 頁。

錢，效率就是生命"。[1] 也是在這次南方視察後，中央迅速做出開放大連等十四個沿海港口城市的決策。不誇張地說，在社會主義現代化建設中，如何取資本主義之所長同時避其所短，是鄧小平在 1984 年前後思考的重大問題。正是在這個特定的時間關頭，香港問題擺在鄧小平面前，才因此有了"一國兩制"這一發端於臺灣問題的設想首先被運用在香港的創舉。也正是因為香港當時相對於社會主義一盤棋所具有的空前歷史地位，才有了鄧小平"五十年不變"的承諾，以及這句現在經常為我們忽略的判斷："我們相信，在小範圍內允許資本主義存在，更有利於發展社會主義。"

　　不僅是兩制之間實力有差，性質有別，還有基於此所造成的如何處理兩制之間關係的憲制架構問題。在美國內戰前，如何控制南北之間的制度衝突，構成了美國憲制的根本問題。說得更準確些，南北之間圍繞著奴隸制問題在主權歸屬上的鬥爭構成了美國早期憲制。如林肯就職總統後的歷史進程所表明，南北之間一旦因兩制的衝突而決裂，那個由憲法所聚合的國家也就分裂了。真正讓美國重新統一的，是戰場上的血與火。如此說來，在美國的"一國兩制"時代，是兩制構建並構成了一國——這個自號為"合眾國"的國家。但在中國憲法框架內，社會主義和資本主義這兩制卻並非如

1　"這次我到深圳一看，給我的印象是一片興旺發達……深圳的蛇口工業區更快……他們的口號是'時間就是金錢，效率就是生命'"，《鄧小平文選》第三卷，第 51 頁。

此，無論《基本法》、還是香港特別行政區的建制、甚至連同"一國兩制"的構架，其正當性都來自於 1982 年《憲法》的普通一條，也即第三十一條："國家在必要時得設立特別行政區。在特別行政區內實行的制度按照具體情況由全國人民代表大會以法律規定"。在中國憲制架構中，一國是兩制的前提，無一國，兩制也就無從談起。按照小平同志所言，資本主義制度在香港是五十年不變，而社會主義制度在國家主體部分則是"最大的不變"，是十億人口中國內地的"永遠不會改變"。[1] 就此而言，香港問題再大，也只是中國香港的問題。不可能超越一國來談兩制。只要國家整體的憲制保持不變並維繫正常運轉，則兩制之間的具體關係怎麼安排，都可以回到《憲法》以及《基本法》找尋答案，並不需要打破憲法鬥到底。

3. 作為國家發展戰略

1979 年 3 月，港督麥理浩爵士訪問北京，並出乎意料地得到鄧小平的接見。據說雙方會談結束後，鄧小平對這位超過一米八的訪客講過一句話："你如果覺得統治香港不容易，那就來統治中國試試。"[2] 從這個充滿戲劇性的場景可以想見，"一國兩制"學說之提出，是為了解決臺灣以及香港問題，但並不因此就降格為一種局部的地區性學說，僅覆

1　《鄧小平文選》第三卷，第 67 頁。
2　〔美〕傅高義：《鄧小平時代》，第 17 頁。

蓋五百多萬人口的香港。究其根本，它是一種出現在上世紀八十年代語境內的國家學說，事關十多億人口的全局。要真正理解"一國兩制"，我們應站在鄧小平的立足點來想問題。對於小平同志來說，"一國兩制"之所以重要，主要不是它可以保證深圳河以南那方水土繼續繁榮穩定——當然，這一點也很重要，而是因為兩制中的另一制也即社會主義的建設問題。學者從概念出發，僅由深圳河以南的視角來解讀"一國兩制"學說，但鄧小平卻首先並主要是站在全國一盤棋的現代化建設語境內來構想"一國兩制"的。歷史留下一處其實不難發現的線索：鄧小平在談"一國兩制"時往往內外有別，面對外來的賓客，他把談話重點落在兩制的"一方面"，也即小範圍內存在的資本主義，但在對自家人關門講話時，他從來都不忘甚至很多時候更加強調兩制的"另一方面"。比如 1987 年會見基本法起草委員會時，小平同志就特別指出："'一國兩制'也要講兩個方面……另一方面，也要確定整個國家的主體是社會主義。否則怎麼能說是'兩制'呢？"[1]

要理解"五十年不變"何以是國家發展戰略，我們不妨回到《中英聯合聲明》簽署的 1984 年。那年 10 月，在中央顧問委員會全體會議上，鄧小平這樣總結自己的 1984："今年做了兩件事：一件是進一步開放沿海十四個城市，還

1　《鄧小平文選》第三卷，第 219 頁。

有一件是用‘一國兩制’的方式解決香港問題。其他事都是別人做的。"[1] 讀《鄧小平年譜》的 1984 年條目，這位八十歲的老人整年不辭勞苦，幾乎沒有間斷地會見來自五大洲的外賓。在這些外事談話中，鄧小平不厭其煩地對外表達一個中心思想，[2] 就是我們所講的兩步走戰略：第一步，到世紀末，國民生產總值翻兩番，人均達八百美元，把中國建成小康社會，"這個目標看來很渺小，但對中國這樣一個大國來說卻是一個雄心壯志的目標"；[3] 第二步，建立在第一步的基礎上，再用三十年乃至五十年的時間，趕上西方發達國家的水平。"一心一意搞建設"，可以說是理解"一國兩制"最初得以提出的時代背景，也只有回到這個語境，我們才能理解"五十年不變"不僅是對港人的鄭重承諾，對於中國主體部分而言，它是作為一種發展戰略而存在的。為什麼鄧小平把開放沿海十四個城市同解決香港問題相提並論為 1984 年的兩件大事？很大程度上是要在中國主體內再造幾個社會主義的"香港"，"現在有一個香港，我們在內地還要造幾個‘香港’。"[4]

回到上世紀八十年代，一個繁榮和穩定的香港，對於社會主義現代化建設的全國一盤棋，有著不可替代的意義。在

1　《鄧小平文選》第三卷，第 84 頁。

2　參見中共中央文獻研究室編：《鄧小平年譜》（一九七五——一九九七），中央文獻出版社 2004 年版，第 953-1022 頁。

3　《鄧小平年譜》（一九七五——一九九七），第 973 頁。

4　《鄧小平文選》第三卷，第 267 頁。

此沒有必要詳述香港當時的經濟成就以及在國際上的地位，只要看一下《中英聯合聲明》第三條的第七項，"香港特別行政區將保持國際金融中心的地位"，就能察覺香港當年對內地經濟建設的意義所在。之所以拿這一項來說事，是因為僅從文本表述上來讀，它不是一種規範性的表達，如香港"應保持國際金融中心的地位"，而是用了一個現狀必定會延續至未來的事實性判斷。這一點推敲起來並不尋常，因為我們可以對未來承諾，但卻無人有能力規定並書寫歷史——到了《基本法》第一百零九條，這項對港政策在文字表達上就被調整為一種規範性的法言法語："香港特別行政區政府提供適當的經濟和法律環境，以保持香港的國際金融中心地位"。從"將"到"以"，一字之別，就折射出繁榮且穩定的香港不僅是必需的，而且是**必須的**。

香港這個資本主義的特區，對於中國主體部分進行社會主義建設的意義，不僅是我們今天回頭看時作出的推斷，也見於當年主事人的言行舉止。在同撒切爾夫人的談話中，鄧小平在論述為什麼五十年時就這樣講過："我們講'五十年'，不是隨隨便便、感情衝動而講的，是考慮到中國的現實和發展的需要。"請注意，在論述為什麼"五十年"兩制並存時，鄧小平至少在這個語境內是把落腳點放在"中國的現實和發展的需要"上的。《中英聯合聲明》已正式簽署，在香港問題階段性塵埃落定的歷史時刻，鄧小平是將國家對港政策同中國的對外開放政策連在一起講的："如果開放政策在下一世紀前五十年不變，那末到了後五十年，我們同國際上的經濟交往更加頻繁，更加相互依賴，更不可分，開放政策就更不會變了。"鄧小平顯然意識到，要讓外人相信"五十年不變"，最好是要展示出這一政策是事關全局的，它源起於香港問題，卻以整個中國為背景，"如果懂得了這點，知道我們的基本觀點，知道我們**從什麼出發**提出這個口號、制定這個政策，就會相信我們不會變"。[1] 也只有基於這個中國背景，我們才能發現並且進一步理解為什麼香港問題和國家現代化建設的三步走戰略保持著某種"神同步"：首先是到 1997 年的世紀末，在香港回歸祖國之後，內地應建成小康社會；然後在此基礎上，到了"五十年不變"的一個關鍵時間節點，也即 2047 年時，趕上西方發達國家水平。如果說孤證不立，那麼我們還能看到，鄧小平曾多次闡釋過五十年的根據在於中國背景："為什麼說五十年不變？這是有根據的，不只是為了安定香港的人心，而是考慮到香港的繁榮和穩定同中國的發展戰略有著密切的關聯。"[2]

以上旨在論證，"五十年不變"不僅是寫在《基本法》內的憲制規範，也不僅是安定香港人心的政治承諾，同時也是作為國家發展戰略而存在的。回到改革開放之初，貧窮的社會主義大國需要一個繁榮且穩定的香港，而香港問題也恰在這個歷史階段擺到政治議程上，如此才有了"一國兩

1　以上三處直接引文，出自《鄧小平文選》第三卷，第 103 頁。
2　《鄧小平文選》第三卷，第 267 頁。

制"的政治保險期——"五十年不變"。作為國家發展戰略的五十年不變，所關切的主要是香港對於中國的價值，尤其是對中國經濟起飛和社會發展的意義。當然，這個問題一旦擺出來，容易造成三種誤解，有必要加以簡要澄清。

首先，中國的發展需要香港，在當時的歷史條件下也離不開香港，但這並不意味著香港對中國主體部分僅有工具性的價值。縱深地看，周恩來總理在 1957 年也曾指示"使香港為我所用"。[1] 在九七大限將香港問題擺上政治議程之前，"長期打算、充分利用"一直是國家對港的基本政策。但這並不意味著香港對於國家來說就只是"下金蛋的鵝"。回到上世紀八十年代初，如果鄧小平和他的同志們所算的只是經濟賬，也許繼續"暫時不動香港"的政策才是合乎理性的。英國人一開始也是企圖通過打經濟算盤來引導雙方談判，包括"以主權換治權"的拋出，背後盤算的也是經濟賬。但在香港問題上，中國首先要講的是政治賬，鄧小平在 1982 年 9 月會見撒切爾夫人時就已劃定了談判的底線："主權問題不是一個可以討論的問題"，中英雙方外交磋商"前提是一九九七年中國收回香港"。

其次，香港再重要，甚至沒有香港就不行，並不意味著有了香港就能行，十億人口的社會主義現代化建設，不可能指望著只有五百萬人的東方之珠。關於這一點，鄧小

1　中共中央統一戰線工作部、中共中央文獻研究室編：《周恩來統一戰線文選》，人民出版社 1984 年版，第 353 頁。

平在初見撒切爾夫人時也講得很清楚："現在人們議論最多的是，如果香港不能繼續保持繁榮，就會影響中國的四化建設……如果中國把四化建設能否實現放在香港是否繁榮上，那末這個決策本身就是不正確的。"[1]小平同志當時這麼講，首先當然是要打破英國人的幻想，不要妄圖用香港的繁榮穩定來頑固地要求維持現狀；不僅如此，還要相信港人有管好香港的能力，沒有這點信念還談何高度自治？![2]但聽其言而觀其行，既然"人們議論最多的是"香港的繁榮有助於中國的四化建設，甚至四化建設之成敗取決於香港，我們今天回頭看，也不能對這種錯誤一笑了之，而要意識到，這種觀點在當時之所以出現，絕不是有關人士很傻很天真。它恰恰反映出一種並非自輕自賤的社會心理和認知，背後還是其時香港和內地真切實在的發展差距。

最終，我們要用發展變化的眼光看問題。此前之所以未能意識到五十年不變是基於國家全局的決策，很可能就是因為我們用今時今日的兩制來理解那個距今已有歷史間距的八十年代，只能霧裏看花。但反過來說，我們也不能認為"五十年不變"就真的可以凍結現實。這個承諾之做出，就是為了深圳河南北的兩個部分都能有更好的發展，不僅內地要一心一意搞建設，也包括"香港明天更好"。終於到了1998年7月1日，在國家的強力支持下，香港面對亞洲金

1　《鄧小平文選》第三卷，第13-14頁。
2　參見《鄧小平文選》第三卷，第74頁。

融風暴襲擊而能保持大局穩定，江澤民主席在回歸週年慶典上是這樣講的："香港的命運從來就是同祖國的命運緊密相連的。祖國內地的改革開放和現代化建設，為香港的經濟發展創造了前所未有的機遇，注入了蓬勃的生機和活力⋯⋯這有力地證明，偉大的祖國是香港的堅強後盾。"[1] 十多年後話語上顯而易見的差異，所表明的不是"五十年不變"作為政治承諾未落到實處，而是"五十年不變"作為國家發展戰略取得了為實踐所證明的成功。但也正是這個成功，使得坐享成功果實的我們忘記了歷史的另一面。

| 三 |

《基本法》的政治時間觀

每一部憲法都有自己的時間觀，《基本法》作為香港特別行政區的憲制性文件，也不例外。閱讀《基本法》，序言開篇就是一段在時間維度上組織起來的歷史敘事：

香港**自古以來**就是中國的領土，一八四〇年鴉片戰爭**以後**被英國佔領。一九八四年十二月十九日，中英兩國政府簽署了關於香港問題的聯合聲明，確認中華

1　江澤民：《在香港回歸祖國一週年慶祝大會上的講話》，載《人民日報》1998 年 7 月 2 日，第 1 版。

人民共和國政府於**一九九七年七月一日**恢復對香港行使主權，從而實現了**長期以來**中國人民收回香港的共同願望。

短短兩句話，密集分佈著五個表示時間點或段的詞語，疊加在一起構成了開啟《基本法》的歷史敘事。正是有了這個從"自古以來……"，到"一八四〇年……以後……"，再到"一九九七年七月一日……"的時光三部曲，"一國兩制"的憲制安排才能得到恰當的安放，也才能順理成章地引出《基本法》的規範體系。一旦為《基本法》所記取，那麼如"一九九七年七月一日"這樣的時間點，就不再是流水帶走的光陰故事，而上升為歷史的和政治的時刻或階段。

前文已作提示，"五十年不變"要面對基於民主理據的正當性追問：不是說好要高度自治嗎，為什麼又講"五十年不變"呢？將某些制度和生活方式事前規定為長期不可變，難道不是對高度自治權的高度限制嗎？這種追問從民主邏輯的融貫出發，可以說是合理的。但如果說本章的討論至今為止表明了什麼，那就是在現實政治中，從來沒有哪股政治力量用民主的理論武器來批判"五十年不變"的承諾，甚至連逢中必反的"港獨"分子，也沒有嫌五十年太久，只爭朝夕，自覺也可能是不自覺地要把未來之變寄託在五十年之後。這難道不比任何學術論證更能說明問題嗎？！就此而言，僅從書齋裏的學術邏輯來論證"五十年不變"是或不是民主正當的，這種路數看似合理，卻不合乎情理。我們必須同時思考為什麼無人從民主理論上質疑並在現實政治中挑戰"五十年不變"，這種政治現象說明了什麼？站在憲法教義學的立場上，既然"高度自治"和"五十年不變"是同時寫入《基本法》的（第二條規定："全國人民代表大會授權香港特別行政區依照本法的規定實行高度自治"），我們也不能無視文本規定，而僅憑概念邏輯來放大這個看似互搏的矛盾，而應該思考"高度自治"和"五十年不變"在基本法秩序內是如何在對立中統一的。

歸根到底，我們要從《基本法》的文本、結構和歷史出發，把握並表述出一種內在於這部憲制性文件以及"一國兩制"構架的政治時間觀。[1] 要在這一思路上有所突破，就不應老調重彈：很多研究逗留在"港人治港"這個"誰的民主"的問題，但學術的越辯越明有時反而會製造現實政治的身份分歧；在《基本法》實施二十五週年後，我們的思考也許要從追問"誰的民主"演進至"何種民主"了，也即基於《基本法》文本和歷史，探索這部憲制文件為香港政治規定了什麼樣的民主架構。當然，本章的思考只是初步的，也是局部的，拋磚引玉絕非自謙的姿態，而是一種自我壯膽和打氣：

---

1 關於這個問題，也可參見陳端洪《理解香港政治》一文。該文提出"遲延決斷"這個概念，由此指出香港政治的特點是立憲政治和常態政治的並存和纏繞。這一命題也是對《基本法》政治時間觀的討論。見陳端洪：《理解香港政治》，載《中外法學》2016 年第 5 期，第 1135 頁。

"不是划得漂亮，而是向前划，水手們！"[1]

1. 簡單的比較：美國憲法的政治時間觀

先以美國憲法作簡單的比較。之所以捨近求遠，首先是因為美國憲法之"超穩定"，為我們提供了一個理解憲法時間的典範案例。既然本部分的論證僅限於展示出一種具體的憲法時間結構，不放任抽象的論題繼續抽象下去，以美國憲法的歷史為觀察對象也亦無不可，只是要長話短說。

美國憲法，制定於 1787 年費城會議。在此後兩個半世紀內，僅增修 27 條修正案，至今仍是美國政治的根本法。考慮到美國立國後兩百多年的天翻地覆，一部起草於馬車油燈時代的憲法竟然管到了人工智能的新紀元，可謂是"細思恐極"的政治奇跡。想一想，即便是再有革命壯志的制憲代表恐怕也不敢奢望，他們寫在羊皮卷上的法典可以跨越兩個半世紀之久。畢竟嚴格推敲起來，這些革命者在費城的所作所為就是廢除了本國第一部"憲法"——1781 年的《邦聯條款》，誰能保證子孫後代不會從行為上效法他們，主張時移世異，新法當立呢？正如那位因出使法蘭西而未在費城會議上登場的傑斐遜所言，每十九年應當重新立憲，任何超出這個時段的憲法，都將成為祖宗成法的統治。[2] 但即便如此，讀

1　蘇力：《大國憲制：歷史中國的制度構成》，北京大學出版社 2017 年版，第 6 頁。

2　詳細的論述，可參見田雷：《憲法穿越時間》，載《中外法學》2015 年第 2 期，第 391-416 頁。

美國憲法之序言，穿越由一連串"為了（in order to）……"製造的文本迷霧，序言的主幹就是"我們人民……制定並確立了這部憲法……"，以保證"我們自己以及我們的子孫後代（ourselves and our Posterity）"得享自由之恩賜。僅從這句序言來看，美國立憲的時間結構就是，建國時刻的立憲者為子孫後代確立不可輕易變革的根本法。

在這種革命者立憲建國的歷史場景中，政治時間起始於立憲時刻。在憲法生成後，立憲之前的所有歷史都會被重新編入一種為了立憲的歷史敘事，所有的政治生活和經驗都是預備立憲的歷史。[1] 而在新憲法確立後，這部根本法就成為建國一代人與子孫後世同在共享的自由典章。美國這個政治民族之所以由這部寫在羊皮卷上的憲法凝聚起來，就是因為憲法設置了一種溝通過去、現在和未來的歷史敘事。關於這一點，青年林肯在 1838 年的一次演講中作了最精彩的闡釋。兩年前，憲法之父麥迪遜的辭世標誌著立憲一代人悉數離場，站在立憲者已逝的歷史新起點，林肯將憲法比作美利堅民族的政治宗教（political religion）："讓每一個美國人記住，違反法律，就是踐踏父輩的鮮血，就是撕裂他自己的人格以及子女的自由"。[2] 顯而易見，美國憲法要成為政治的宗教，就要將生活在過去、現在和未來的世世代代的美國人凝

---

1 Paul Kahn, "Political Time: Sovereignty and the Trans-temporal Community," *Cardozo Law Review*, 2006, vol.28, p. 271.

2 〔美〕麥克弗森：《林肯傳》，第 106-107 頁。

聚成一個共同體。也正是基於這種現實之必需，美國憲法並未走上不斷革命的傑斐遜道路，而是如林肯以他的言與行所示，尊重並遵守憲法，守護立憲者所留下的政治制度，永世長存。

當然，一部憲法歷時久遠歲月，勢必會製造基於民主理論的詰問。傑斐遜的幽靈並沒有消散，憲法越古老，問題也就愈加嚴重。為什麼活在今天的美國人要遵守一部由十八世紀白人男性有產者（其中許多是奴隸主）制定的憲法？尤其是這部憲法所規劃的政體早已不堪當代政治學之一擊，為什麼還要遵守這麼一部帶著歷史重負甚至原罪的憲法呢？為什麼按祖宗成法辦事在美國政治文化內被認為是民主正當的呢？甚至為什麼那種主張要按立憲者之原意來解釋憲法的原旨主義，在近年來洗腦贏心，以至於"我們都是原旨主義者"了？上述這些問題，有一些是美國所特有的，還有一些則似曾相識，是立憲政治本身所提出的難題。數十年來，美國憲法學者熱衷於在司法審查問題域內扎堆，但關於司法審查的種種論述，最終還是要追溯至立憲政治的民主正當問題，也因此往往涉及到憲法時間觀的論述。阿克曼在《我們人民》系列裏提出的二元民主論就是經典示例。[1] 二元民主論究其根本乃是將政治時間一分為二：首先是高級法政治或稱憲法時刻，人民在這時登上政治舞臺，發出憲法變革的聲

1　阿克曼的二元民主論，可參見〔美〕布魯斯·阿克曼：《我們人民：轉型》，田雷譯，中國政法大學出版社 2014 年版。

音，確立或修改根本法；而在兩次憲法時刻之間，則夾著更為久長的常規政治，進入常規政治後，人民退到私人生活，由民選政客按照此前憲法時刻所確立的根本法來進行日常統治。這種"憲法時刻—常規政治—憲法時刻"的二元階分，就構成了一種特定的政治時間結構以及存在於其間的民主學說。生活在常規政治的歷史階段，當代人就有義務服從歷史上憲法時刻所訂立的根本法，無論這立法歷時多久遠，都談不上民主正當的難題，因為這裏面存在位階之別，歷史上的人民聲音高於當下的多元政治。我們今天動輒就談憲法時刻，卻未必清楚阿克曼的整套理論說到底是對美國憲法之時間結構的一種闡釋——它是屬於美國憲法這一政治文化實踐的，並且只是在多元學術市場上的一種學說而已。

2.《基本法》的時間框架

要以"五十年不變"為起點勾勒出《基本法》的時間框架，不妨設想兩種時間維度上的向量。"五十年不變"的"不變"代表著第一種時間向量，如《基本法》第五條所規定的，在這種時間向量內，政治所要求的是"保持原有的……"。如果某項制度被認為特別重要，就用基本法的形式將它們固定下來，使之不會因九七之後的政治變動而變動，這種要將某些制度固定下來的保守政治正是立憲主義的要旨。與之相反相成的是第二種時間向量，它規定的不是歷史對當下的控制，而是著眼當下的意志自治以及通過這種自治所達致的與時俱進。在這種時間向量上所展開的政治過程，在《基本法》文本中也多處有跡可覓，比如第四十五條和第六十八條，這兩條在規定行政長官和立法會的產生辦法時，都提到要根據香港的"實際情況和循序漸進的原則"而規定，最終達致普選。根據《基本法》，我們可以勾勒出由"不變"與"變"的兩種力量交織而成的時間結構。

首先看規定"不變"的《基本法》條款。閱讀整部《基本法》，第五條之後，還有第八、十八、十九、四十、六十五、八十一、八十六、八十七、九十一、九十四、一百零三、一百零八、一百二十二、一百二十四、一百二十九、一百三十六、一百四十一、一百四十二、一百四十四、一百四十五、一百六十等諸條，都規定了一種"不變"的政治。在以上所列條文中，最常見的立法例是第八條"香港**原有**法律……**予以保留**"，還有第八十一條"**原在**香港實行的司法體制……**予以保留**"，以及第一百二十四條"香港特別行政區**保持原在**香港實行的航運經營和管理體制……"。在此沒有必要一一列舉。這些條款都好比"五十年不變"適用於各個領域的分則。無論是"原有……予以保留"還是"保持原在……"抑或其他文字表述，所指向的都是一種"不變"的政治。在這種政治過程中，時間彷彿在回歸那一刻就凝固了，五星紅旗在香港升起，但天地並未因此更換，仍是

"照買照賣樓花，處處有單位"，[1] 某些被認為是資本主義所要求的制度和生活方式在歷史進程中被凍結了。

但絕不是轉瞬之間全部凍結，在對"五十年不變"作語義解讀時，前文論證了"不變"不可能是完全不變。《基本法》不僅規定了"不變"的政治，也有多項指向因時而變的條款，不止前述第四十五條和第六十八條，還有第七、一百一十八、一百一十九、一百三十六、一百三十八、一百四十二、一百四十三、一百四十五、一百四十九、一百五十一等諸條。同樣從文本角度對上述條款的立法例加以簡單分析，典型的表達，比如第一百一十九條"香港特別行政區政府制定適當政策，**促進**和協調製造業……等各行業的**發展**……"，第一百四十五條"香港特別行政區政府在原有社會福利制度的基礎上，根據經濟條件和社會需要，**自行制定**其**發展、改進**的政策"。連同第四十五和六十八條的"循序漸進"，這些規定"自行制定……發展、改進"的條款都指向"變"的政治。也就是說，香港回歸後只保持現狀還是不夠的，社會和經濟發展好比逆水行舟，如要"香港明天更好"，就不能固步自封，而要求《基本法》所指向的"發展"和"改進"。在這種"變"的時間向量內，歷史當然不能停留也不可能終結在 1997 年。更進一步分析，"變"的規範大都以香港特別行政區為主語，授權特區政府"**自行制**

1　羅大佑歌曲：《皇后大道東》。

定……"，由此可見，"變"的政治對應著高度自治的授權。

以上將《基本法》諸條款一分為二，標籤為"不變"和"變"的規範，這種做法是為了分析之便。事實上，就《基本法》對現實政治的規範而言，我們很難對香港社會一分為二：這邊是不可變的社會領域，那邊則是可變的社會領域。考諸前文出現的條款，其中多個同時落入了"不變"和"變"的類型之中，比如第一百四十五條，"香港特別行政區政府**在原有**社會福利制度的**基礎**上，根據經濟條件和社會需要，**自行制定**其**發展、改進**的政策。"將這一條單列出來，其最值得琢磨之處就在於它將"不變"和"變"辯證地融為一體，結合在一個條款內。"原有"的要予以保留，要以之為基礎，這講的是"不變"；在此基礎上，"自行制定"，講的是自治，自治要以"發展"和"改進"為導向，這講的是"變"。由是觀之，自治政治如何治，就是要以"不變"為基礎來促進"變"，或者說要寓"變"於"不變"之中。把這個問題講清楚，也就廓定了《基本法》的政治時間結構。

3. 從"誰的民主"到"何種民主"

任何追求長治久安的政治共同體，首先要從源頭處建章立制。現代國家在立國之初的通行選擇就是起草一部憲法，用根本法的形式把國家的根本制度和根本任務規定下來，且在建政之後，以成文但也有可能不成文的憲法作為政治綱領和規矩，讓這些規範不只是寫在紙面上的條款，還鐫刻在公民和政治家的心中。在守法的前提下，政治體也應當具有某種變法機制，要有因時而變並與時俱進的調適能力，因為變則通，通則久。缺少守法和變法的任何一方面，政治都不可能做到歷時而存續。

談及回歸後的香港政治，"不變"是在三個層次上依次展開的。最高級的層次是絕對的不變，天不變道亦不變。這個不變的政道只有一個，就是"一國"。它明文寫在《基本法》第一條，香港是中國"不可分離的部分"。下一級的層次才是本章關注的"五十年不變"。這個不變，從第五條所言，是指"原有的資本主義制度和生活方式"；基於《基本法》的整體結構來解釋，則是指國家"對香港既定的基本方針政策"。這層不變，在教義學上就是，即便依照《基本法》規定的修改程序也不可修改。第三個層次是不可輕易改變，反過來說就是，只可依據《基本法》第一百五十九條規定的修改程序加以依法修改。這個不變覆蓋了整部《基本法》，凡是寫入《基本法》的，某種意義上都是"死"的條款，落入了港人之不可自治的範圍，只有全國人大才可以依法而變。既然凡事要按照《基本法》來辦，港人基於本地民主過程所表達的意志就不可突破《基本法》的法度。而上述的三重不變就對應著序言內的三個時間尺度：絕對不變發生在《基本法》序言內所講的"自古以來"；五十年不變則對應著中英兩國簽署聯合聲明的 1984 年以來；而不可輕易改變則連接著中國對香港恢復行使主權的 1997 年以來。

只有在確立這三重不變之後，我們才可能討論什麼是香港的自治政治。長久以來，我們慣於重複港人治港、高度自治的公式，把《基本法》所確立的香港政治框架講成了僅僅基於某種西方民主理論的政治教條，卻未能意識到：自治從來都不是原生性的，只有在某些事項已經由政治決斷下了既定結論後，自治才得以發生，甚至哪些事務應當屬於自治之範圍，哪些應排除在外，也都是由先在的政治決定區分開來的。只要看《基本法》第二條："全國人民代表大會授權香港特別行政區依照本法的規定實行高度自治"，就很清楚了。也許原本就不需如此複雜：首先，高度自治來自國家的授權；其次，高度自治必須依法實行，自治也要按照《基本法》。因此，不可能脫離《基本法》及其所構設的政治框架來談自治，高度自治不是完全的自治，而是由全國人大授權的依法自治。

　　前述"自古以來"、1984 年以來、1997 年以來這三種政治時間的套嵌，就構成了理解香港高度自治的政治時間觀。"五十年不變"起算於 1997 年 7 月 1 日，中國在這一刻恢復對香港行使主權，是為一變，"中國收回香港不就是一種變嗎？"[1] 這一變，雖然開啟了政治新紀元，但並非政治時間的開天闢地，"恢復行使"當然是對原狀的一種回歸，因此要在"香港自古以來就是中國的領土"這個表述中的

1　《鄧小平文選》第三卷，第 73 頁。

"自古以來"時間軸上來界定九七。在這種坐標系內，1997年香港回歸，並不意味著香港在這一時刻向歷史告別，如果說有告別，那麼告別的只是百年殖民滄桑、一段中華民族的屈辱史，由此回歸到"自古以來"的以大一統為基調的中華民族史。那麼"五十年不變"會有終點嗎？小平同志當年沒有直接作答。但沒有什麼會永垂不朽，"不變"的憲制承諾以及整部《基本法》也不可能垂範千古，只要是人類設計的政治架構，都逃脫不了歷史週期律。但前文至少確證了如下觀點："五十年不變"並非終結於 2047 年 6 月 30 日，在基本法的時間軸內，那一刻只不過是歷史進程中的普通節點而已，絕非構成某些別有用心的人士所鼓吹的"憲制時刻"——彷彿到了那一刻，《基本法》就可以懸置起來，港人進入"無政治"的自然狀態，就香港未來向何處去，有權進行一種基於所謂"城邦民主"的決策。明天，只不過是又一個普通的一天。

簡言之，從 1997 年 7 月 1 日至 2047 年 6 月 30 日這五十個年頭，它前有過去，後有未來，鑲嵌在"自古以來"的時間框架和歷史敘事內。而這五十年的香港政治，最根本的特徵就是內在於連續性政治框架的高度自治實踐。如何把握本篇反覆強調的連續性？一言以蔽之，就是要按照《基本法》辦，最終形成一種內在於前述歷史敘事的、以中國《憲法》以及《基本法》為憲制框架的、因此最終是有限度的高度自治。而香港政治之發展，歸根到底，不在於謀求某時某刻的革命式狂飆突進（那種通過切割歷史來謀求“獨立”的異端訴求，恐怕是連始作俑者自己都不相信的政治“忽悠”而已）；而是要構建並最終走出一種“循序漸進”的民主政治發展道路，這裏的“序”既要按照《基本法》，同時又要考慮到歷史之行程。

| 四 |

結語

“每當變幻時，便知時光去”。[1] 當我們還在感慨一直以為十年前是 1997 年時，香港回歸祖國已邁入第三個十年。在香港回歸二十週年的慶典大會上，習近平主席發表重要講話，特別指出中央貫徹“一國兩制”要堅持兩點，首先是“堅定不移，不會變、不動搖”，其次是“全面準確，確保‘一國兩制’在香港的實踐不走樣、不變形”。習主席在講話中還專門論述了《基本法》：“基本法是根據憲法制定的基本法律，規定了在香港特別行政區實行的制度和政策，是‘一國兩制’方針的法律化、制度化，為‘一國兩制’在香港特別行政區的實踐提供了法律保障。”[2] 本章對“五十年不

1　薰妮歌曲：《每當變幻時》，盧國沾作詞，周藍萍作曲，1977 年；香港回歸十週年前夕，一部同名電影公映，見《每當變幻時》，羅永昌導演，2007 年。

2　習近平：《在慶祝香港回歸祖國二十週年大會暨香港特別行政區第五屆政府就職典禮上的講話》，載《人民日報》2017 年 7 月 2 日，第 2 版。

變"的學術研討，呼應同時也印證了習主席對"一國兩制"和《基本法》的重要論斷。

"五十年不變"，形成於上世紀八十年代初這個特定並且特殊的歷史時期，是"一國兩制"國家學說的重要組成部分。本章圍繞"五十年不變"做文章，從憲法規範、政治承諾和國家戰略三個層面，對《基本法》內的五個字進行了全面分析，不僅小題大做，更希望做到由小見大。既然《基本法》是"一國兩制"方針的法律化和制度化，那麼憲法學者在研究《基本法》時，關鍵就是要從學理上將"一國兩制"這種國家憲制安排講清楚。萬涓成水，終究匯流成河，如何從憲法理論上系統表達"一國兩制"在香港的實踐，是《基本法》研究在當下必須留住的根。

"五十年不變"就言詞而言是在追求"不變"，而同時它又是為回應九七之"變"所作出的承諾。因此，如何妥當處理"不變"和"變"的關係，從《基本法》上世紀八十年代中期開始起草，到如今實施已四分之一個世紀，始終是香港政治發展的關鍵所在。要從憲法學理上表述"一國兩制"之憲制安排，"五十年不變"也是一個極精微卻也至深遠的切入點，本章只是在這一問題意識下的初步探索。如何在憲制不變的前提下建設一種自治的進步政治，如何將"變"寓於"不變"之內，在"一國兩制"這個題目上，沒有人比鄧小平同志站得更高，想得更遠，講得更透徹。1984 年 12 月 20 日，《中英聯合聲明》簽署次日，鄧小平會見香港的世界船王包玉剛。既然聯合聲明已經落定，小平同志特別談到了關於《基本法》起草的關鍵問題：這部法律是要搞得簡要些，還是詳細些。根據年譜記載，小平同志是這麼論述的：

現在香港人老要求基本法訂得細一些，越細越好。搞得越細，將來就非變不行。他們不是怕變嗎？搞得那麼細，規定得那麼死，情況發生變化後，哪能不變？[1]

這段表述，後來被提煉為"宜粗不宜細"的方針，指導著香港《基本法》五年的起草過程。立憲之道，如何構建並實踐一種長治久安的政治，道理正存乎其中。

---

1 《鄧小平年譜》（一九七五——一九九七），第 1020 頁。

後記

「君可見漫天落霞」

人在途中，人在時空。

———
《如風》，林振強作詞，1993 年

1981 年 7 月中旬，正是一年之中酷熱難當的季節，香港的一位“普通報人”開啟了他為期一個月多的“中國之旅”——用他的話來說，旅途“從南到北，又從西至東，行程相當長，也很緊湊”，時間“剛好碰上最炎熱的日子，流的汗水可就多了”。隨後在 9 月號《明報月刊》，這位報人談到此次應邀的“中國之旅”，仍有“我這樣一個普通報人”的自謙。翻開當期《明報月刊》，封面用了一幅天安門的照片，紅牆金瓦藍天，中間則用黃色黑體字印著“查良鏞先生談中國之旅”。

　　查先生這一年五十七歲，正如訪問他的明報記者所說，“你並不是普通的報人”。7 月 19 日的《人民日報》在頭版報道了查先生這次旅程的第一站。到京後，他即得到最高領導人的接見，按《鄧小平年譜》記載，“7 月 18 日上午，會見香港《明報》社長查良鏞”。《明報月刊》稱，“中國各

---

* 　本篇寫作嚴格基於正式出版的歷史材料，其中相當部分為官方權威編輯的領導人文獻。考慮到後記體例，不再就引文出處詳加注釋。正文中加引號的文句，均為直接引文，在此特作說明。

地電視播映會談情景，引起廣泛注意。"按照常見的說法，此次接見查良鏞，也是小平同志第一次單獨會見香港同胞。尚要再過一年零兩個月，鄧小平1982年9月會見撒切爾夫人，中英關於香港問題的談判才拉開歷史的序幕，北京同香港之間也開始密切的迎來送往。1984年的農曆新年，鄧小平在廣州為深圳經濟特區題詞，經濟特區殺出的"血路"終於得到最高權威的認可；與此同時，《我的中國心》在"春晚"一歌，隨即從北京傳唱大江南北；是年年末，鄧小平將"用'一國兩制'的方式解決香港問題"列為他的年度大事，《中英聯合聲明》在北京簽署後，香港基本法的起草也就提上了國家的日程。查良鏞作為港方委員參加了基本法的起草，後又被任命為基本法"政治體制專題小組"港方負責人。有文章稱查先生"深深介入香港回歸的歷史進程"，知史論世，這個評價可以說是恰如其分的。

　　《參考消息》報道，報人查先生此次返港後，就給熱心讀者鄧小平寄了一套《金庸小說全集》。根據民間版的《金庸年譜簡編》，正是查先生在內地遊覽祖國壯麗山河的同時，是年8月，"《鹿鼎記》修訂本五冊由明河社出版。至此，《金庸作品集》三十六冊全部出齊"——想來，小平同志當時所收到的，應當就是這套恰好"至此全部出齊"的、三十六冊明河版的金庸武俠全集。同樣根據這個民間版的金庸年譜，這一年7月，"《武林》雜誌輾轉徵得作者同意後，開始在創刊號連載《射鵰英雄傳》……此為中國內地讀者熟悉金庸小說之始"。

這就是歷史的行程：有些階段在結束，有些過程卻正開始；有的來得轟轟烈烈，俠之大者在做國之大事，也有些悄無聲息，不過是時代的顆粒散沙，如販夫走卒者引車賣漿流，也有他們的悠悠歲月悲歡離合。好像金庸先生曾打動無數華人的那句話，"你瞧這些白雲聚了又散，散了又聚，人生離合，亦復如斯"，歷史長河內的人事糾纏、因緣際會，又何嘗不是如此？十多年後，在為內地三聯版的《金庸作品集》作序時，金庸先生這樣寫道："歷史上的事件和人物，要放在當時的歷史環境中去看"，緊接著，他告訴自己的武俠讀者，"小說所想描述的，是當時人的觀念和心態，不能用後世或現代人的觀念去衡量"——把歷史作為語境，經由文獻所載而捕捉當時人的所為和所思，把握歷史中人物的觀念和心態，也是本書寫作時所追求的。缺失當然很多，主要是因為作者力有不逮，寫作過程中，我常有心有餘卻力不足的自知之明。

依稀往夢，心內波瀾——前次北上深入社會主義的內地，於報人查先生來說，還是三十年前的往事。新中國成立之初，應外交部顧問梅汝璈之邀，二十六歲的他曾在 1950 年初赴北京外交部謀職，此行得見時任外交部政策委員會副主任喬冠華，"但終因出身和家庭背景關係未能成功"。此後，按年譜記錄，1953 年 3 月 6 日，查良鏞"到杭州，遊岳廟"，"是日，正值斯大林逝世，舉國致哀"，在 1981 年 8 月返港後同《明報月刊》記者談此行所見"主要的變化"時，查先生說"離開上海、杭州，有二十八年了"，也就是從 1953 年起算的。也正是在這二十八年間，查先生變為金大俠：1955 年初，他以"金庸"筆名撰寫武俠，2 月 8 日，《書劍恩仇錄》開始在《新晚報》連載……1972 年 9 月 23 日，《鹿鼎記》的報刊連載畫上句號。《鹿鼎記》第五卷，也是金庸作品集第三十六卷，金庸在末尾的"後記"裏寫道："如果沒有特殊意外，這是我最後的一部武俠小說"。為金庸武俠收尾的這則後記，落款日期是 1981 年 6 月 22 日，此時距離他和鄧小平在北京的會面已不到一個月。十七年的時間，十五部作品，金庸筆下的江湖，營造出了全世界華人最廣闊的文化宇宙，"吞風吻雨葬落日"、"欺山趕海踐雪徑"。

讀金庸，領導人中間也不是只有小平同志。再舉一例，曾長期在彭真身邊工作，後擔任七屆、八屆全國人大常委會副委員長的王漢斌，也是金庸的書迷。2012 年出版的《王漢斌訪談錄：親歷新時期社會主義民主法制建設》，對於本書寫作來說，是反覆研讀並常備手邊隨時查閱的著述。要研究 1979 年以來新時期的立法歷史，這本訪談錄，可說是接近真經寶典秘籍一樣的文獻存在。書裏就提到，"王漢斌讀遍金庸，家藏兩套金庸送給他的金庸全集。作為參與、領導制定了兩百多部法律的中國領導人，王漢斌肚子裏裝滿了中國法律。同時，他也留了一個小小的地方，用來盛放俠肝、義膽、古道、熱腸、劍影和刀光。”

王漢斌同金庸的交往，應當起始於香港基本法的起草。將“一國兩制”的天才構想用一部成文法典的形式寫出來，起草的過程用鄧小平的評價來說，就是“你們經過將近五年的辛勤勞動”。這五年，從 1985 年起到 1990 年止，主要對應彭真擔任委員長的六屆全國人大任期，王漢斌此時為全國人大常委會秘書長，也是香港基本法起草委員會的副主任委員。王漢斌生於 1925 年，金庸年長一歲，耳順之年，他們投身一部基本法的起草，也是“今番良晤，豪興不淺”。這部法律意在為香港的長期繁榮穩定提供法制的保障，“前五十年是不能變，五十年之後是不需要變”。來自兩個世界的愛國愛港者五年間字斟句酌，有時或許是唇槍舌劍，正應了《獅子山下》所唱，“用艱辛努力寫下那，不朽香江名句”。

憶同學少年，風華正茂。王漢斌早年畢業於西南聯大歷史系，其傳記裏稱他少年時寫過小說，有文學才能；1942年入西南聯大時也先錄取在中文系，只是“後來卻發現自己不是寫小說的料子”，轉入歷史系。一年後，金庸也在重慶考入西南聯大，卻因“無錢支付各種開支，遂入中央政治學校外交系就讀”；其後輾轉於亂世；1948 年 3 月，年譜稱其“草草畢業”於上海的東吳法學院，修習國際法；當月末即“受命飛往香港，加入剛復刊的香港《大公報》”。王漢斌則在西南聯大畢業後抵達當時的北平，以報紙國際版編輯的身份領導北平的學生運動；於新中國成立前夕調至彭真身邊工作，去除"文革"動盪，他在彭真直接領導下工作亦是二十八年。人生旅途，寫小說讀文史的，卻成為卓越的立法領導人；而讀法學寫社評想做外交官的，反而成為武俠小說的宗師。不同人生的各自際遇，恰如當年一首粵語歌曲中所唱，"誰在黃金海岸，誰在烽煙彼岸"。當然，金庸在重慶中央政治學校讀書時曾聽錢穆講國史，且為班上同學做無錫方言的翻譯，後又在八十六歲高齡以《唐代盛世皇位繼承制度（618—712）》為題在英國劍橋取得博士學位；而王漢斌在西南聯大讀歷史時，"錢端升講的《比較憲法》，是王漢斌最感興趣的課程之一"。美國大法官霍姆斯曾有哲理名言："靈魂的慾望，是命運的先知"。個人的奮鬥或歷史的行程，哪個是偶然哪個是必然，只有歷史本身才知曉。

我是金庸武俠的普通讀者。這裏說普通，指的是我談不上金庸武俠的"骨灰級"讀者，甚至都沒有十五部全部讀齊，只是如同我的同齡人一樣，也讀過並因此十有八九都讀過金庸。射鵰英雄倚天屠龍，對於這個江湖世界的想像和熱愛，是我們這一代人的文化家園。2018 年 10 月 30 日，先生逝世刷屏時，我們所寄託的哀思不只是告別一個人，就此別過的，還有一個時代。次日，央視新聞頻道播出紀念節目，標題《紀念金庸，也是紀念改革開放 40 週年！》。一個人的生命歷程，他所創作的構成無數中國人之文化心境的武俠世界，改革開放四十年的起承轉合，不同線索交錯而行，"聚了又散，散了又聚"，這也是歷史。

回到金庸先生此行，他攜家人 7 月 16 日首站到北京。小平同志接見後，按《明報月刊》訪談所述，金庸一行由北京到內蒙，再返回北京赴新疆，足跡至天池、吐魯番和石河子，然後一路經蘭州西安，轉到西南的成都重慶，坐輪船經三峽過宜昌，又從武漢到上海，最後在 8 月 17 日由杭州飛回香港，"遊覽了兩個直轄市、兩個自治區、五個省的十三個城市"。"我很喜歡旅行，覺得旅行是人生至樂"，於金庸來說，此次旅程就好像一次武俠人文的田野，書中百聞，還要現場一見："我在小說中寫過不少著名的地方，但許多都是我從來沒有去過的，這次終於能'到此一遊'，自然十分興奮。例如《射鵰英雄傳》裏的蒙古，《書劍恩仇錄》中的長城、新疆、天池、蘭州，《白馬嘯西風》中的古城高昌等等。"

"陳家洛依著她目光望去，只見半山腰裏峭壁之上，生著兩朵海碗般大的奇花，花瓣碧綠，四周都是積雪，白中映碧，加上夕陽金光映照，嬌豔華美，奇麗萬狀"，這是《書劍恩仇錄》中的一幕場景。此次在新疆，金庸說："天池旁，我還買到了兩朵雪蓮，就是陳家洛採來送給香香公主的雪蓮……是向一個維吾爾族小孩買的，每朵人民幣五角。"金庸筆下江湖，"飛雪連天射白鹿"，但也正如他在不同版本作品集的序中所言，他要寫的是人："小說寫一個人、幾個人、一群人或成千成萬人的性格和情感"（1986 年，《金庸作品集》序），"我寫小説，旨在刻畫個性，抒寫人性中的喜愁悲歡"，"社會上的流行理念時時變遷，人性卻變動極少"（1994 年，《金庸作品集》"三聯版"序），"武俠小説只是表現人情的一種特定形式"（2002 年，《金庸作品集》新序）。

《射鵰英雄傳》裏有一幕經典場景：少年郭靖初入江湖，金庸筆下，安排他與黃蓉相遇在張家口的一家酒店，同江南桃花中長大的少女講述塞北大漠的風雪，"只説些彈兔、射鵰、馳馬、捕狼等諸般趣事。那少年聽得津津有味，聽郭靖説到得意處不覺拍手大笑，神態甚是天真"。回想起來，我小時候同這一幕的初遇，並不是讀到上面的文字，而是看。所看的當時也不是香港無線（TVB）在內地家喻戶曉的 83 版射鵰，而是一本沒頭沒尾的連環畫，不知如何輾轉到我手裏。在那個資訊匱乏的年代，想來很多同代人都和我差不多，各有自己進入金庸武俠宇宙的方式。翻開《明報月刊》的訪談，金大俠的有些講述，於我們來説，與其説是讀，還不如説是要跟著一位報人的眼光去看。如金庸講到在內蒙的見聞，正值盛夏，倒也不是"逐草四方沙漠蒼茫，哪懼雪霜撲面"，三言兩句，一幅生機勃勃的畫面展於眼前：

　　我在內蒙古見到一戶牧民，他們這一家本來只准養八頭羊，宰一頭羊要得到批准。現在新政策下，國家以公價向他們每年收購八頭羊，數字不變，但此外可以自由養羊，自由宰殺。現在這一家養了八十頭羊，還有幾匹馬。草原上牲口吃草根本不要本錢，政策一變，生產的改變可有多大！

"我在寫武俠小說的同時，也寫政治評論"，金庸這裏所談的，其實是他另一隻筆所寫的政治。1981年夏天的"中國之旅"，於金庸來說，一端在武俠，筆下的塞北江南，金庸對他所營造的"武俠環境"有自己的定義，是"古代的、沒有法治的、以武力來解決爭端的社會"（1986年作品集序，而在寫於2002年的新序中，金庸在"社會"前特別加了"不合理"三個字）；另一端則在政治，古今之間的一大區別，或者現代社會較之於中國古代的最大合理之處，就在於"法治"，現代國家不允許有白駝山、桃花島這樣的化外之地，定分止爭也不能靠比武論劍，殺人償命欠債還錢，是任何一種法治都要承認的道理。既然訪問是應邀而行的，金庸此行也就不可能避開也沒有迴避政治。對於政治，他有自己非常成熟的理解和理念：

> 我覺得政治沒有是非，只有好壞，而好壞的標準是：使最大多數人得到最多的好處……現代世界上只講結果，不講信仰，這是科學精神。科學方法是先假設一種理論，然後用實驗方法去求證這理論是不是正確，如果根本不正確，那就放棄了這理論，另找理論，再作實驗。如果理論一部分對而一部分錯，則保留對的而揚

棄錯的，不斷修正，不斷發展。如果先固定一種萬世不移的主義或方法，在任何情況下都不得改變，那是古代的方式、中世紀黑暗時代的思想形態……是否幸福是具體的事。最大多數人民的衣食住行標準怎樣，教育與職業的機會怎樣，社會福利、安全感、醫藥照顧、個人的權力和自由怎樣。

金庸武俠寫的是人。寫到《鹿鼎記》時，他自己也認為，"已經不太像武俠小說，毋寧說是歷史小說"。而報人論政，關心的也是人，"最大多數人"，他們的"衣食住行"，用現在流行的話來說，金庸關心具體的人，認為幸福是具體的事。"他的黑貓白貓論是眾所周知的"，"我個人贊成一步一步的不斷改革，不相信天翻地覆的大革命能解決問題"，"以中國人務實的方式，建設中國人自己的社會主義，使中國人民幸福而自由"，這是金庸談到鄧小平改革時表達出的政治期待。

說起旅途見聞，金庸也以報人的視角講述著具體的變化，衣食住行是檢驗幸福的標準：在火車上，金庸發現"廣播中不再長篇累牘的誦讀《人民日報》社論或毛主席文章，而是播放輕音樂，包括臺灣的《高山青》、《橄欖樹》等，甚至有 Jingle bell，jingle bell 的聖誕音樂"；到朋友家做客，"看到大疊《參考消息》堆放著"，"聽說近來《參考消息》連廣告也刊登了，訂戶的限制大大放寬，似乎漸漸有發展為報紙的趨勢"；與內地的親人久別重逢，"每個人的心境都很愉快 …… 這些事情都過去了，大家談起來都輕描淡寫的，說了就算。他們在七月十八日晚上，在各地電視中看到鄧副主席接見我的情景，都很高興。他們大都到杭州來聚會。現在旅行可以自由，不像以前那樣，要先申請，拿到路條才能買車票、住旅館。"

內蒙的牧民："本來 …… 現在 …… "；火車上的廣播："不再 …… 而是 …… "；《參考消息》："近來 …… 發展為 …… "；內地的親朋："現在 …… 不像以前 …… "。金庸的所見所聞從南到北，有親有疏，講起來是點點滴滴，前文也只是摘取隻言片語，但故事得以構成的脈絡就其邏輯而言是一致的：歸根到底，都可以凝練為其時正在發生的今昔之變——事實上，如果沒有歷史在當時走出的轉折，1981 年 7 月也不會發生金庸的"中國之旅"。從前是什麼狀況？"那時如果我想見，也未必見得著；他們如果邀請，我也不敢去。"金庸口中的"那時"，指的當然是歷史轉折之前，而本書所講述的，就是內在於這一歷史轉折過程的法制篇。

鄧小平 1979 年 6 月 28 日講："現在只是開端。民主要堅持下去，法制要堅持下去。這就好像兩隻手，任何一隻手削弱都不行"，此時正是五屆全國人大二次會議期間。三日後，本次全國人大會議在閉幕日通過了七部法律，社會主義民主與法制建設的一段"新時期"即由此始。本書所做的，就是重返這段歷史的現場，回溯中國社會主義法制的"奠基"時刻,以歷史的方式打入法制建設在特定時刻的複雜構造,如鄧小平所言,既是"開端",同時又是"現在",一切正在發生,由現在進行時所允許的開放性去凝視一段歷史秩序的形成,觀察者置身事內,"八面樹敵",感受四面八方的力量交織,理解開端在其現在進行時所曾綻開的多種可能,由此突破從前"簡史 + 概論"的法治敘事模式,捕捉彭真所説的歷史的"可歌可泣"。當然,本書以觀其匯通的自覺來梳理 1979 年起的一段歷史,讓原本在簡史模式中板結僵硬的歷史重新流動起來,但同時也要指出,本書所處理的這段歷史,於社會主義法制自新中國成立以來的"通史"而言,仍只是一種有所延展的"斷代史"。書名《當春乃發生》,我每次讀來心中總會響起一段熟悉的旋律,歷史一頁次第展開之後,回頭看也是社會主義法制一則"春天的故事"。

就在鄧小平會見金庸當天,他還做了另一件事,年譜在當天條目中對此未作記錄,這件"小事"類似寫作時的"現掛",偶然發現於文獻的字裏行間,然而對本書的主題而言卻關乎宏旨。按《鄧小平年譜》記載,7 月 16 日,"彭真給鄧小平寫信,請示憲法修改草案稿完成的期限,以便安排工作";又按《彭真年譜》同日條目,"兩天後,鄧小平回覆:仍按原計劃完成,不要推遲",由此"八二憲法"的起草在彭真主持下進入了"快車道"。這中間的起承轉合,構成我在本書第二章嘗試辨析的一處關鍵,在此不作贅述。"七月的北戴河,海水蔚藍,空氣清新,名義上是來休息的彭真，一直不間斷地工作"，這是《彭真傳》的敘述。就在金庸塞北江南覽勝的同時，中國現行憲法正處在文本起草的過程中，及至 10 月開始的玉泉山集中，工作班子按王漢斌回憶，"可真算是夜以繼日，上午、下午、晚上，每天三班倒，日夜伏案起草憲法修改草案。"

當時說"現在只是開端"，對於四十多年後的我們來說，觀察的方法可以表述為，開端還在現在。不要以現代讀者的眼光去打量一部四十年前寫就的文本，不要用學科議程上的課題去裁斷歷史現場的文獻，不要今是而昨非，而是要繞到文本的背後，凝視它之成文的過程，以過程為語境，梳理並解讀歷史當事人生發於現場的所論和所思——歷史是已經發生的事實，但在研究"歷史"時，不能只讀"合訂本"，"忽如一夜春風來，千樹萬樹梨花開"，要理解這一切究竟是如何發生的，就要回到它們正在發生時，要跟著歷史的感覺走。

"我寫第一部小說時，根本不知道會不會再寫第二部；寫第二部時，也完全沒有想到第三部小說會用什麼題材，更加不知道會用什麼書名"，金庸在 1994 年內地三聯版的序中曾這麼說。他這裏所講的，是作者寫作時的自由，一篇"後記"寫到這裏，我真切感受到的，也是作者下筆時的自由——歷史在進行時是自由的，憲法在文本開端處也是自由的，為自己的一本書寫作後記，文責自負也是自由的。正是這種自由，前文的思路不斷蔓延，篇幅一再放縱，而我作為作者也越寫越焦慮，寫出來的，分明不是我一開始腦海裏構思的那篇文章，我就好像武俠小説裏豪奪秘籍卻不得其法的武癡，氣息體內亂流，眼看著要走火入魔。如何收場，思來想去就是坦誠自己的困境，動用作者的權力，強行收尾，回到我動筆寫後記時的關切所在：鄧小平同金庸在 1981 年 7 月 18 日的會面。

關於此次會談，《鄧小平年譜》有記錄，留下的是領導人談話的若干要點；金庸作為資深報人，也憑記憶整理出當日的談話記錄，賓主雙方你問我答或我問你答，如《明報月刊》編輯按語所言，“談論了中國當前的若干重大問題”，整個文本不僅更完整，而且兩個世界的碰撞也為我們進入歷史現場鋪陳出更靈動的語境。其中有一個回合的問答，若干年後，金庸對這個片段仍記憶猶新，且在他寫給池田大作的一封書信中往事重提，信落款在 1997 年 7 月 20 日，距離當年會面已過去十六年：“十六年前和他相對抽煙談話的情景，宛然仍在眼前”。在這封寫於鄧小平去世當年、香港回歸當月的信中，金庸又一次也是最詳細講述了當年交談的一個回合，“他忽然考了我一下，我答不出來，有一點狼狽”：

> 鄧：查先生，世界上有多少種社會主義？
> 查：對不起，我說不上來。我想自從法國傅里葉、聖西門，英國的歐文首先提出社會主義的理論以來，世

界上已有許許多多種不同的社會主義。鄧副主席，請你指教。

　　鄧（笑）：你説不上不要緊，哈哈，我也説不上。一共多少種，數不清吧？

　　查：是。我想蘇聯的社會主義，與東德、波蘭、匈牙利的不同，與阿爾巴尼亞的恐怕也不同。我去過英國、南斯拉夫、澳洲、新加坡，北歐的瑞典、挪威、丹麥這些國家，他們都説實施社會主義，但我看情形各不相同。

　　鄧：是啊，沒有兩個國家是一樣的。我看世界上的社會主義，總有一百多種吧。來，再抽一根煙。（他給了我一根“熊貓”牌香煙）

社會主義“總有一百多種吧”，出自改革開放總設計師之口，其意旨在當時場景內是不言而喻的——接下來要搞的，是有中國特色的社會主義，也是中國式的現代化建設。鄧小平對金庸説：“中國建設社會主義社會，要採用符合中國國情的方法”；金庸自己也説：“我個人贊成中國實行開明的社會主義，總的來説，這比之香港式的完全放任的資本主義社會中的極度貧富不均，更加公平合理。”其時，中國共產黨的十一屆六中全會剛召開，《關於建國以來黨的若干歷史問題的決議》在全會上得到“一致通過”，全黨在指導思想上的撥亂反正得以完成，“現在要一心一意搞四化，團結一致向前看"。而金庸此次的社會主義祖國行,在歷史長河的時間坐標中所佔據的"現在",正是新的開端所在,是新路之打開的章回。這就是歷史本身為我們所留下的劇本,是我們的無巧不成書。

按《人民日報》翌日放在頭版的新聞報道,標題稍作提煉:"鄧小平會見香港《明報》社長查良鏞時説,六中全會後還有三件事……最重要的是搞好經濟建設。"回到"六中全會後"的歷史時刻,"開端"仍在開端,仍處在現在進行時,"路"於是就構成了那個時代無所不在的隱喻:路在腳下,前路是殺出一條血路,要摸著石頭過河,對於在改革開放一盤棋中先行一步的"窗口"地域來説,"遇到綠燈搶著走,看到黃燈闖著走,見了紅燈繞著走"。而於憲法作為國家的根本法而言,這部誕生於"開端"的"新憲法"又是如何規範經濟建設的呢?彭真在對憲法修改草案作權威説明的報告中講過一段生動的話,在我們理解這個歷史的開端以及由這個開端所展開的歷史時,值得反覆重溫:

> 我們的社會主義經濟既要有原則性、又要有靈活性,既要是統一的、又要是多樣的。這樣做有利於在中央的集中統一領導下,充分發揮地方、部門、企業和勞動者的積極性,因地制宜,因時制宜,因事制宜,因人制宜,做到人盡其才,地盡其利,物盡其用,貨暢其流。

2022 年 12 月 4 日，於我寫作的這個當下其實就是本週日，是中國現行憲法通過並公佈施行的四十週年。作為一位憲法學者，心裏就好像放著一個面向這一歷史時刻的倒計時。這個裝置一旦於心中形成，就誘惑著我，驅使我回到歷史的開端，想要打開歷史這個未知的"盲盒"。四十不惑之後，我就好像一下子被拋入到中國現行憲法的歷史這一時間長河裏。就算剛開始，我也很自覺地意識到，我非常享受這個過程，雖說分解為每一個當下，經常是笨手笨腳找材料，是在文獻中的山重水複，有時要手舞足蹈地掙扎許久，才能在時間的洪流中找到自己的立足點。這個過程是未知的，研究在結果意義上講也充滿著不確定，但這些歷史及其文獻打開了我，向我敞開了懷抱；而與此同時，我也沉浸在它們的字裏行間，向它們敞開自己的思考，我自己並不清楚自己的寫作會被帶往何方，帶到哪裏，但同時也體會到此前研究極少有的"自由感"。仍用歷史當年的那句話"現在只是開端"，本書也只是"開端"，其中當然有繼往，不過於接下來所要進行的研究和寫作來說，只是序章。

　　每一本書的背後，都有很多故事可以講，在此我只能長話短說。本書得以順利出版，離不開香港三聯周建華老師的鼎力支持；也要感謝蘇健偉先生，本書脫胎於他的編輯之手，整個出版的過程都得益於他的專業能力、嚴謹態度，以及對我不斷拖延交稿的寬容和鼓勵。六位前輩學者應邀為本書寫作了推薦，感謝於興中教授、陳弘毅教授、韓大元教授、崔之元教授、張旭東教授、強世功教授，他們都是我所敬仰的老師，有些褒獎的話，我理解為師長對一位後學的關愛，於我而言是一種積極性的鞭策。我還要特別感謝周順斌先生，本書封面所用圖片，取材於他的攝影作品《升》——今年暑假，在讀一本深圳黨史文獻時，我同這張照片偶遇，那種由開端所迸發出的勃勃生機，讓我覺得可以拿來做自己的文章，後輾轉聯繫到周先生，隨即得到他的慷慨授權。《升》這幅作品，拍攝於 1984 年，兩棟大樓之間，一個身穿綠色背心的建築工人，高舉雙臂吹著哨子指揮吊車，陽光從左上方打到他的身上，高聳的大樓從他身側崛起——多年之後，我們仍能從畫面中感到一段歷史的脈動和力量。

　　後記原本是不需要題目的，至少不是必要的。"君可見漫天落霞"，其實是我預留給另一篇文章的題目，只是自己遲遲未能動筆，現在拿來放在這裏，既與前文後記算得上貼合，也想著藉此再一次表達對香港文化的熱愛。本書作者出生於八十年代的開端，在香港回歸進入倒計時的九十年代，成長於一個沿海省份的內地縣城，"香港"於我們這代人的青春時期而言，始終是時代先進文化的代表所在。回到上世紀的九十年代，"香港"深入社會主義中國的大江南北、城市鄉村尤其是縣城，它既有東方之珠的璀璨奪目，也有皇后大道的狂野喧囂，還夾雜著狂野之城的迷惘墮落，"馬照跑，舞照跳"，資本主義的這種活色生香在當年是那般令人著迷，至今想來仍不免唏噓。如此說來，金庸的武俠宇宙也只是此時"香港"文化版圖上的一塊拼圖，它同 TVB、寶麗金、午夜場、古惑仔……甚至歌裏所唱的旺角、灣仔、彌敦道、百德新街，錄像廳、電影院或者電視機屏幕裏閃現的重慶大廈油尖旺舞廳、乾炒牛河蛋撻叉燒、鑒證實錄陀槍師姐、西九龍重案組、甚至紅白藍塑膠袋，《大時代》的股票之後就是《創世紀》的地產，都以各自不同的方式內在於這個文化，交匯在這個借來的時間和地方，共同構成了我們所理解以及想像的那個香港（Hong Kong）。更重要的是，當八十年代結束，鄧小平的南方談話開啟市場化轉型的大潮之後，"香港"更是小城大事，在改革開放的歷史展開中構成了樞紐的存在。本書終結於 1992 年，自此後十億神州"改革春風吹滿地"，而與這條歷史線索相互交織的，就是艾敬在 1992 年所唱的《我的 1997》裏那句歌詞："讓我去那花花世界"——關於香港作為一種模式是如何塑造我們的市場經濟法制的，這一歷史過程又是如何鑲嵌在改革開放"九十年代"的整體秩序之中的，法制變革與文化改造之間是否存在以及存在何種有機聯繫，希望我在以後能有機會做系統的研究，發表扎實的見解。本書的主體部分結束於第四章的香港，也即將在香港三聯出版，寫作後記時，我忍不住在行文時不斷埋入一些香港文化的彩蛋，如果有些地方顯得刻意矯情，也請讀者在考慮到我的少年情懷後能夠諒解。

後記沒有結論，結尾還是回到金庸先生當年的對話：

記者問：你的結論是樂觀的還是悲觀的？

金庸答：非常樂觀。對中國大陸樂觀，對臺灣樂觀，對香港樂觀，也就是對整個中國樂觀。

我們應該樂觀，"香港明天更好"！

完稿於 2022 年 11 月 28 日

責任編輯　蘇健偉

書籍設計　道　轍

書　　名　**當春乃發生**
　　　　　中國 "八二憲制" 的誕生與構造（1979–1992）

著　　者　田　雷

出　　版　三聯書店（香港）有限公司
　　　　　香港北角英皇道 499 號北角工業大廈 20 樓

　　　　　Joint Publishing (H.K.) Co., Ltd.

　　　　　20/F., North Point Industrial Building,

　　　　　499 King's Road, North Point, Hong Kong

香港發行　香港聯合書刊物流有限公司
　　　　　香港新界荃灣德士古道 220-248 號 16 樓

印　　刷　美雅印刷製本有限公司
　　　　　香港九龍觀塘榮業街 6 號 4 樓 A 室

版　　次　2022 年 12 月香港第一版第一次印刷
　　　　　2023 年 11 月香港第一版第二次印刷

規　　格　大 32 開（140mm × 210 mm）320 面

國際書號　ISBN 978-962-04-5121-8

© 2022 Joint Publishing (H.K.) Co., Ltd.

Published & Printed in Hong Kong, China.